本书系国家社会科学基金教育学重点课题"创新驱动战略视角下高校科技成果转化体制与机制改革研究"（课题批准号AIA180010）的研究成果

U0368111

高校科技成果转化
嵌套共生平台治理范式研究

张玉华　原振峰　著

Research on the Governance Paradigm of Nested Symbiosis Platform for the Transformation of Scientific and Technological Achievements in Universities

上海交通大學出版社
SHANGHAI JIAO TONG UNIVERSITY PRESS

内容提要

　　本书以高校科技成果转化嵌套共生平台为研究对象,基于参与可转换优先股交易架构,定义了科技信用通证,设计了科技信用通证交易市场体系;基于有限合伙治理架构,提出科转嵌套专业风险投资的概念,探讨专业嵌套风险投资的运作模式;构建了高校科技成果转化嵌套共生数智平台网络系统,并系统阐述了其治理逻辑与治理机制。

　　本书适合高校科技成果转化相关领域研究人员及相关专业的本科生和研究生阅读和参考。

图书在版编目(CIP)数据

　　高校科技成果转化嵌套共生平台治理范式研究/张玉华,原振峰著.—上海:上海交通大学出版社,2023.10

　　ISBN 978 - 7 - 313 - 29303 - 9

　　Ⅰ.①高…　Ⅱ.①张…②原…　Ⅲ.①高等学校-科技成果-成果转化-研究-中国　Ⅳ.①G644

　　中国国家版本馆 CIP 数据核字(2023)第 155076 号

高校科技成果转化嵌套共生平台治理范式研究
GAOXIAO KEJI CHENGGUO ZHUANHUA QIANTAO GONGSHENG
PINGTAI ZHILI FANSHI YANJIU

著　　者:张玉华　原振峰
出版发行:上海交通大学出版社　　　　　　地　　址:上海市番禺路 951 号
邮政编码:200030　　　　　　　　　　　　电　　话:021 - 64071208
印　　制:上海万卷印刷股份有限公司　　　经　　销:全国新华书店
开　　本:710mm×1000mm　1/16　　　　　印　　张:14
字　　数:214 千字
版　　次:2023 年 10 月第 1 版　　　　　　印　　次:2023 年 10 月第 1 次印刷
书　　号:ISBN 978 - 7 - 313 - 29303 - 9
定　　价:68.00 元

前　言

　　教育部印发的《关于加强高校有组织科研　推动高水平自立自强的若干意见》，为高校科技创新治理范式的研究指明了方向。高校构建怎样的"有组织科研"治理范式效率最高、效果最好？这个问题亟须从理论上加以研究和探讨。

　　目前学术界对高校科技成果转化治理亟须从传统的分散知识管理视角迈向网络平台治理视角已有认知，但缺乏对高校科技成果转化嵌套共生平台及其治理范式的深入系统剖析，也鲜有文献对高校科技成果转化嵌套共生平台及其治理范式进行微观层面的设计和探讨。应基于有组织科研视角，综合运用数智平台、去中心化NFT（非同质化代币）、知识生产模式转型理论和嵌套共生理论，为当前高校加强有组织科研、推动高水平自立自强的战略调整提供具体可行的实施参考方案，为国家和教育部相关部门制定高校有组织科研相应政策和方案提供理论依据和决策参考。

　　高校科技创新治理范式的研究思路主要有复杂生态、动态过程、平台治理、双边市场共治四种，这四种思路都忽视了数智经济时代高校科技成果转化治理范式向知识生产模式Ⅲ转型的迫切需要。新的知识生产模式对多样化社会需求的敏感性，要求高校科技创新治理范式要突破传统的自由探索模式，设计并完善有组织科技成果转化治理范式和激励机制，真正激发高校广大师生的科技创新热情，实现政府、高校、教师、学生、企业和社会公众的共赢。

　　目前中国高校科技成果转化的相关激励政策强调通过

权力下放、确权、股权激励等制度调动职务发明人的科技成果转化积极性,忽视了对科技成果转化其他人员的激励,且激励机制存在贡献难以认定、重科研轻转化等问题。国家出台的相关政策法规大多以提高科研人员报酬为核心内容,而科研人员的实际奖酬受到所属单位的限制,现有分配政策又缺乏约束机制和实操层面的制度支撑,导致科研人员的合法收益常遭变相剥夺侵吞,致使科研人员以及高校技术转移专员等关键人才投身科技成果转化的积极性没有得到充分调动。

高校作为创新型人才培养基地和技术创新的活力之源,理应积极推动科技成果转化,促进产学研一体化。然而目前多数高校尚未形成有效的科技评价治理体系,政策制定及成果考核中的"四唯"桎梏尚未出现有效的破解机制,致使高校漠视产出科技成果的现实价值,怠于推动科技成果的转移转化,缺乏制定实施科技成果转化相关保障性文件的主动性和积极性。此外,高校科技成果转化管理人员对政策利好的获得感不强也是导致转化积极性不高的原因之一,以致国家激励政策在高校实施层面的"毛细血管"阻塞。

科技成果转化的各个阶段都需要大量的资金支持,尤其是在科技成果转化"死亡之谷"前端,由于转化的风险高、收益有限,金融机构对此类新项目兴趣不大;而退出机制烦琐、退出渠道有限,以及相关法律法规不完善、法律风险高等不可控因素,致使风险投资的投资积极性也不高。科技成果实现从技术到产品的跃迁往往失败率较高,较高的失败率和科技信用交易体系缺失也使天使投资望而却步,导致科技资本和产业资本的衔接断层。

本书构建了基于科技信用通证交易市场的高校科技成果转化嵌套共生平台网络系统,提出了通过科技成果NFT确权来调动职务发明人及其他贡献者的积极性、通过发行高校科技信用通证调动高校参与科技成果转化的积极性、通过发行科转嵌套科技信用通证调动风险投资参与"死亡之谷"前端积极性的体制机制改革思路,构建了真正以企业为主体、市场为导向、产学研用深度融合的高校科技创新治理范式和体系,对目前我国深化高校科技成果转化体制与机制改革具有参考价值和现实意义。

近年来新技术驱动的平台经济发展迅猛,为高校科技成果转化嵌套共生平台界面数智化提供了可能,但目前科技创新与创新资本领域的体制机

制尚无法完美支撑。本书提出的嵌套共生平台落地运营亟须国家层面从以下四个方面予以政策支持。

（1）借鉴国外风险投资体系，建立健全风险投资优先股交易制度。建议国家在放宽非上市公众企业发行优先股限制的基础上，进一步设立并完善风险投资优先股的交易制度，在司法实践中为优先股股东约定的优先权利提供法律保障，在考虑优先股发行双方合理诉求的前提下，为科技成果转化与风险投资者搭建资本链接的桥梁。

（2）尽快推动建立科技信用通证一级发行市场及二级交易市场。为了保证投资者的合法权益，政府需要对科技信用通证的发行交易进行严格控制，要求发行人具备较高的条件，如发行人在发行科技信用通证前有必要制定完善的交易细则及赎回机制，并向公众披露相应的科技信用通证发行背景资料等。

（3）推动建立国家和高校层面两级科技成果转化赋能嵌套数智平台，尽快上升为国家专项投资计划。设立政府科技成果转化专项引导基金，推动专业嵌套风险投资的设立，搭建完善的利润分配及风险分担机制，调动社会资本参与科技成果转化的积极性。制定相应法律法规及政策规制，建立完善科技资源共建共享和科技资产管理的全流程运行机制，对高校科技成果转化嵌套数智平台建设的工作投入、执行力度、成果产出情况等进行量化评价比较，为实行高校差别化经费保障制度提供指标依据。

（4）进一步完善区块链开源平台及 NFT 等模式在科技成果知识产权领域的相关政策体系，发展可信交易和数字凭证，推动智能合约等新技术在知识产权确权试点中的运用。探索推动专利等知识产权数字化、数字确权保护等相关业态的数字化转型与数字科技应用，组建跨机构和行业的知识产权数字化区块链联盟，研究制定知识产权确权及交易的区块链行业标准和协议框架。

本书是国家社会科学基金教育学重点项目"创新驱动战略视角下高校科技成果转化体制与机制改革研究"（AIA180010）的重要研究成果之一，由首席专家张玉华教授带领研究生原振峰撰写完成，共八章，前两章内容为引言及理论基础，第三章为国内外高校科技成果转化治理范式及启示研究，后五章内容围绕高校科技成果转化嵌套共生平台组织的共生界面、共生单位、共生基质以及共生网络、共生动力、共生环境、共生行为展开,全面地设计和展示了共生要素在高校科技成果转化嵌套共生平台中的具体指向以及作用。

本书的出版得到了全国教育规划办公室的大力支持,得到了上海师范大学商学院领导的关怀,得到了上海师范大学技术经济及管理、数量经济学硕士点、高级管理学课程全体研究生的帮助。其中,张涛、宋雅静、陈雷、高洁、付明注、王雅静、陈雅静、刘晓彤、余凌鹏、全香凝、张楠楠、徐嘉璇、陶建君、陈海玉、陈智林、段慧、方荟雯、张丹丹、陈彦婷、季信能、蔡婷婷、周凡、胡龙腾、李雅敬、洪陶玲、张静、陈亚旗、郝亚梦、杨立言、华士桢、杜婷婷等研究生还为本书提供了宝贵的原始研究材料,对此,我们深表感谢。

本书在写作过程中直接或间接地借鉴了国内外大量的文献素材,仅对主要参考文献进行了列示,挂一漏万,在此,谨对本书相关参考文献所有原作者一并表示最诚挚的感谢。由于作者水平和实践的局限性,书中疏漏之处在所难免,若存在观点上的错误及偏差,欢迎各位专家和读者批评指正。

目 录

第一章

引　言

第一节　高校科技成果转化嵌套共生
平台治理范式的研究背景

一、数智经济时代,我国高校科技成果转化治理范式亟待转型

目前关于高校科技创新治理范式的研究思路主要有四种:第一种是将高校科技成果转化看成不同主体之间尚可优化的复杂生态系统;第二种是将高校科技成果转化过程动态地划分为科技成果的研发期、试验测试期、成长期以及成熟期,且每一阶段都涉及不同的关键利益相关方及转化机制(靳瑞杰等,2019);第三种是平台治理(阳镇等,2021);第四种是双边市场结构,跨生态位互治与网络化共治。这四种思路都忽视了数智经济时代高校科技成果转化治理范式向知识生产模式Ⅲ转型的迫切需要。

数智经济时代,知识生产模式正在深刻转型,以学科和大学为中心的传统知识生产模式Ⅰ已经转向跨学科并注重应用情景的知识生产模式Ⅱ,正在转向多层次、多形态、多节点、多组合体和多边互动的知识创新系统,即知识生产模式Ⅲ。学科知识向着跨学科、超学科的方向发展,出现了许多内隐形式的、不确定界限的知识,这些知识正在成为新知识产生的源泉。

新的知识生产模式对多样化社会需求的敏感性,要求高校科技创新治理范式要突破传统的模式,设计完善有效的治理模式和激励机制,真正激发高校广大师生的科技创新热情,实现学生、教师、学校和社会的共赢。

二、我国高校科技成果转化生态中存在的典型障碍

布拉德·菲尔德(2021)在他的著作《创客社区》中指出,在创新群体中,政府、高校、投资者、创业导师等人员和组织尽管扮演着重要角色,但不能成为领导者,即其所称的 leader,而只能将他们称为 feeder(饲养员)。菲尔德认为那些试图控制创新群落发展的"饲养员"会扼杀创新群落的健康成长,人们把这种现象定义为"饲养员"越位障碍。

随着国家一系列科技成果转化激励政策的出台,高校科技成果转化取得了阶段性进展,然而目前我国高校的科技成果转化率和产业化水平与发达国家还有着较大差距(李金展,2019)。有学者通过总结国内外相关研究,认为市场机制作用发挥不充分是我国高校科技成果市场转化不畅的主要原因(戚湧等,2015),同时存在政策支持力度、科研活动投入的加大与科技成果的低转化率不匹配等现象。科研经费也越来越依赖政府支持,企业对高校的科研经费资助比例不高,校企合作不够紧密,部分拥有成果的科研人员没有足够的精力进行成果转化,又不放心把技术委托给技术代理(申轶男等,2016)。部分学者对国内创新型城市典型高校的科技成果转化情况进行了深入剖析,发现当前高校科技成果转化体制机制存在科研人员投入精力不够、专业转化管理队伍及转化人才欠缺、高校与企业的对接渠道不通畅、有关科技成果的服务链条不完善等问题(刘洋等,2019),在高校科技成果转化的实施层面也存在成果与市场化及产业化需求不匹配、权属表述与相关法律法规不匹配、成果价值评估与实际情况不匹配、成果作价投资的主体权责不匹配等瓶颈。

由此可见,我国高校科技成果转化整体水平有待提升。在政府的政策支持下,大量的高校科研成果入驻新型研发机构和大学孵化器,但真正能成功转化并孵化的项目却不多,很多新型研发机构的转化项目难以实现可持续发展,出现了不利于高校科技成果转化生态形成的典型障碍。正如布拉德·菲尔德指出的那样,这些典型障碍阻碍了高校科技成果转化创新生态群落的发展。

第一种典型的障碍就是"老白人问题"。菲尔德所称的"老白人问题",即创新群落中缺乏精力充沛的年轻企业家,很多年轻人的创新想法或创新

举动容易受到家长、领导等的制约,年轻人(尤其是女性)的创新能力会被质疑,而活跃的创新群落应该伴随着领导者不断更新换代。

虽然近些年各级政府颁布了许多鼓励在职科技人员创新创业的政策文件,大力支持科技人员面向产业兼职创业,推动科技成果向产业转化应用,但社会上仍有很多人质疑大学科研人员,特别是大学生和教授的创新创业能力。他们认为创办企业并非易事,因为企业管理是一个完整的系统性工作,涉及经费、场地、人员、生产、销售、成本等诸多要素,需要投入大量精力和时间,所以很难保证科技人员有足够精力和时间从事相关工作,可能造成创业与科研顾此失彼或两件事都做不好的局面。有一些人甚至把科研人员,特别是大学生、教授的创新创业想法或创新创业举动看成是一个笑话。正是由于这种"老白人问题"的存在,部分高校教师虽然掌握可转化的科技成果或技术专利,但是顾虑学校没有出台明确的鼓励条款,宁愿在校教书或做科研,过安稳日子,也不愿承担创新创业风险。此外,一些高校和科研单位因为担心骨干人才外出创业办公司会分散精力,对学校教学和科研绩效造成影响,没有也不愿意很好地落实政府的这些政策,没有出台和落实相关鼓励和支持大学科研人员在岗创业的配套政策。

但是,有研究认为,在美国硅谷,一半收入都是由大学科研人员在岗直接创办企业或技术入股衍生企业创造的,很多举世闻名的企业都是在校大学生的杰作。大学科研人员在岗创业可以使需要转移的技术直面市场需求,减少供需双方的信息不对称,缩短技术适应于市场的反馈及二次开发过程,减少技术转移对接过程中的不确定因素,有效降低人员和技术的对接成本和时间成本。可见,大学科研人员在岗创新创业能直接承担面向市场的开发风险,也可以直接享有开发成功的收益,形成风险与收益对称的法律责任机制,同时还能充分调动科技人员的积极性和创造力,大幅降低机会成本,应引起高度重视。

遗憾的是,很多高校因为"老白人问题",至今没有出台切实可行的、真正支持大学科研人员在岗创业的配套细则。反"四唯"①的号召开展了好几年,然而,"双一流"、学科评估中的"四唯"标准仍然没有放松的迹象,绝大部

---

① 即"唯论文、唯职称、唯学历、唯奖项"。

分科研院所绩效考核中"四唯"的权重依然很高,政府也没有出台执行力强的相关监督办法或问责机制,科研工作者实现初心的环境仍有较大改善的空间。

第二种典型的障碍是过度依赖政府。虽然政府可以在高校科技成果转化创新生态系统中发挥建设性的作用,但依赖政府来领导或提供关键资源,长此以往会扼杀高校科技成果转化创新生态系统的活力。例如,各级政府通过科研经费、引导基金等金融扶持政策对科技成果转化工作给予支持,而应主动寻找机会、承担风险的风险资本或企业资本,却倾向于已经有明确商业前景的后期项目,甚至大量的风险资本目前最愿意投资即将成功上市的企业,这导致了科研成果早期市场化的融资空白。可见,最好的科技创新生态系统不应在以等级制度运作的政府领导下运行,而应以网络的形式运作。

第三种典型障碍是科技创新生态系统对外来参与者的偏见。这是阻碍高校科技创新生态系统发展的又一问题,布拉德·菲尔德强调任何新用户都应被创业社区领导者所接纳,领导者需要包容那些希望成为领导者的创业社区的其他成员,不断培养新的领导者,把现有的活动交给他们,然后承担新的责任,开始新的活动。但是我国高校绝大多数都是事业单位编制,而且是典型的科层体系,事业编制的限制导致高校目前的文化对非事业编制的人员产生排斥。一方面,高校教师不愿意放弃事业编制去创新创业,将主要精力和时间放在事业编制的维护上,以确保稳定的生活环境和退休待遇;另一方面,他们对非事业编制的外来人员持排斥态度,合作意愿不强,更谈不上把这些没有高校事业编制的人培养成为创新社区新的领导者。因为科层体系的原因,高校科技成果转化工作的决定权很大程度上被少数人控制,他们试图充当高校科技创新群落的领军者和主导者以控制高校科技成果转化的运行。尽管这些人对高校科技成果转化工作很重要,也有过各种贡献,甚至举足轻重,但长期来看,这种控制行为会阻碍高校科技成果转化工作的高质量转型。

科技成果转化最重要的资源是人的大脑,科技成果转化遵循"技术跟着人走"的基本规律,技术决策、风险投资等方面因人而立、因人而投的特征明显,科技成果转化活动的个性化与促进科技成果转化的制度安排存在天然矛盾。例如,目前国内一些全国性的大学生创新创业活动和大赛流于形式,难以对国家科技创新产生实质性影响,且大学生创新创业成果的社会作用收效甚微,对大学科研人员或科研团队的帮助更是微乎其微。相反,少数控制这些活动的群体成为最大的受益者,严重破坏了高校科技成果转化生态群落的健康发展。

第二节 高校科技成果转化治理范式研究的现状与方向

一、科技成果转化的相关概念

在对科技成果的概念辨析层面,贺德方(2011)认为我国往往从狭义角度定义,强调科技成果的意义与价值需经评审和鉴定;李爱雄(2018)认为科技成果须是科学研究产生,被公认具有学术及经济价值的成果,强调同时具备学术及经济价值。

在科技成果转化的绩效测度方面,大部分学者采用科技成果转化率作为评估标准。胡德胜(1992)提出科技成果转化率的标准是被转化的成果数与成果总数的比率,楚建中(1996)提出科技成果转化率是技术成果率、工程成果率与商业成果的乘积,而李爱雄(2018)则认为目前的科技成果转化率仍没有一个官方的定义,因此难以用单一指标衡量科技成果转化情况。

二、科技成果转化治理范式的相关研究

国外对于大学科技成果转化治理范式的研究已较为成熟。埃茨科维茨和劳德斯多夫(Etzkowitz and Leydesdorff, 1995)提出的三重螺旋创新模式认为,产学研三方可以借助组织结构和制度的优化来推动科技成果转化。斯科特·谢恩(Scott Shane, 2002)提出了企业赞助研究、双方咨询交流、双方技术授权、企业参与转化四种科技成果转化模式。可以看出,随着科技成果转化实践的深入,国外科技成果转化或技术转移模式经历了从单一交易型的技术转移模式到合作技术开发转移的演化过程。

国内学者对大学科技成果转化治理范式的集中研究主要发生在近几年。其中,侯兰茜(2014)重点比较了科技成果转化中比较常见的自主转化、

技术转让与合作开发三种模式的差异,分析了不同模式的选择策略。王宏波等(2015)认为目前中国高校科技成果转化在不同的阶段有不同的模式,包括产学研合作、技术转让、自主转化以及科技园或孵化器等模式。戚湧等(2015)针对高校科技成果转化模式与效率展开了实证研究。总体来看,国内大学的科技成果转化模式正处于一个积极探索与发展的阶段,与不同类型高校相适应,科技成果转化模式也呈现出多样化的态势。

三、科技成果转化治理范式研究的新方向

(一) 组织模块化

通过对系统中组织模块的分解与整合,可以实现对复杂系统任务的处理和操作,组织模块化具有分工性、独立性、响应性三个特征。其中,分工性强调半自律模块按照系统功能分解成独立分工的自组织,这是实现组织模块化的前提。组织内子系统分工越强,说明组织模块化程度越高,组织模块化分工性特征表现为系统分权,系统通过对不同模块的价值属性和能力属性进行单独定义,明确对分解模块的要求,使分解后的组织模块工作具有可预测性和可管理性。独立性强调每个模块都被赋予独立的内部流程、惯例和职权,是模块实现高度自治和协作的充分条件。组织模块化的独立性特征源于组织分工,但与科层制结构下的分工机制不同,模块化组织分工赋予独立组织模块充分的自治权,以柔性约束替代刚性约束。响应性强调模块化系统集成技术规则和职能规则的设计必须标准和明确,这是模块间对接信息、灵活组合、协同工作、重组分解的关键依据,是提升组织绩效的关键。

当前,部分高校科技成果转化体系建设已经显现出组织模块化特征,这些高校将内部组织划分为教育教学、科技创新、技术转移服务三个核心模块。组织模块化高度分工性遵循"专业的人做专业事"的分工原则,不仅能解决高校传统科技成果转化模式缺乏专业技术经理人和科研团队,难以应对技术市场商业化等问题,而且有助于提高技术创新能力、节约技术转移管理成本,直接影响技术转移财务绩效。近年来,高校均以技术转移办公室、科学研究院、技术转移控股公司等方式设立独立运营部门,负责技术孵化后的技术评估、技术营销、许可谈判、产业联络等服务功能,统筹高校内部资

源,明确各模块间的功能目标,将日常教学任务、科研创新任务及成果转化服务安排给各自独立负责的模块。组织模块化分工有利于高校协同开展教学活动、科技创新及技术转移活动,提高技术创新能力,加快科研成果输出。高校出台的各类科技成果转化工作办法及制度等指示性文件,本质上就是让高校各模块间的工作对接有法可依、有章可循,是高校组织模块响应性特征得以体现的有力保障。高校各模块间通过人才培养、科研成果输出、资金回报等形式形成互通渠道,是保障模块响应性的有利条件。

组织模块化成长绩效主要强调科技成果转化项目开展过程的及时性、顺畅性和低成本性。高校组织模块分工有助于降低科技成果转化系统内部管理成本和管理复杂度,进一步促进科技成果转化绩效提升。组织模块拥有独立自主决策权,能够提高组织单元对环境的自适应能力。在高校模块化科技成果转化体系中,各模块的独立决策权为优化科技成果转化工作的烦冗程序创造了有利条件,能够保证科技成果转化项目开展的及时性、低成本性及顺畅性,进而直接影响科技成果转化绩效。

技术创新理论指出,技术创新难的主要原因是产品市场中消费者需求无法得到满足,由此造成创新产品生产成本不断增加,最终导致创新越来越难,而组织模块化生产模式恰好能够解决这一问题。高校科技成果转化工作是一个复杂的系统工程,是高校创新技术应用化、市场化直至商业化的过程。模块化创新模式将高校视为技术产品集成商,将技术市场需求方看作潜在消费者。在技术市场上,技术需求方各自的消费需求复杂多样,为满足更多潜在需求,通过实施组织模块化解构技术转移复杂系统,是保障高校技术创新能力的关键。组织模块化分工使得高校内部各模块具有明确的功能目标,各组织模块只需要按照各模块功能进行创新即可。其中,组织模块独立性使得模块内部高度自治,能够最大限度地提升模块内部功能效率和资源整合能力,控制组织内部管理成本,为组织内部技术创新提供基本保障。组织模块响应性能够提高各模块间的协同效率,夯实知识流动基础,促进技术创新在各模块间迅速开展,进而提高组织技术创新能力。

知识共享是组织内部及各组织间知识流动的重要手段,能使知识从个体层面流向群体层面。知识共享促进组织形成复杂、多向循环的知识回路(Hans et al., 2001)。由知识共享构成的知识回路嵌构于高校科技成果转化组织模块之间,促进高校内部多部门协作及与外部组织(企业、政府等)的有效沟通。组织模块分工化程度越高,模块间知识共享的交互作用越显著。知识共享能够促进高校科研团队构建科研合作、学习咨询等价值网络,整合各种创新资源,在组织内部与外部形成自循环知识流动链条,对外部新知识进行吸收与整合,进而影响知识创造和技术创新(Sturgeon,2012)。

因此,各高校应搭建专业且独立的科技成果转化体系,构建服务于科技成果转化的服务智能化、功能模块化的开放式平台。

(二) 内部管理简化

内部管理简化指高校为促进科技成果转化,建立或完善内部管理制度,明确所有权、处置权与收益权的归属与分配,简化管理流程。以放权和让利为特点的科技成果转化制度改革促使高校制定内部具体规章制度并执行支持学术创业的机制。只有高校内部建立完善的制度与流程,国家法律框架才会对技术转移活动产生影响,因而配备完善的技术转移政策和程序的高校往往拥有更好的技术转移绩效。

内部规章制度为技术转移提供了机会、边界、激励和约束,为科研人员参与技术转移活动提供明确预期与相应保障,能够激励科研人员向高校披露高价值专利并积极参与技术转移,提高技术转移绩效。一方面,内部管理简化为组织成员参与技术转移提供了明确预期;另一方面,内部管理简化为组织成员获取转化收益提供制度保障。由于缺乏合理的收益分配机制,科研人员向高校披露专利的意愿较低,高质量发明常被自我保留或披露给外部机构(常旭华等,2016)。离岗创业解决了科研人员脱离原岗位从事技术转移的身份问题,允许其从技术转移中获取经济收益,有利于其后续职业发展。

(三) 外部网络构建

外部网络构建指高校为促进科技成果转化,与外部利益相关者建立的正式与非正式连接行为。其核心逻辑是高校基于战略目标,构建异质性组织嵌入的技术转移网络,促进信息传播,获取独特的互补性资源,从而提高技术转移绩效。社会网络理论从关系、结构与构成内容三个视角深入讨论了网络特征对创新的影响。

外部网络构建能够解决信息不对称问题,社会网络在高校技术转移中发挥重要作用,高校与外部利益相关者深度嵌入的社会网络可以促进网络节点间的信息交换,节点可通过网络关系获得更多来源信息,进行三角验证,降低信息不对称与合作风险,减少双方的猜忌与不信任。外部网络构建能够解决互补性资源不足的问题。高校通过正式契约和股权,与外部异质性组织建立网络联系,将政府、企业、业务服务提供商、校友和风险投资机构纳入技术转移网络,从外部环境中获取资金、载体、市场准入等互补性资源。外部网络构建能够解决专业能力欠缺的问题。

社会网络对技术转移十分重要,外部网络构建有助于提高科技成果转化绩效。组织可通过建立网络关系,培育合作者来获取、整合和撬动合作者的资源(寿柯炎和魏江,2015)。外部网络构建有利于组织获取信息、利用资源,帮助高校发现商业机会、检验创业构想、获取所需资源,最终提高技术转移绩效。一方面,跨组织的信息沟通能够降低信息不对称性,培养组织间的信任关系,减少机会主义行为,有利于提高科技成果转化绩效。另一方面,嵌入技术转移网络的组织可以通过外部网络获取互补性资源。高质量的网络关系与网络构成内容可以使组织迅速获取异质性的互补资源。高校与不同利益相关者建立网络,可帮助衍生企业获得风险投资(Shane and Stuart,2002),提高衍生企业在初创期的生存率。

(四) 边界跨越

边界跨越指高校跨越组织、团队、知识等边界,桥接身处不同组织环境的需求方(企业家与公司)与供给方(科研人员),与外部环境进行互动的行为(Siegel et al.,2003)。边界跨越可以从外部环境中搜寻与获取信息、知识与资源,降低信息不对称,提高组织间的信任程度,促进创新要素的跨界流动,提高科技成果转化绩效。首先,边界跨越有利于组织获取和理解外部信息,解决信息不对称。边界跨越能够打破组织间的沟通障碍,有利于组织成员理解外部环境。其次,边界跨越有利于组织获取资源,解决可见度与信任度低带来的资源短缺问题。边界跨越能够扫描外部环境,寻找新技术潜在市场信息,并对组织信息进行加工与包装,提高组织可见度,吸引外部利益相关者,增加合作机会。最后,边界跨越可以管理学术与商业场域之间的混合地带,弥合文化分歧,缓解由动机、激励制度和组织文化差异引起的冲突(Siegel et al., 2003),调解商业化、研究与教学间的利益矛盾(Debackere and Veugelers, 2005)。

边界跨越有助于科技成果转化。首先,作为联系组织与外部环境的信息处理机制,边界跨越可以提高信息传递效率与准确度,促进技术转移。边界跨越是联系组织内部与外部信息源的重要机制,可以将搜集到的外部信息传递给组织内部的创新单元,并将组织内部信息传播给外部利益相关者,解决信息传递低效与内容失真问题,降低信息不对称。其次,边界跨越是沟通和协调关键资源提供者的重要纽带,可以促进资源的跨界流动。边界跨越可以提高组织的灵活性,有利于创新要素跨越边界顺利流动,使得组织与外部拥有创新资源的利益相关者进行长期互动,实现组织内部的高效沟通和外部资源的有效整合,提高科技成果转化成功概率与规模。

(五) 障碍规避

障碍规避指高校规避、缓解、破除阻碍科技成果转化顺利进行的因素。高校科技成果转化是高校在宏观制度与资源约束下进行的、技术跨越不同场域的转化行为,科技成果转化障碍具有多重性。我国高校利用国家下放科技成果转化处置权的契机,进行制度创新,出台与本校情况相适宜的内部规定与配套政策,明确各主体责任,简化处置程序,压缩处置时间,为科研人员参与科技成果转化提供明确的预期,克服国家宏观法律落地困难、科研人员与管理人员动力不足的障碍。内部管理简化能够减少交易成本、降低不对称性,通过制度创新,解决转化中的合作困境。

障碍规避有利于提升技术转移绩效。死板、烦琐、不明确的政策与流程会降低技术转移绩效(Siegel et al., 2003)。高校行政管理系统官僚主义盛行、缺乏灵活性,复杂、费时且不清晰的知识产权管理流程大大降低了企业的合作意愿,而高校科技成果的国有资产属性加剧了这一问题,审批程序烦琐、耗时长,导致成果极易错失市场良机(邸晓燕等,2011)。

(六) 社会交互

社会交互主要包括校内师生、生生之间的交互以及校外师生与企业间的交互。学习者的社会属性是社会交互的前提和基础,只有参与到人际交互过程中，才能实现与其他学习者之间的知识共享、协作与评价等。从社会网络的视角看，学习是通过无缝对话、分享实践经验而产生的社会性、合作性的成果。而所有的认知功能都源自社会交互，并将学习者整合到一个知识共同体中来实现知识的同化和顺应。通过社会交互，实现校内和校外信息共享，能够促进大学科研团队构建科研合作、学习咨询等价值网络，整合各种创新资源，在组织内部与外部形成自循环知识流动链条，对外部新知识进行吸收与整合，进而影响知识创造和技术创新成果转化。

在技术市场上，技术需求方各自的消费需求复杂而多样。为满足更多潜在需求，各技术需求方通过社会互动实现信息交流，保障高校的技术创新能力。通过社会交互实现信息共享，提高创新协同效率，夯实知识流动基础，促进技术创新迅速开展，进而提高组织技术创新能力。

社会交互行为有利于促进组织创新，提升组织绩效。技术创新能力是技术产生的根本条件，而社会交互则是技术转移的先决条件。因此，各大高校可以联合起来，搭建一个信息共享平台，一方面师生能够通过平台加深对各高校技术研究现状的了解，挖掘技术创新突破点，另一方面能够通过寻求知识分享、互动问答和寻求合作，共享信息资源和科技成果，从而大大提升技术创新的效率，整合各方资源，实现技术转移。

（七）产学研合作耦合

产学研合作的关键在于加强产学研合作的耦合度，也就是说加强产学研合作中各个主体交流与合作的密切程度是产学研合作机制有效运转的重要因素。

耦合关系更多地被运用于电学领域，两种事物之间能够建立相互作用、相互影响的作用关系，就可以说这两种事物之间具有耦合关系。借鉴李成龙和秦泽峰（2011）的说法，产学研合作体系中的耦合关系指的是产学研合作中企业与高校或科研院所等不同合作主体之间的契合程度，即互补和融合。结合杨水利等（2019）提出的技术创新能力理论，可以将产学研协作创新系统的耦合划分为资源耦合、创新链和产业链耦合以及行为耦合三个维度。

合作有利于组织获得更多的资源渠道，而合作伙伴的异质性则可以让组织得到不同的资源。企业和高校（科研院所）拥有不同质的资源。高校（科研院所）拥有更多的基础性专业知识、健全的理论体系和丰厚的知识积累，拥有更多的核心研究人才。同时高校（科研院所）的创新性研究还可以从国家获得多项研究经费的支持，也就是说高校（科研院所）在创新所需的资金投入、人力资源投入和知识积累等创新资源方面相对企业更具有优势。任何技术的成果转化都需要必要的技术应用平台，企业在这方面具备一定优势，因为企业有着非常强烈的通过创新产品赢得市场竞争从而占据市场份额的动机，同时企业拥有与产品市场化相配套的市场开发和营销技巧以及大规模投入生产的能力。因此，在产学研合作的过程中，其创新资源的耦合程度可以完善创新的资源投入体系，不同主体间的资源互补与融合提高了科技成果转化的可能性。

企业和高校（科研院所）拥有创新链上所需的不同资源是产学研合作的基础，合作主体在研究投入、开发研究、产品化和市场化能力上的优势互补融合、互相配合，就是产学研合作中创新链和产业链的耦合过程。产学研合作可以让高校（科研院所）的研究有更多项目资金的支撑，而高校（科研院所）可以为企业提供优质的科研人才资源和相应的研发实力，二者可以相互协作，产出更多的理论知识成果和可产品化的商业成果。企业还可以为高校（科研院所）提供完善的市场开发能力、营销能力、产品化能力，也就是科技成果实现市场化所需要的应用化平台。同时，双方都有所贡献的创新链和产业链合作也可以进一步平衡双方在合作关系中的贡献，从而使合作更加公平和互利共赢。

产学研合作的过程是企业与高校（科研院所）之间通过资源的相互整合实现创新目标的动态过程。在这个过程中，由于投入的资源很多都是无形资源，难以用货币价值准确进行计量，因此难以衡量各方的贡献值，从而导致在合作过程中出现合作主体"搭便车"的偷懒现象和机会主义行为，甚至还可能导致在后续利益分配时出现分配不均、不公等矛盾，从而大幅度降低合作的产出绩效与后期合作的可能性和效果。产学研合作各主体之间保持行为目标一致，可以减少合作障碍，降低合作中的不确定性，还可以提升各主体之间沟通交流的效率，使合作主体可以将更多的精力集中在创新研究和成果转化上。另外，当明确解释和规定了合作中彼此的权利与义务之后，企业和高校就可以更加集中精力解决创新研究和成果转化方面的问题。

韦克等(Weick et al.，1976)提出了松散耦合理论并将其融入经济社会问题的研究之中，用来解释研究对象之间既相互关联又保持各自独立的关系。吴大进编写的《协同学原理和应用》一书也将耦合理论应用在经济管理学领域。当前，国内外学者已将耦合理论广泛应用于多个经济现象间的共生、互动、匹配、契合、互补和协同关系的研究与分析。耦合理论在经济管理领域主要被应用于金融创新与科技创新、技术能力与技术管理能力、战略性新兴产业与传统产业之间关系问题的研究(杜英等，2016)。

产学研合作耦合关系用以度量在产学研合作进行科技成果转化的过程中，企业与高校(科研院所)这两类异质性组织之间的互补、兼容关系，即契合和协同效应(Shachar et al.，1990)。

研究表明，产学研合作耦合关系对科技成果转化绩效存在显著的正向影响。产学研合作科技成果转化活动的成功建立在合作各方通过资源以及能力等方面的优势互补和兼容，在行为上保持协调一致，并在与各自需求相匹配的合作期望上达成一致的基础之上。企业、高校(科研院所)在国家的创新系统中既有各自比较明确的职能定位与分工，同时也有各自的资源缺口。企业进行研发和科技创新的需要与高校(科研院所)进行知识扩散以及科技成果市场化的需要，构成了协同创新以及科技成果转化的供需市场。企业拥有相对充足的技术创新及成果转化资金、生产试验设备和场所、营销经验及市场信息等资源，因而在知识、技术或者科技成果快速商业化、产业化方面占据优势，而高校或科研院所在基础研究、科研仪器设备、知识及技术信息、专业人才、研究方法和经验等方面占据优势。产学研合作耦合关系的建立有利于企业与高校(科研院所)在各自优势项目上实现优势互补、兼容与契合，更有利于促进科技成果的成功及顺利转化。产学研合作各主体之间实现互补与兼容，进而相互作用、相互影响，也有利于进一步建立互惠互利的耦合关系。产学研各合作主体在合作过程中通过自身创新能力的建设，能最大限度地集合各种资源，提升自身能力，提高科技成果转化绩效。

同样，由于企业与高校(科研院所)的异质性，其所处领域、掌握的知识和技术等也存在一定的差异。当企业、高校(科研院所)面对全新的问题时，对于新的知识和信息，采用探索式学习可以帮助企业、高校或科研院所用一种全新的方法或者新旧方法相结合的方式来处理现有或是即将面对的问题。企业、高校或科研院所可以接近新的知识并改善自身的吸收能力,为以后吸收外部知识奠定基础。采用利用式学习可以帮助企业对现有的技术进行改进,对各项流程进行优化,同时在具体情景下对新方法进行复制,并将新的知识和方法运用到企业现有的流程中,解决具体的问题以及实施具体的任务,带来在不同情境中进行知识应用而产生的新信息和证据,即探索式学习和利用式学习有显著的促进作用,从而更有利于开展科技成果转化活动。

国内目前关于产学研合作耦合关系的研究还处于起步阶段,相关研究较少,产学研合作过程的黑箱也迟迟没有被完全打开,究竟产学研应该怎样合作才能更好地促进科技成果转化以及创新还没有一个成熟一致的结论。产学研耦合关系研究的是企业与高校(科研院所)两类异质性组织如何进行更好的优势互补与相互兼容,进而相互作用、相互影响、相互促进,推动科技成果的转移转化。研究表明,企业与高校(科研院所)在异质性资源、异质性能力、异质性行为三个方面实现互补与兼容,有利于促进组织学习,提高科技成果转化绩效。因此,从理论与实际出发,结合目前研究的现状及存在的问题,从组织学习的视角出发,探讨与分析产学研合作耦合关系对科技成果转化绩效的影响机理,对于解决产学研合作促进科技成果转化这一现实问题具有一定的指导意义。

(八) 科技成果资本化

从科技成果资本化的视角看,高校科技成果的知识治理过程可看作科技成果的内部资本化过程,可以从知识编录和知识共享两个阶段研究高校科技成果的知识治理机制改革问题。知识编录阶段,鼓励科技人员利用隐藏的隐性知识参与科技成果转化,通过隐性知识与显性知识的相互融合、互动和再生,实现高校内部的资源整合;知识共享阶段,高校与科研机构、企业、金融机构、咨询中介以及相关政府部门通过协同平台等形式进行资源共享和能力互补,在高校及其利益相关者的互动与演进过程中,高校逐步了解市场的技术需求,充分借助自身的知识资源基础与异质性组织的比较优势,产出高水平、有价值的科研成果,实现科技成果转化对于产业组织的能力提升。

(九) 联盟管理的作用机理及其绩效

对于联盟管理能力的概念,学术界主要从两个方面进行阐述。一方面是从学习与知识管理角度阐述。卡尔(Kale，1999)认为联盟管理能力是知识的共享及内化，且主要针对隐性知识。德鲁兰(Draulans，2003)认为联盟管理能力除隐性知识外，更是对联盟内全部知识的整合及扩散的体现。郑景丽等(2011)从管理经验角度入手，认为联盟管理能力是知识及经验的收集与积累的结果。目前被广泛认可的一种解释是，联盟管理能力是联盟中的企业在组织学习、共享与创造知识的过程中具备的管理能力(Heimeriks，2007；张根明和张曼宁，2019；姜红等，2019)。另一方面，薛捷和张振刚(2017)基于资源基础理论，认为联盟管理能力是企业独有的资源，联盟中的企业可以整合资源，实现最优化。

根据不同的理论，学者对联盟管理能力维度的划分也有所不同。施赖纳(Schreiner，2009)将联盟管理能力划分为协调、沟通及联系能力。还有学者认为联盟管理体现在整个阶段，并用因子分析将联盟管理能力划分为联盟组合协调、组织间学习、联盟主动性、组织间协调及联盟组织变革五个部分(Teece，2007；Schilke，2010)。我国学者对于联盟管理能力的划分主要是根据上述两种划分类型，基于中国特有的文化背景，进行了一定的修改，具体如表1-1所示。

表1-1　国内学者对联盟管理能力维度的划分

研究者	划　　分
傅慧、朱雨薇(2012)	协调能力、沟通能力、黏合能力
王先海(2012)	协调能力、沟通能力、关系能力
刘景东、杜鹏程(2015)	组织间协调惯例、联盟感知惯例、联盟组织协调惯例、学习惯例、转换惯例
薛捷、张振刚(2017)	组织间协调、联盟组合协调、组织间学习、组织感知、联盟组织变革
张根明、张曼宁(2019)	协调能力、沟通能力、关系能力
姜红、刘文韬、孙舒榆(2019)	组织间协调、联盟组合协调、组织间学习、联盟主动性、联盟组织变革
李奉书、徐莹婕、杜鹏程、徐建中(2022)	协调能力、沟通能力、关系能力

对于联盟管理能力的研究主要集中于绩效及其影响因素。卡尔和辛格

(Kale and Singh, 2007)将联盟管理能力纳入模型,发现其可以帮助企业获得成功。刘景东和杜鹏程(2015)从联盟组合管理能力入手,以演化经济学管理视角,研究发现联盟管理能力会影响联盟的组合绩效。但更多学者研究的是整体的联盟管理绩效,例如,傅慧和朱雨薇(2012)以及罗剑宏和何依(2018)从关系资本的角度出发,研究发现联盟管理能力会促进联盟绩效。

除了对联盟整体的绩效进行研究外,还有许多学者从不同的角度入手,研究联盟管理能力对于创新绩效、战略绩效等方面的影响。李奉书等(2022)认为联盟管理能力可以帮助企业挖掘外部的创新知识和技术,掌握一定的知识与技术,从而提升企业价值。张根明和张曼宁(2019)进一步指出,联盟管理能力中的三种能力均能提升企业的创新绩效。还有学者将联盟管理能力作为调节变量进行研究,发现联盟管理能力正向促进企业间知识异质性对创新绩效的影响(叶江峰等,2015)。王道平等(2015)研究发现,联盟合作失败的主要原因是联盟伙伴的选择错误,因此在形成联盟前,应慎重选择伙伴,同时企业应按需调整自身的战略目标(李军等,2020)。良好的伙伴关系能达成战略一致(朱飞,2020),更能有效解决冲突和问题,进而提升企业战略绩效(徐亮,2009)。

(十) 成果披露意愿及边界限定

目前,多数研究都建立在教师主动向高校申报发明的假设前提之上,忽视了其中的高校教师发明披露问题,且经披露的高校专利质量较差已是不争的事实,严重影响了高校科技成果转化的实施效果。

教师发明披露是指教师按照相关规定,如实向所在高校披露(申报)在职期间完成的所有职务和非职务发明。由于教师选择性披露发明,我国近30%的高校存在科研成果流失问题,导致高校存量发明的商业价值偏低,增加了高校科技成果转化的实施难度。由于体制机制和管理不完善等原因,我国教师越过高校监管、实施发明体外循环的现象比较普遍,高校和教师因这一问题产生的发明权属诉讼频频发生。赵敏祥等(2005)认为目前高校专利流失严重,其中校外机构窃取流失占40%,随人员调配流失占20%,化公为私占10%。尤其高价值发明专利的流失导致高校存量专利的商业价值远低于流失的教师专利,增加了科技成果转化的实施难度。瑟斯比等

(Thursby et al., 2009)、肯尼和帕顿（Kenney and Patton, 2011）、库里等（Curi et al., 2012）、达姆斯加德和瑟斯比（Damsgaard and Thursby, 2013）、冈萨雷斯·佩尼亚等（Gonzàles Pernia et al., 2013）分别探讨了美国、法国、瑞典、欧洲及日本等国家和地区的高校专利流失成因及对技术转移绩效的影响。可见，研究高校科技成果转化不可忽视教师的专利披露行为，只有厘清教师发明专利的真实权属分布，才能制定有针对性的高校科研成果管理政策。

基于上述国内外学者的研究，我们可以重点从以下四个方面思考影响高校教师发明披露意愿的因素。

1. 发明专利特征

Liu 和 Jiang（2011）指出高校为缓解专利增长与技术转移人员匮乏间的矛盾，通常集中精力服务少数高价值发明专利，即教师发明专利的价值越高，越受到高校关注。专利被引频次和专利主权项是衡量专利价值的两个重要指标，但由于我国专利文件不提供引证文献数据，本书仅假设：主权项越多，教师发明专利越可能被分配给高校。共同发明人数量是教师发明专利的另一重要特征，李正卫等（2009）认为发明人数会增加专利权属决策和收益分配协商难度，将专利分配给高校是合理的折中方案，但克雷斯皮等（Crespi et al., 2006）指出较多的共同发明人代表更庞大的社会关系网络，特别当共同发明人来自企业时将显著降低专利许可的搜寻成本，教师校外分配专利的可能性也就越高，因此共同发明人数量对专利权属影响显著，但正负效应尚不确定。

2. 发明人特征

教师向所在高校披露发明专利是获得职称晋升的有效途径，欧文·史密斯和鲍威尔（Owen Smith and Powell, 2001）及西格尔等（Siegel et al., 2003）指出副教授和讲师更愿意将专利分配给高校，而教授实施专利体外循环的可能性更高。此外，教师已拥有的发明专利总数对其当前专利权属决策有重要影响，拥有较多发明专利的教师由于缺乏时间和精力，须借助高校技术转移人员的专业服务。

3. 高校科研管理政策

从高校科研成果管理制度看，职务发明权属原则和许可收益分配比例是影响高校专利权属的重要因素。欧洲和日本的部分高校采取发明人优先原则,导致其发明专利存量很低。凯·肯斯(Ki Kis, 2012)在比较美国和瑞典高校不同职务发明产权制度对技术转移效率的影响时,也指出产权之争会导致高校专利流失。然而,我国高校普遍实行雇主优先原则,《专利法》及其细则均规定教师职务发明归高校所有,理论上高校应拥有教师的全部发明专利。对专利许可收益管理而言,李攀艺和蒲永健(2006)、陈强和常旭华(2015)从理论和实证角度证明了许可收益分配比例可平衡高校和教师的许可收益差距,改善教师专利披露行为。目前,国内高校为鼓励教师申请专利并参与后期产业化,不断提高许可收益分配比例,部分城市也出台了刺激政策,如"南京九条""武汉十条"等。近年来国内高校陆续出台技术转移利好政策,鼓励教师披露发明专利并参与技术转移。

4. 企业与高校环境

高校科研实力越强,教师越能借此获得企业研发资助,并通过技术入股或自主创业直接获得发明专利相关收益。若将发明专利分配给高校再对外技术转移反而会增加交易环节和成本。

对高校教师发明披露意愿影响因素的研究表明:①学术能力强,具有创业需求的教师倾向于向高校披露自己的发明;②科技成果所有权改革能够显著刺激发明披露意愿;③高校科研水平与高校教师发明披露意愿显著负相关,企业合作程度与高校教师发明披露意愿显著正相关;④发明专利特征、专利审查以及现行职称晋升制度并不能直接影响高校教师发明披露的意愿。

近年来,国家已明确提出探索赋予科研人员科技成果所有权和长期使用权,对于不涉及国家安全及利益和重大社会公共利益的科技成果,建议将实施权部分或全部下放给项目承担团队和承担人,并保留最终所有权及介入权。

首先,处置权、使用权和收益权实际上是规定了科技成果知识产权的实施权。实施权的管理可以仿照我国房屋产权的管理办法,依据科技成果的科目类别分别对实施权期限做出规定,在规定期限内,科技成果完成人、参与人享有科技成果所有权益的总和。要明确实施权所包含的占有、使用、收益和处分的权利,以及在科技成果资本化过程中的利益。

其次,在考核机制中应设置单列的专门成果转化中级、高级职称,并将成果转化社会价值、市场价值方面的突出贡献作为职称晋升的依据;成果转化的社会价值或市场价值贡献特别突出可以作为破格职称聘任的依据;提高科技人员参与转化利益的分配比例,这些选项被认为是最为重要的激励制度。

在制度上肯定高校科技人员的转化工作绩效,同时在社会范围内鼓励各单位成员积极转化科技成果,提倡在不影响工作的前提下,积极实现科技成果转化,改善社会舆论,免除高校科技人员开展科技成果转化工作的后顾之忧。

最后,在合作模式上仍需进一步加强产学研深度融合,产学研合作能有效克服高校自身的组织结构性缺陷,有利于加强高校和企业之间的资源信息互动,打破高校与企业间互相不了解的局面,消除科技成果转化各方间的信息不对称,促进高校科技成果合理合法合规披露,促使高校科技创新活动与企业平台相结合,为实现高校科研成果便捷高效转化创造基本条件。同时,搭建产学研融合的成果转化机制和组织模式,发挥各参与方的人才、技术、市场和信息等方面的优势,完善科技成果转化链条,全面推进高校科技成果转化工作。

第三节 本书的内容与结构

我国经济高质量转型发展离不开科技创新,特别是高质量的科技成果转化。教育部印发的《关于加强高校有组织科研 推动高水平自立自强的若干意见》,为高校科技创新治理范式的研究指明了方向。高校构建怎样的"有组织科研"治理范式效率最高、效果最好? 这个问题亟须从理论上研究和探讨。虽然目前学术界对高校科技成果转化治理亟须从传统的分散知识管理视角转向网络平台治理视角已有认知,但缺乏对高校科技成果转化嵌套共生平台及其治理范式的深入系统剖析,也鲜有文献对高校科技成果转化嵌套共生平台及其治理范式进行微观层面的设计和探讨。

美国生物学家保罗·埃利希(Paul Ehrlich)和彼特·拉文(Peter Ravn)

于 1965 年最早提出共生演化理论,共生演化理论也适用于高校科技成果转化嵌套共生平台的演化过程。根据共生演化理论,高校科技成果转化嵌套共生平台中同样包括共生单位、共生基质、共生界面、共生网络、共生环境五种要素,每一种要素在共生关系中都发挥着重要的作用,都是必不可少的一部分。嵌套式组织共生模式吸收了平台组织模式和网络模式的优点,由多家大型企业和研发机构以及其他与之相关联的组织通过各种业务关系而形成多级嵌套式网络模式(徐艳梅等,2008)。当某种新科技成果处于商业化初期时,其后续商业化过程的逐步完善和推进将提供一定的资本利得机会,这些机会能吸引企业家和一些提供支持性服务的组织加入该科技成果的商业化过程。此外,新科技成果创造的市场机会和利润也会吸引相关行业的竞争者转向该技术的完善和更新,从而使原有的平台型组织共生模式转变为嵌套式组织共生模式。同时,随着原有平台组织垄断式合作的瓦解,部分中小企业获得发展的机会,在竞争中成长壮大,进而加速平台型组织共生模式向嵌套式组织共生模式演进。随着技术商业化过程的推进,嵌套式共生组织的合作关系逐渐稳定,推动组织间基于股权架构的结构嵌套以及基于非正式网络的关系嵌套的形成和稳定,保持网络内组织的活力,形成以中小型科创企业为创新主力、社会资本提供支持和资源的有机系统。

基于区块链技术的非同质化代币(Non-Fungible Token, NFT)可以通过智能合约来实现其所有权的转移,以原有高校与科研团队科技成果确权为基础,在区块链上构造科技成果专属 NFT,通过智能合约来实现其所有权的转移已成为可能。

因此,应基于有组织科研的视角,综合运用数智平台、去中心化 NFT、知识生产模式转型理论和嵌套共生理论,为当前高校加强有组织科研、推动高水平自立自强的战略调整提供具体可行的参考方案,为国家和教育部相关部门制定高校有组织科研相应政策和方案提供理论依据和决策参考。

本书以高校科技成果转化嵌套共生平台为研究对象,基于参与可转换优先股交易架构,定义了科技信用通证,设计了科技信用通证交易市场体系;基于有限合伙治理架构,提出科转嵌套专业(风险投资)的概念,探讨专业嵌套(风险投资)的运作模式;构建了高校科技成果转化嵌套共生数智平台网络系统,并系统阐述了其治理逻辑与治理机制。

本书共八章,前两章为引言及理论基础,第三章为国内外相关高校科技成果转化治理范式借鉴研究,后五章围绕高校科技成果转化嵌套共生平台组织的共生界面、共生单位、共生基质以及共生网络、共生动力、共生环境、共生行为展开。同时,本书基于知识生产模式Ⅲ、科技成果资本化和开放式创新理论,以高校科技创新共生嵌套治理范式的构建为突破口,提出了基于科技信用通证交易市场的破解成果转化"死亡之谷""反弹琵琶"总体思路,通过科技成果 NFT 确权调动科研团队科技成果转化的积极性、发行高校科技信用通证调动高校科技成果转化积极性以及通过发行科技信用通证调动风险投资参与"死亡之谷"前端的积极性,构建了真正以企业为主体、市场为导向、产学研用深度融合的高校科技创新治理范式和体系,对目前我国深化高校科技成果转化体制与机制改革具有重要参考价值和现实意义。

第二章

相关理论与研究基础

第一节　高校知识产权运营与管理

一、高校知识产权

2021年1月1日开始实施的《中华人民共和国民法典》第一百二十三条规定:"民事主体依法享有知识产权。知识产权是权利人依法就下列客体享有的专有的权利:(一)作品;(二)发明、实用新型、外观设计;(三)商标;(四)地理标志;(五)商业秘密;(六)集成电路布图设计;(七)植物新品种;(八)法律规定的其他客体。"在国际上,《建立世界知识产权组织公约》定义的知识产权包括:关于文学、艺术和科学作品的权利;关于表演家的演出、录音和广播的权利;关于人们在一切领域的发明的权利;关于科学发现的权利;关于工业设计的权利;关于商标、服务商标、厂商名称和标记的权利;关于制止不正当竞争的权利;以及在工业、科学、文学或艺术领域里的一切来自知识活动的权利。

高校知识产权大致分为科技成果系列,包括专利和技术秘密等;商标系列,包括校徽、校名的专用权等;著作权及其邻接权系列;其他知识产权系列,包括商业秘密、信息、国家法律、法律规定或者依法由合同约定的由高等学校享有或持有的权利等。但在创新驱动发展的大背景下,需要将高校知识产权的内涵适当延伸,其内容还可以包括:高校举办的学术讲座、研讨会上思想交流后的文字记录、由高校内部设立的科研机构整理而成的文献汇编、高校数字化资源的整合成果、高校创新创业团队的参赛项目、高校科研团队发布的相关资料和调查数据等(齐琳琳,2016)。

二、高校知识产权运营

高校知识产权运营就是将知识产权价值化,通过深入挖掘科学技术、投入大量资本进行运营、最终转向目标市场等手段的运用,以知识产权许可、交叉许可、技术转移、专利权质押融资、市场交易(购买与转让)等方式(朱乃肖和黄春花,2015),实现知识产权隐形资产收益最大化。

知识产权运营环节具有三个特点。一是流动性,简而言之,高校知识产权运营过程就是高校研发机构或创新创业团队使知识产权与技术向企业和知识产权商业化经营机构转移的过程。因此,解决好高校科技成果与社会实际需求间的不匹配问题成为知识产权运营的关键。二是价值性,高校知识产权运营的目的是将科学技术的无形价值转化为有形的商业价值,其中实现知识产权运营的价值化包括许可交易、专利孵化、法律诉讼、产业化、标准化等多种方式。三是服务性,如上所述,知识产权运营就是知识产权价值变现的载体,是高校知识产权运营机构基于市场机制,促进知识产权与社会生产活动结合、迭代创新的增值服务过程,体现在协同创新、专利信息交换、法律服务、创业孵化服务、专利管理咨询等方面(陈伟等,2016)。

第二节　组织二元性理论

组织二元性理论指导组织如何设立协调的结构和系统,来应对在完成目标任务的过程中不同管理模式和需求产生的冲突,代表了组织能够同时高效开展利用性活动和积极推进探索性活动的能力。邓肯(Duncan, 1976)建议组织同时采用两种结构:有机的组织结构用以形成创新,机械的组织结构用以实施并应用创新,由此最早提出了"组织二元性"这一概念。在不少相关文献中,学者们都关注组织实现二元性的三种途径:允许在不同组织单元内实施两种活动的结构解决方案、允许在同一单元内部制订两种活动的情景解决方案、使顶层管理团队负责调和并回应两种活动差异与分歧的基于领导力的解决方案。

一、结构二元化

德贝克雷（Debackere，2005）提出，适当的二元化组织架构、形成过程决定了技术转移有效机制的形成。据相关文献记载，高校组织的结构二元化主要体现在：设有相对自治的独立行使知识产权管理的机构、拥有相对专业的从事知识产权活动的专职人员、形成实现特定目标的知识产权专项战略。

二、情景二元化

吉布森和伯金肖（Gibson and Birkinshaw, 2004）将组织情景界定为"组织中塑造个体行为的系统、过程和信念"，认为如果组织情景能够创造支持性的环境，个体就会同时从事开发导向和探索导向的行为，并进一步将其归纳为两个维度：社会支持情景和绩效管理情景。

社会支持情景包含两层意思：一是支持，引导成员将帮助和鼓励传递给他人，通过高层提供指导和帮助、允许成员获取资源、提高基层的自主性等方式来实现；二是信任，引导成员相互信赖，可以通过公正决策、个体参与、适格人员充任等方式来实现。根据学者已有的探索性研究，高校知识产权管理在社会支持这一维度上主要体现在为知识产权活动提供资金支持、知识支持、开发支持。

而绩效管理同样包含两层意思：一是纪律，引导成员力争达成各种承诺，可以通过建立清晰的行为标准、快速的反馈系统、一致性的责任规制来实现；二是弹性，可以引导成员力争更具抱负的目标，可以通过建立共同的抱负和集体身份、获知自身行为的组织意义等方式来实现。而高校知识产权管理在绩效管理这一维度上主要体现在为知识产权活动提供激励，以及在事前通过信息检索、事后通过资料归档等制度对知识产权活动加以引导约束。

三、领导力二元化

据相关文献研究，高校知识产权管理在领导力二元性方面主要体现在，学校高层是否能够通过一定机制在研究和创业两种活动之间动态地转移资源以平衡两者之间的冲突。基于组织二元性理论，通过对复旦大学、上海交通大学、同济大学、上海财经大学、华东师范大学、上海外国语大学、华东理工大学、东华大学、上海大学、第二军医大学 10 所上海重点高校的调研，发现了以下现象。

（一）知识产权管理正在成为高校的独立职能

通过对样本的描述性分析可知，10 所上海重点高校全部建立了专门的知识产权管理机构或是指定了相应机构兼管知识产权工作。可见知识产权管理正在被越来越多的高校接纳，并且将其与传统的科研管理相分离，成为相对独立的职能。知识产权管理在一定程度上以市场为导向，不再一味追求获取重大项目和评奖评优，而是真正实现科技成果的转化。

（二）高校的知识产权管理体系会影响科技成果转化效率

受到宏观政策、组织环境、个性化发展等因素影响，各高校在知识产权管理模式、组织结构、管理政策等方面各不相同。基于组织二元性理论，首先对多个影响因素与科技成果转化效率之间的关系做出了假设，其次通过获得的数据对其进行验证，发现资金支持、开发支持、事前约束、事后约束、制度协调对于科技成果转化效率会产生显著的正向影响，即能否营造支持环境、能否拥有激励约束相容的机制、能否在学校范围内统筹调配资源等不同类型的模式选择，与高校的科技成果转化绩效息息相关。

（三）高校可以构建二元性组织来开展知识产权管理

如前文列举，诸如上海交通大学、东华大学等高校通过构建二元性组织开展知识产权管理，提升了科技成果转化的绩效。因此，建议各高校根据自身特点，在管理实践中实现结构二元性，或在管理实践中实现情景二元性及领导力二元性，提高本校的科技成果转化水平。

第三节　知识生产模式转型理论

知识的生产模式可以被认为是知识的产生和知识被创造出来的方式，可以被当作一种理论和模型的基础来说明知识的形成与发展。知识生产的发展过程主要经历了三个阶段。第一阶段，知识生产模式Ⅰ是纯粹的对单一学科的学术研究，具有同质性，并且极少考虑和响应社会需求。第二阶段，知识生产模式Ⅱ是跨学科、超学科的应用型知识研究，具有异质性、社会弥散性，响应了社会的需求。第三阶段，知识生产模式Ⅲ是以知识集群、创新网络、创新生态系统为核心的模式。这三个阶段所诞生的不同的动力机制反映了创新主体的变化过程，同时也反映出创新主体的权利和相应的责任。高校在知识生产模式Ⅰ阶段，独立承担知识生产责任，与科研机构合作生产基础科学知识；到了知识生产模式Ⅱ阶段，在产业和政府加入的情况下，形成了"高校-产业-政府"的三重螺旋模型，三个创新主体共同生产应用型科学知识；到了知识生产模式Ⅲ阶段，社会公众的参与形成了"高校-产业-政府-社会公民"的四重螺旋模型，四个创新主体共同担任知识生产的职责。根据发展过程中的情景变化和重大问题影响，多元创新主体逐渐形成以高校为主导的创新生态系统。

21世纪初，以美国华盛顿大学卡拉雅尼斯（Eilas G. Carayannis）教授和奥地利克拉根福大学坎贝尔（David F. J. Campbell）教授为代表的西方学者共同阐述了知识生产模式Ⅲ这一概念，并在阐释过程中提出了四重螺旋创新系统。以往"三重螺旋"揭示了大学、产业、政府在协同创新中的互动关系，而"四重螺旋"则展现了大学、产业、政府、基于媒体和文化的公众在协同创新中的互动关系（武学超，2014）。其中，公众文化、价值观、生活方式和媒体交际方式等要素会对多层知识创新系统产生影响：积极的创新文化能够推动高级知识经济发展；公众话语以及媒体信息传播和解说能够帮助公民社会规划知识生产和创新的优先战略（Carayannis and Campbell，2009）。知识生产模式Ⅲ充分表达了人力资本、知识资本、文化资本以及金融资本等优势资源的协同聚集效应，为当前知识集群、平台型创新组织以及多层次创新生态系统的构建提供了理论依据和崭新视角。

知识生产模式的不断转型升级，表明了知识生产中的生产场所、生产主体、生产结果和方式在走向多元化。传统的以单一学科为背景，以追求学术价值为导向，以同行评议为标准的科研绩效评价体系与现有的科研任务已不相匹配，难以准确衡量当前的知识生产。知识生产模式的转型并不意味着对传统生产模式的否定与颠覆，只是将更多的社会因素和对知识的要求加入其中，完成对原有知识生产模式的修订与超越。

表2-1汇总了不同知识生产模式的概述、生产主体、生产方向、生产组织、评价导向、评价体系和创新模式。

表 2-1　不同知识生产模式的比较研究

	模式 I	模式 II	模式 III
概述	以高校内部驱动的被制度化的学科知识研究为核心	高校知识生产以解决应用情境中的问题为导向	多层次、多形态、多节点、多主体和多边交叉互动的知识创新系统
知识生产主体	大学学术共同体(单螺旋/双螺旋)	大学、企业、政府(三螺旋)	大学、企业、政府、社会公众(四螺旋)
知识生产方向	个人兴趣(学术语境)	社会需要(应用语境)	客户引导和支持(公众与社会需要)
知识生产组织	高校内单一学科正式组织	跨学科组织	嵌入/共生式创新系统
评价导向	学科知识发展导向	应用价值导向	社会的公共利益最大化导向
评价体系	学术同行评议	学术影响与非学术影响并存的评价体系	
创新模式	线性创新	创新体系	创新生态系统

资料来源:张玉华指导研究生张丹丹根据相关文献整理。

第四节　共生演化理论

美国生物学家保罗·埃利希和彼特·拉文于 1965 年最早提出共生演化理论,认为生物界普遍存在的现象是共生演化,而非生存竞争。共生是指两种不同的生物之间形成紧密互利的关系。在共生关系中,一方为另一方提供有利于生存的帮助,同时也获得对方的帮助。共生演化理论认为,物种只有与其他具备相关结构的物种相互匹配并建立长期的共生关系,才能获得更大的价值并占据优势地位,最终起到推动群体演化的作用(郝斌等,2009)。创新生态系统本质上是一种以生态学视角类比的组织架构,遵循自组织演化,随着系统内各物种主体的合作关系不断发展,系统整体不断发展完善,各成员开始呈现类似于自然生态系统中的共生现象,有意识地与其他成员形成一体,并将自身的命运与周围的生态系统相关联,以期实现共生的结果(梅亮等,2014)。创新生态系统中的各主体通过资源的流动、整合、互补而相互关联、相互作用、相互依存,原本独立发展的个体将向共生演化的方向转变(Li Y R, 2009)。随着自然生态系统的理论知识在社会科学领域的应用和发展,创新生态系统被认为也是由共生单位、共生环境、共生模式等要素构成的共生体,其中共生单位、共生基质、共生界面以及共生环境是基本的要素集合(温兴琦等,2016),要素之间相互作用、相互依存,最终形成共生网络模型(Erazo et al., 2015)。

共生演化理论也适用于高校科创生态系统的演化过程,为研究和分析高校科创生态系统提供了新的思路和方法。在共生演化理论视角下,高校科创生态系统可被视为在一定时空范围内高校以及相关组织(其他单位)共生体通过共享资源、技术以及服务等共生基质,在共生界面内相互关联、相互作用、相互依存,形成共生网络并随共生环境变动而产生动态变化的复杂共生系统(见图2-1)。

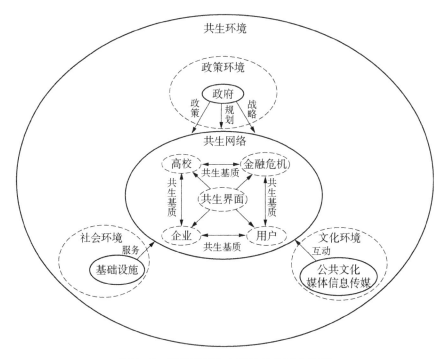

图2-1 高校科创生态系统共生演化关系

资料来源:张玉华.高校科技成果转化嵌套数智平台及其治理范式[J].上海师范大学学报(哲学社会科学版),2022(6):24-34.

高校科创生态系统中,共生单位是构建高校科创生态共生体的最基本单位,具体包括高校、企业、政府、用户以及其他辅助的创新主体;共生基质是指高校科创生态共生体中蕴藏的创新人力资源、物质资源、资金、知识资源等,强调了资源、技术、服务在共生单位之间的互补共享;共生界面是指共生单位在开展创新活动时各种资源、技术、服务等进行互补共享的传导载体(丛海彬等,2015);共生网络是指共生单位之间通过互动作用形成的关系资本互通的网络;共生环境则是指影响高校科创生态共生体演化和发展的内部环境以及外部环境,具体包括社会环境、文化环境、经济环境等。在整个高校科创生态共生体中,共生单位是形成共生关系模型的最基本条件,共生基质是促使共生关系模型运行的必要条件,共生关系最终形成共生网络是必然结果,共生界面是共生关系形成和发展不可缺少的关键要素,共生环境则是发展共生关系时不可忽略的外部影响要素。各个共生要素之间的相互协作和相互作用,推动高校科创生态系统在共生关系的演化、运行和发展过程中,实现创新主体之间、创新主体和创新环境之间的共生效应,进而实现高校科创生态系统的健康可持续发展。

一、共生要素与共生关系

高校科创生态共生体主要包括共生单位、共生基质、共生界面、共生网络、共生环境五种要素,每一种要素在共生关系中都发挥着重要的作用,都是必不可少的一部分。为了清楚展示五种共生要素在高校科创生态共生体中的具体指向以及作用,本小节将阐述五种要素的具体内容以及关系。

(一) 共生单位

共生单位是指构成高校科创生态共生体的基本成分,也是生产知识和进行能量交换的基本单位。在高校科创生态共生体中,共生单位主要包括高校、企业、政府、用户以及其他组织,其中核心共生单位是高校,其他配套的相关组织是辅助共生单位。在共生模型中,核心高校在与其他配套共生单位的互动中,发挥着知识生产向导的作用。具体来说,高校的主导地位在进行知识生产、价值创造等方面发挥了一定的主导作用;企业与高校合作进行价值再创造,实现创新成果转化;社会公众对创新产品或服务进行信息反馈;政府制定创新环境中的政策、规则等,引导各共生单位深化合作、协同发展;其他组织从属于创新主体,通过提供互补资源、技术、增值性服务等,促进高校科创生态共生体的平稳发展。核心高校通常是依赖于企业与用户的异质性资源,共同完成知识生产和价值创造的过程。在高校科创系统的演化过程中,企业、政府、用户等创新主体依赖其知识生产和价值创造异质性资源的积累,争取与核心高校共同生产知识和创造价值,从而提升自身在科技创新生态共生体中的地位,促进该系统的共生演化和发展。

(二) 共生基质

共生基质是指高校科创生态共生体中蕴藏的创新人力资源、物质资源、资金、知识资源、信息资源等,强调了资源、技术、服务在共生单位之间的互补共享。共生基质是高校科创生态共生体中所有资源的集合体。人力资源主要是由高校提供并输出到社会各行各业的人才;物质资源主要来自社会,不仅包括自然资源,还包括企业再创造资源等;资金主要来自社会公众、政府以及企业等;知识资源主要源于高校,高校不仅产出高素质人才,更是知识生产和科技创新的重要源头;信息资源主要包括创新主体之间、创新主体与创新环境之间的信息联通。共生基质包含的资源多种多样,在共生单位间疏通,从而保持共生关系的运行和发展,最终促进共生网络的形成。

(三) 共生界面

共生界面是指共生单位在开展创新活动时各种资源、技术、服务等进行互补共享的传导载体。共生基质无法独立高效地进行传播,需要专门的平台促进共生单位间共生基质的交流、连接。共生界面为创新活动提供了重要的活动平台和资源运输载体,具体形式有科技园、国家级科技孵化器、创新平台、技术与产品的接口、技术标准,以及技术转移中心、技术市场等中介服务机构、创新成果转移办公室、金融机构、中介机构等。中介机构加强了高校与企业之间的联系,促进了人才以及知识输入,加快了创新成果商业化步伐;金融机构促进了企业与社会公众的联结,缓解了初创企业融资难、创新风险大等问题;各种科技园进一步缓解了创新成果应用"最后一公里"等问题。共生界面能在不同程度上缓解和解决高校科技创新过程难题，同时促进新行业的产生和发展，使得创新主体更加多元化。

(四) 共生网络

共生网络是指共生单位之间通过互动作用形成的关系资本网络。共生网络实际上是一种在高校科创生态系统共生单位间，通过以创造"价值生产工具"为目的的合作创新行为而形成的关系资本。共生网络强调共生单位由量变促进质变的过程，以高校为核心的共生单位在知识生产和价值创造中产生规模效应，促使更多高质量知识产出，因而共生网络创造社会效益和经济效益的过程是一个"1＋1＞2"的过程。

(五) 共生环境

共生环境是指影响高校科创生态共生体演化和发展的内部环境以及外部环境，具体包括社会环境、文化环境、经济环境、市场环境等。高校科创生态系统的共生环境主要包括政府政策环境、经济环境和社会规范环境等。一般而言，研发扶持政策越完备、经济实力越强、社会诚信度越高的区域，高校科创生态系统共生单元的共生水平和层次越高。在高校科创生态共生体中，共生环境影响共生单位的发展，具体表现为高校教育方式和方法以及科研的方向和发展水平，同时对企业创新产品或服务选择也有一定作用。共生环境对共生基质的传播也有一定的影响，具体表现为公共平台的构建要适应区域发展水平以及人文行为等。对共生环境融入共生关系模型的每一个环节，在构建共生关系之前都必须加以考虑，准确把握市场导向、环境发展、政策文件，恰当使用社会文化和公众力量，促进高校科创生态共生体的演化和发展。

二、共生行为的能量和利益关系

在高校科创生态共生体中，共生单位之间、共生单位与共生环境之间的联系行为必然会产生巨大能量的变动、转化和互换，这些由共生行为所引起的能量互动促使共生单位之间产生一定的利益关系。按照共生行为所产生的利益关系，共生主体之间的关系可以分为互利共生关系、寄生关系、偏利共生关系。

互利共生关系是指两个共生单位结合在一起形成共生体,对双方的发展都具有促进作用。互利共生关系中产生的能量,对共生单位之间的利益分配以及发展存在双向正向效益,可促进共生单位之间的知识生产、信息交流、资源交换等。但是互利共生关系所产生的能量分配不一定完全相等,所以就产生了对称性互利共生关系和非对称互利共生关系的区分。能量在共生单位之间的分配由双方的投入比例、利益分配方案等多种因素决定。

寄生关系则是两者之间的合作不能产生新的能量,能量从寄主流向寄生者。简单来讲就是,寄主在没有产生新的能量的情况下,持续将能量输送给寄生者。寄生关系一般是单向的效益流通机制,并且只对寄生者存在促进演化作用,阻碍寄主的发展和成长,甚至寄生者有可能向寄主传递废料或者污染等具有危害作用的要素。由于寄生关系过于极端,在创新生态系统中极少出现。

偏利共生关系是指一个共生单位由于共生关系产生新的能量,而另一个共生单位在共生关系中没有受到不利影响,一直保持初始状态。在偏利共生关系中,一方受益,而另一方无利也无害。

在三种共生关系下,共生单位的物质和能量发生着流动和转化,为高校与其他组织的能量变动提供了可能。这些能量和物质变动通常用共生单位的投入和产出两个角度来表示,其中高校关键要素的投入主要是指人才、资金、技术等资源投入,以及知识生产和价值创造投入,在共生界面对这些要素进行整合,通过与其他组织之间经营活动的转化和发展,形成与高校互补的技术和服务。高校技术的供给可能会成为企业的关键要素投入,对企业创新产品或服务技术具有互补作用,同时推动高校提高自身技术供给的质量。这体现出高校与其他相关组织在物质和能量转化上存在多种利益关系。利益关系也是从共生单位间的共生关系出发,在共生单位间传递能量,形成促进或者抑制等利益关系。当然,共生关系也会随着高校科创生态共生体的演变发生变动,促使共生单位之间形成良性的循环模式,促进创新活动持续健康地进行。

第五节　高校科创生态系统剖析与嵌套共生

一、高校科创生态系统的构成要素分析

高校科创生态系统的动力主要来源于内部创新主体和外部创新环境两个方面。创新生态系统的组成要素受到国内外学术界的关注，不少学者进行了开创性的讨论与探索，最主要的观点有以下几种。第一种是两部分论，如学者布卢姆和迪斯（Bloom and Dees，2008）认为创新生态系统主要包含参与者要素和环境条件要素两个部分，其中参与者要素由个体和组织等构成，环境条件要素由规范、法规和市场等构成。朱迪·埃斯特林（Judy Estrin，2009）也认为，一个可持续发展的创新生态系统主要由核心层和影响力层组成，前者包括创新的研究、开发和应用等内容，后者包括文化、教育、政策、融资和领导等要素。我国学者吴金希（2014）则把创新生态系统的结构分为创新平台和互补性模块两部分。

第二种是三部分论，即认为创新生态系统主要包括三个组成部分。如史密斯和海伦（Smith and Helen，2014）认为，创新生态系统的三个组成部分是流程、文化和能力。卡西曼等（Cassiman et al.，2011）认为，创新生态系统包括资源、能力和连通性。穆斯塔法·戈姆莱克西斯等（Mustafa Gömleksiz et al.，2017）则认为集群、大学和产业之间的合作以及创新文化是创新生态系统的三个关键部分。我国学者杨荣（2014）将创新生态系统的总体结构划分为创新的生产与扩散和创新的应用两个子体系组成的核心层、支持机构形成的中间层以及创新基础设施、创新资源、创新文化和创新激励机制等要素构成的外围层三个层次。

第三种是多要素论。譬如，柳卸林等（2015）认为，完整的创新生态系统包括：上下游的合作伙伴和竞争对手、政府、高校和科研机构、中介、风险投资等创新主体及其之间的紧密联系和有效互动，还包括参与创新的自然资源、劳动、知识、资本、技术等各种创新要素在各主体之间的流动和溢出。

除了学术界，很多社会学家也试图从更多的视角解读创新生态系统所

需要具备的要素。美国总统科技顾问委员会提出创新生态系统应该由科技人才、成效显著的研发中心、风险投资产业、宏观环境、基础研究项目等要素构成。

对过去学者们的研究进行梳理与总结，不难看出目前创新生态系统的内涵和外延还没有统一的界定，研究的层次也分布在微观、宏观等多个方面，不同学者构建的模型也种类繁多。

在上述创新生态系统的内涵与构成理论的基础上，本书借鉴杨荣（2014）构建的三部分创新生态系统结构以及赵广凤等（2017）构建的以高校物种为核心的高校创新生态系统模型，融合四重螺旋模型结构，引入用户这一重要科创主体，构建知识生产模式Ⅲ背景下的高校科创生态系统。

高校科创生态系统的核心层指高校科创生态系统中对研究、开发、转化、应用以及扩散等科技创新活动具有重要驱动作用的行为主体，也是开展科技创新活动的核心载体。其中科技创新研究和开发活动的主体以高校为主，其他科研机构为辅。科技创新应用与扩散活动涉及的其他核心要素则包括其他研发机构、合作企业、客户、竞争对手等。

中间层包括的支持机构有政府机构、金融机构、科技中介机构、孵化机构、包括媒体在内的社会公众等。具体而言，政府机构承担了科技创新生态系统中的制度创新重任，为系统内的科技创新活动提供政策支持和方向把握；金融机构是为科技创新主体提供金融服务的组织，是科技创新资本的外部供给者；公众强调了科技创新活动中公共利益的重要性，对系统的科技创新活动起到监督作用；科技中介组织是指为系统内科技创新成果的提供者和接收者提供信息支持、联系服务、人力资源服务、法律服务等专业服务的中介组织，是系统价值产出的催化剂；孵化机构是为有创业意向的研究者（包括高校学生）提供研发、生产、运营支持等综合服务的社会经济组织，是支持资源短缺者在系统内开展科技创新活动的重要硬件。中间层在整个科创生态系统中担任着组织、监督或协调的角色。

而外围层是指影响科创主体开展科创活动的各种外部因素，是高校科创生态系统共生演化的背景条件，为高校科创生态系统的构建和成长提供环境支撑，涵盖的环境要素主要涉及政治环境、经济环境、社会环境、文化环境、法律环境以及自然环境。其中，政治环境是指系统进行科技创新活动时所处的外部政治形势和政策环境,是高校科创生态系统顺利运行的政治保障;经济环境是指影响科技创新活动开展的社会经济状况,包括国民收入水平、消费支出结构和地区经济发展水平等;法律环境由各级政府颁布的法律法规构成;社会环境是指系统所在地区的基本社会价值观和社会责任导向,也是驱动系统开展科技创新活动的重要力量;自然环境是指支持和约束科技创新活动开展的自然基础,为科技创新主体提供所需的自然资源。

上述科创主体或机构类似于自然生态系统中的物种,物种与物种之间又联结成科创群落、创新网和创新链。环境要素则类似于自然生态系统中的大自然,构成科创活动的外部环境。高校科创生态系统的基本架构如图2-2所示。

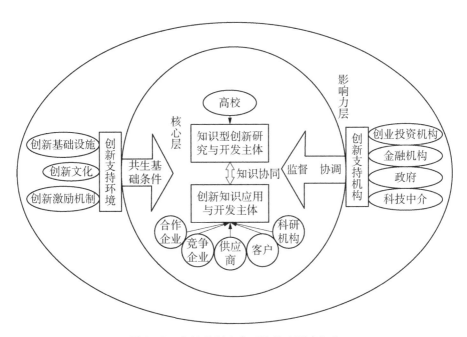

图2-2 高校科创生态系统基本要素架构

资料来源:赵广凤,马志强,朱永跃.高校创新生态系统构建及运行机制[J].中国科技论坛,2017(1):40-46.

高校科创生态系统所形成的科创群落、科创网、创新链与自然生态系统中的生物群落、食物网、食物链具有相似性,不同的科创主体处于不同的生态位,有着共存共生、共同进化的生态特性。如同自然生态系统中任何一种生物遭到过度捕杀,则其他生物将无法生存一样,在高校科创生态系统的创新链、科创网、科创群落中,任何一个科创环节若无法实现同步或升级,则整个创新链上的其他科技创新也无法得到同步应用或升级。因而,高校科创生态系统对于高校自身可持续发展,以及维系整个国家科技创新生态环境的稳定,促使物种竞争、群落演替,甚至环境系统的整体变迁起着重要作用。

二、嵌套共生网络平台组织

(一) 网络平台组织治理

面对知识社会的到来、人类文化的演进、自然资源的枯竭等,企业必须用系统的、网络化的思维方式进行思考。关于合作竞争、利益相关者、柔性与创新等思想的出现正是反映了这种思考,极大促进了网络组织的发展。

经济环境的变化对于网络组织的发展起到了巨大的推动作用,其中比较突出的有经济全球化、区域经济一体化以及网络经济的发展等。20世纪中叶以来,科技和知识成为生产力的主要推动力量。信息技术、网络技术更是发展迅猛,在造就一个巨大的产业(信息产业)的同时,也使整体企业组织发生根本性的变革。随着信息与通信技术(ICT)对于组织变革的影响不断加深,企业组织的扁平化与网络化、业务流程重组、企业资源计划、供应链管理、精益生产、准时生产制、客户关系管理等管理技术和组织技术应运而生,极大地推动了组织网络化的进程。

网络组织能否成功运行的关键在于其治理机制能否保证合作各方有强大的动机不去利用彼此之间的信息不对称和不完全契约而谋取私利,能否保证合作成员同步互动且有序高效协作。李维安等(2004)在研究公司治理的未来发展时对网络治理做了精辟概括,认为网络治理有两条线径:利用网络进行公司治理(网络作为公司治理的工具)和对网络组织进行治理(网络组织成为治理行为的对象)。

网络治理是一个复杂的系统活动过程,具有活动的多维性和要素的多样性,因而需要从系统的高度进行综合性概括。网络建立之初,个体之间很可能存在不同的目标和预期,因此协调与控制就成为网络治理成功的关键。要减少伙伴之间的冲突,就必须建立一种和谐融洽的平等关系。要做到这一点,关键在于处理好网络治理中的独立性与包容性问题。移动互联平台的迅速发展不但促进了正面信息的传输,同时也滋生了谣言的传播,所以信息技术推动了以"规则、合规和问责"为主要内容的扁平化治理架构向网络化治理架构的发展。

对于网络组织的内部治理问题,麦肯锡公司建议采取两种方法:一种方法是以一方为主进行治理,并给予完全的自主权,条件是看谁具有更高超的管理能力和治理基础;另一种方法是组建一家完全自主经营的公司,它只对自己的董事会负责。在网络治理中,虽然层级组织中的治理结构和治理机制仍可能继续发挥作用,但由于合作伙伴大多是独立的法人主体,传统的命令控制模式受到限制。此时,网络组织特有的治理机制将会发挥特殊的作用,其中一种典型方式就是共同治理。共同治理的思想来源于利益相关者理论。该理论认为,企业的目标不能仅限于股东利益最大化,而应同时考虑其他企业参与人,包括职工、债权人、供应商、用户、社区及经营者的利益。共同治理是指企业的物质资本所有者与人力资本所有者共同拥有企业的所有权,一起行使企业控制权,就企业的生产经营做出决策,并一起分享企业剩余价值。简单来讲,共同治理就是所有利益相关者都参与公司治理,都通过一定的契约安排和治理制度分享企业的控制权。该理论为网络治理研究提供了理论铺垫。

社会关系网络以两种嵌入方式影响经济的活动和结果,即关系嵌入和结构嵌入,其中,结构嵌入对于理解网络治理中交易的协调与维护这一目标具有关键作用。在新的推理逻辑下,嵌入这一概念逐渐成为焦点。"嵌入性"一词最早由波拉尼(Polanyi,1944)提出,他认为个体和组织的经济行为并非在社会结构之外独立存在,而是嵌入经济及宗教、政治等非经济制度中,他使用嵌入性来描述市场中的社会结构。之后,格拉诺维特(Granovetter,1973)采用社会网络分析法重新对个体的经济行为及与之相关的社会结构进行分析,他指出将企业作为独立的经济组织进行研究是错误的,应将其纳入网络中进行考察,同时应综合考虑企业与网络内其余组织间的互动关系。格拉诺维特明确描述了人们的经济行为如何嵌入社会关系中,着重强调了个体的行为与决策如何受社会结构影响,并于1992年将"嵌入性"定义为组织镶嵌在社会网络之中的经济行为,这种经济行为不仅取决于自身理性计算与偏好决策，还取决于社会脉络中与其他个体和组织之间的互动关系以及网络结构。

当今时代，市场竞争的加剧、技术的突变、用户需求的个性化和员工构成的发展变化等，都要求企业建立起能更好适应环境、更快重组资源的新型组织（王凤彬，2019）。在企业转型与变革中，由平台商业模式发展而来的平台组织更是引起各界的日益关注，被誉为"一种能在新型的商业机会和挑战中构建灵活的资源、惯例和结构组合的组织形态"（Ciborra，1996）。平台被认为是携带组织资源和能力并能够进行灵活重组以快速、弹性适应多变市场需求的组织结构（Ciborra，1996；简兆权等，2017）。有学者将平台"核心"视为整体或集成化的子系统，其内部各部分紧密连接，而平台"边缘"的子系统则以模块形式存在，通过具有标准接口的界面连接来保持平台稳定性与任务多样性、演化敏捷性的平衡（张庆红等，2018，王凤彬等，2019）。这一研究主线强调依据模块化来分割任务、架构组织，使边缘子系统的各单元在子系统边界上处于与平台核心"稀薄交叉点"（thin crossing points）相连的状态，从而以松散耦合来应对和管理系统复杂性（Albert，2018；王凤彬等，2019）。

在创新生态系统中，现有科层制组织形式存在灵活性差、政策响应缓慢、落实延迟等弊端，人为划分部门、以科层制为特征、以管理为职能的组织不再适应时代的要求。当科层制组织转变为平台型组织后，平台所具有的双边网络效应和快速聚合一系列资源的能力能够帮助管理者应对频繁出现的突发事件，从而成为高新技术产业中未被承认的生产力之源和包括制造业企业在内的各类企业应对环境变化的积极反馈。传统科层制组织架构发展为平台型组织架构的转型变革，被认为是互联网时代企业获取竞争优势的必要途径（徐鹏杰，2017），可以解决企业经营范围受到约束、企业边界难以突破和延伸以及投资风险过于集中的问题，为解决创新系统新人歧视和管理者越位问题提供了崭新的途径。

依照模块化设计原则对平台型组织核心进行重新架构的业界实践，推动了平台核心由集成化向非集成化的演进。嵌套式组织共生模式吸收了平台组织模式和网络模式的优点，由多家大型企业和研发机构以及其他与之相关联的组织通过各种业务关系而形成多级嵌套式网络模式（徐艳梅等，

2008)。当某种新科技成果处于商业化初期时,其后续商业化过程的逐步完善和推进将提供大量的资本利得机会,这些机会将吸引大量的企业家和提供支持性服务的组织加入该科技成果的商业化过程。此外,新科技成果创造的市场机会和利润将吸引相关行业的竞争者转向该技术的完善和更新,从而使原有的平台型组织共生模式转变为嵌套式组织共生模式。同时,随着原有平台组织垄断式合作的瓦解,部分中小企业获得发展的机会,在竞争中成长壮大,进而加速平台型组织共生模式向嵌套式组织共生模式演进。随着技术商业化过程的推进,嵌套式共生组织的合作关系逐渐稳定,推动组织间基于股权架构的结构嵌套以及基于非正式网络的关系嵌套的形成和稳定,保持网络内组织的活力,形成以中小型科创企业为创新主力、社会资本提供支持和资源的有机系统。

(二) 关系嵌入与结构嵌入

嵌入式网络指企业网络内成员间彼此联系的关系以及网络内部成员组织的结构,二者共同影响组织的经济行为。其中企业网络指企业组织为获取经济利益、构建自身技术创新优势、实现长远发展的战略目标,而与其他具有独立法人资格的企业组织、高校、科研机构等进行资源共享所形成的社会关系网络。

1. 关系嵌入

企业与高校、科研机构等组织相比具有不同的组织性质,企业的经营目的是获取经济利益,而高校与科研机构为非营利机构,拥有大量企业急需但缺乏的智力资本(如技术成果的核心技术等),二者即便达成合作共识,合作效率也不是很高。当企业与高校、科研机构等组织间的关系嵌入程度较深时,彼此联系密切,信息高效共享,表明二者能够有效地形成协同合作关系,这种关系中合作双方能够彼此取长补短,共享技术、信息等资源,共同承担合作项目的风险及成本,有助于企业有选择性地获取高校及科研机构等组织研发的前沿性技术成果,支持企业技术创新能力的提高。

2. 结构嵌入

企业的合作伙伴来自不同的经济、专业和社会领域,能够使企业可以接触到更广阔市场中生产运作及业务流程等方面的信息,广泛的市场信息交互对企业技术创新活动具有积极的促进作用。企业所嵌入的网络密度表明了网络内合作成员间联系的地理分散程度,反映了合作成员在地理位置上所占据的范围大小。网络成员间地理分散程度越高,彼此所能整合吸收的技术及信息也越多。不同地理位置的企业主体,资源结构具有异质性,会促进权利依赖关系的产生,有利于网络成员间的协调与控制,推进技术创新的实践应用。易朝辉(2012)有力地证明企业占据结构位置能够与较多不相关的组织建立联系,整合并吸收较多的非冗余性信息,掌握网络信息资源的控制权,为企业源源不断地创造技术创新的机会提供可靠保障。

3. 关系嵌入与组织间技术转移

网络内成员间的关系嵌入为不同网络成员组织中的工作人员提供了有效的联系渠道,企业、高校及科研机构等组织的高层管理决策人员、技术研发参与人员紧密地互动并进行技术等的转移(张方华,2010),使得研发与管理技术在网络内的双向流动和扩散顺利进行,尤其促进了具有黏滞性的隐性技术在网络内合作组织之间的流动与吸收(Granovetter, 1985)。企业与网络内合作成员建立的联系越紧密,彼此间的信任关系便越巩固,既有助于企业整合吸收技术信息、增强技术信息处理能力,也有助于企业对自身技术库进行深层次的再创造。可见关系嵌入形成组织间频繁紧密的互动增加了各参与组织技术的宽度,增加了企业技术库中技术的总量,是组织间技术转移获得成功的重要条件(杨宇威,2014)。

4. 结构嵌入与组织间技术转移

结构嵌入程度的大小能够在很大程度上影响企业吸收整合合作组织内的技术等资源的成效。网络关系嵌入所形成的成员组织间联系的数量,决定着网络成员共享和可支配的资源数量。网络规模可用于判断网络内成员整合吸收自身以外技术资源的充足程度,网络规模越大,意味着信息来源的渠道和数量越多。网络成员与合作伙伴建立联系可以帮助企业整合吸收不同于自身信息库的技术资源。网络规模体现了企业网络技术规模扩大的可能性,至于网络技术规模的扩大能否真正实现,则通过网络密度与网络内成员间联系的非冗余性进行衡量。企业通过与地理位置较远、互不熟悉的企业等组织建立网络联系,能够整合吸收更多的不同于已有技术的新技术,而这些信息和技术在密度较小的冗余性网络中无法获得,冗余性联系会限制网络成员间传递技术的宽度。因而,联系的非冗余越高,网络内的合作成员能够获得更广泛、更新颖、更多样化的异质性互补技术等资源。如果企业能够在以上几个方面保证结构嵌入程度的加深,就能获取更多、更丰富的信息和技术,企业也就能够通过促进技术流动、转移和组织学习来增加已有技术的宽度。

基于以上理论,技术转移企业应尽可能做到以下几点:

第一,提高关系嵌入强度。技术转移企业应重点加强与网络合作伙伴的联系,适当延长互动交流的时间,合理调节并加深与合作企业间的合作及调适程度,提高自身在网络内的关系嵌入程度,保障技术创新能力快速提升。

第二,提高结构嵌入强度。技术转移企业应增加合作伙伴数量,改善与客户、供应商、高校及科研机构等合作伙伴之间的关系,在维持正常往来的基础上,进行更加深入的信息交流。同时合理控制地理位置及合作伙伴的多样性,多领域地拓展合作范围,接触更广泛的信息,提高结构嵌入程度,帮助企业提高技术创新能力。

第三,协调关系嵌入与结构嵌入之间的关系。技术转移企业应着手优化企业在网络内的嵌入结构,注重提高企业在网络内的合作伙伴数量及多样性的同时,强化自身与合作伙伴的联系,即兼顾企业在网络内的关系嵌入与结构嵌入程度,不忽视关系嵌入对技术创新能力的正向促进作用。

第四,重视组织间技术转移。技术转移企业必须注重培养企业成员技术转移的意识和能动性,拓宽技术流动渠道,利用组织间技术转移广泛地获取外部信息,查缺补漏,增加自身技术的宽度与深度,提升技术创新能力。

第六节 其他理论

一、委托代理理论

委托代理理论是现代基本理论的重要组成部分,由美国的经济学家伯利(A. Berle)和米恩斯(G. Means)于 19 世纪 30 年代提出。此理论应用到科研管理中,主要体现为科研项目管理机构与科研人员、科研项目管理机构与高校之间的两种委托代理关系。科研项目管理机构将项目委托给科研人员,将科研经费的管理权委托给高校。在这两种委托代理关系中,三个主体的利益并不趋于一致。科研项目管理机构作为科研经费的所有者,关注经费的投入与产出比,期望有限的经费产出最大的经济效益和社会效益;高校作为监管者,关注项目经费产生的科研成果对本校发展产生的作用;科研人员作为经费的使用者,关注自己的科研成果、职称、收入等。三者之间的利益并不一致,导致他们之间存在一定的矛盾和冲突,进而产生了科研管理中的一系列问题。

二、信息不对称理论

信息不对称理论最早由美国的经济学家迈克尔·斯彭斯(Michaee Spence)、乔治·阿克尔洛夫(George Akerlof)和约瑟夫·斯蒂格利茨(Joseph Stigliz)提出。此理论运用到科研管理中,是指科研人员处于信息优势地位,掌握着大量与科研项目有关的真实信息,在缺乏信息披露机制的情况下,科研管理机构、高校及社会公众很难清楚地了解项目经费的真实使用情况、科研进展情况、科研人员的科研实力等相关信息,信息不对称现象由此产生。科研管理机构无法直接监督科研人员的经费使用情况,高校的监管效率低下,信息披露机制不完善,科研人员便借助信息不对称带来的信息优势,选择性披露科研发明成果,导致高校科技成果披露少、质量低、转化差。

三、计划行为理论

埃塞克·阿杰恩(Icek Ajzen)在理性行为理论的基础上,增加了知觉行为控制变量,初步提出计划行为理论。根据计划行为理论,行为态度、主观规范和知觉行为控制是决定行为意向的三个主要变量。态度越积极、他人支持越大、知觉行为控制越强,行为意向就越大,反之就越小。行为态度、主观规范和知觉行为控制从概念上可完全区分开来,但有时它们可能拥有共同的信念基础,因此它们既彼此独立,又两两相关。此理论应用到科研管理中,可以将高校教师发明披露意愿理解为一种行为意向,分析教师的个人特征、相关管理规章制度以及内外部控制环境对高校教师发明披露意愿的影响。

四、科技信用与科技资本理论

2004年9月,科技部在《关于在国家科技计划管理中建立信用管理制度的决定》中首次对科技信用给出了明确定义,指出科技信用是指从事科技活动的人员或机构的职业信用,是对个人或机构在从事科技活动时遵守正式承诺、履行约定义务、遵守科技界公认行为准则的能力和表现的一种评价。

本书主要参考中国金融四十人论坛常务理事会主席陈元对科技信用的定义。陈元认为,科技信用源于人们对科学知识的信赖所产生的社会共识,科技资本是科技信用与资本相结合的产物,是基于科技信用对科研进行投资并预期实现增值的资本形态,科技信用可以配置科技资本等与科技有关的社会资源。可见,科技信用是一种特殊的信用,西方发达国家资本支持科技发展的实践表明,信用和资本在与科技的互动中孕育了新的形态,科技信用中蕴含的融资功能应以股权融资为主。

第七节　本书的主要贡献

目前,学术界对高校科技成果转化治理亟须从传统的分散知识管理共生界面视角转向网络平台治理视角已有认知,研究成果主要涉及科技成果转化平台治理范式的基本框架、构成主体与要素、基本逻辑与治理机制,但缺乏对高校科技成果转化嵌套共生平台及其治理范式的深入系统剖析,也鲜有文献对高校科技成果转化嵌套共生平台及其治理范式进行微观层面的应用研究。

创新驱动战略视角下进行高校科技成果转化体制与机制改革的方案设计,应当基于国家经济与社会发展目标,同时结合组织结构对权力配置的导向作用,深入探讨中国未来高校科技成果转化的全新生态。此外,还需在明确发展目标的基础上构建合适的网络结构,思考如何塑造最具活力的运行机制。

本书构建了基于科技信用通证交易市场的高校科技成果转化嵌套共生平台网络系统,并对其运行机制进行深入分析,弥补了目前相关理论研究的不足。

第三章

国内外高校科技成果转化治理
范式及启示

第一节　国外高校科技成果转化治理范式

进入 20 世纪后,国外高校越来越重视通过市场化手段来管理学校基金和校内科技成果的商业化活动。事实上,除了传统的教学和研究两大使命之外,国外高校还采取了一系列举措来促进自身与行业和社会的互动,即所谓的"第三大使命"——知识转移与科技成果转化。

互动的推力可能来自学术界,也可能来自知识转移与科技成果转化的行业参与者,如企业家、公司、风险投资机构等。学术界的目标是以一种积极主动的方式连接科研和产业,这一过程通常需要一个行业参与者将研究人员的技术和创新产品商业化。行业参与者往往需要借助高校的智力资源和基础设施以及商业化环境来研发新技术或开发新产品,从而将产品和服务商业化。此外,诸多国外高校都在主动尝试通过各种技术转让机制使高校内部的科技成果实现转移转化,如概念验证中心、高校科学园区、孵化器、高校产学合作项目以及技术许可等。

一、美国高校科技成果转化治理范式

1980 年美国推出《拜杜法案》,从立法角度推进科技成果转化并取得了巨大成效,此后各国也相继开展科技创新成果转化模式研究。在《拜杜法案》推动下,美国各高校着手建立技术许可办公室、商业孵化器和科学园等科技服务机构。为了更好地提升高校科技成果转化服务的专业性和开放性,美国成立了高校技术经理人协会,定期为会员提供交流和培训活动,并

建立了专门辅助技术转化服务的成果和专利数据库。这些创新做法提高了美国高校科技成果商业化效率，为美国高科技产业的快速发展奠定了基础。《拜杜法案》推出后，美国高校在科技成果转化方面取得了显著的成绩，但仍有约75%的高校专利没能实现产业化。究其原因，主要是投资者、技术方和企业之间存在信息不对称和知识鸿沟；高校技术转移办公室的资金实力和专业职员跟不上科研创新的步伐，且重点业务主要放在技术许可方面，严重阻碍了科技成果商业化；政府偏向于对基础研究的资助，而对应用型研究的资助力度较小；技术的复杂性特别是颠覆性技术的市场不确定性需要概念验证。

为了解决高校科技成果商业化所面临的诸多问题，打通高校科技成果转化过程中的资金鸿沟，加速高校科技成果的商业化进程，概念验证中心在美国高校中应运而生。

（一）美国概念验证中心模式

概念验证中心可概括为一种设立在高校，多种组织、机构与高校合作运行的新组织模式，旨在促进高校科技成果商业化。它通过提供种子资金、商业顾问、创业教育等对概念验证活动进行个性化的支持，主要帮助弥合高校科研成果与可市场化成果之间的鸿沟，促使高校科研人员成功踏出科技成果转化的"最初一步"（张九庆等，2019）。

概念验证中心加速了创新从大学到市场的商业化过程。它通过向新的早期研究提供种子资金来实现这一点，而这些研究通常不会得到任何其他传统渠道的资助。不同于某些加速器，概念验证中心没有中央共享的实验室空间，每位受资助的研究人员继续在各自的实验室进行研究。概念验证中心通过与该中心各领域导师的互动，促进大学创新者和行业之间的思想交流（Christine et al.，2008）。

（二）美国概念验证中心的发展现状

美国加州大学圣迭戈分校于2001年建立第一个高校概念验证中心，麻省理工学院在2002年跟进，随后越来越多的高校陆续建立概念验证中心。美国于2009年发布的《美国创新战略：推动可持续增长和高质量就业》和2011年发布的《美国创新战略：确保我们的经济增长与繁荣》都表明，创建概念验证中心,促进高校科技成果商业化,优化高校、政府、企业三者之间的协同创新能力,进而促进美国经济繁荣发展,将被列为国家的重大发展战略。2011 年 3 月,美国总统奥巴马宣称把创建概念验证中心作为投资"i6 绿色挑战计划"的主要渠道,促进清洁能源创新和经济繁荣发展。2017 年 9 月,美国商务部部长威尔伯·罗斯宣布"来自 28 个州的 42 个非营利组织、高等教育机构和创业集团,将获得总额超过 1 700 万美元的创建和扩大以集群为重点的概念验证和商业化计划,以及早期种子资本基金"。据此可以看出,美国已经从政府的高度来强调概念验证中心在促进国家创新和提升国家竞争力方面的巨大价值(张九庆等,2019)。

二、日本高校科技成果转化治理范式

日本高校科技成果转化工作主要靠设立的技术转移机构(Technology Licensing Organization, TLO)运作完成。李晓慧等(2018)分析了日本高校 TLO 的运作模式与经验,通过对比分析不同高校的 TLO 运营模式,认为日本高校科技成果转化依托 TLO 运营模式取得了显著成效,其中最关键的是 TLO 拥有既有专业背景又懂市场、金融、法律的专业人员队伍,以及比较健全的法律制度环境和相对独立的运行机制,使其发挥了将高校与企业连接起来的桥梁作用。根据李晓慧等人的梳理,自 1998 年以来,日本高校设立并经政府审核认可的 TLO 已有 50 家,主要分布在研究型大学,其类型主要有以下几种。

(一) 内部组织型 TLO

内部组织型 TLO 是高校的内设机构,由高校选派人员自主管理经营,对外行使法人资格。它们的主要职责是组织实施高校科技成果的登记、管理、信息发布、转化开发、专利申请、向企业的技术转让及转移活动等。

(二) 单一外部型 TLO

单一外部型 TLO 是设在校外但由高校出资控股的独立机构,高校与 TLO 之间是单纯的业务委托和出资入股的一对一关系。它是国立大学 2004 年法人化以前,为了规避国有资产和教员公务员身份限制等问题,由高校和研发人员出资并联合社会力量在校外建立的机构。与内部组织型 TLO

相比,单一外部型 TLO 有专门的经营成果转化、专利申请、技术转移和转让人员,在高校科技成果市场化应用、商业化开发及资金的运作管理等方面更加专业。

(三) 外部独立型 TLO

外部独立型 TLO 是具有完全法人资格、既独立于高校又与高校有广泛业务联系的 TLO 机构,它有完全的经营自主性和广泛的业务范围,不是单一地面向固定的高校开展科技成果转化业务,而是与多所高校同时进行业务合作,从而充分利用不同地域、不同学科高校的优势资源,广泛开展成果转化开发与技术转让、转移业务。外部独立型 TLO 有比较齐全的专业人才队伍,与高校联系广泛,与企业关系密切,有丰富的市场化运作经验,能够帮助高校实现成果转化收益最大化。

三、以色列高校的科技成果转化治理范式

奥弗·梅塞里和斯洛莫马蒂尔研究以色列高校技术转移时,总结出影响高校技术转移最主要的因素是市场需求(Ofer et al., 2001)。以色列是世界上为数不多将高校的科技成果成功商业化的国家之一,其运行机制有许多值得借鉴的地方。

以耶达为例,它不仅是世界上具有里程碑意义的首批高校技术转移公司之一,也是世界上最为成功的技术转移公司之一。耶达的技术许可收入目前世界排名第三,年度收入在 100 亿美元以上。2010—2011 年,耶达介绍和推荐了 2500 项魏兹曼科学院的技术,其中包括 65 项授权许可,有 70 项获得企业或社会资本资助。耶达还和众多知名企业共同开展科研项目,例如美国强生公司。

通过分析以色列四所高校技术转移机构的运作模式,可以发现以色列高校科技成果转化机制主要有以下几个特点。

(一) 企业与大学紧密结合

在以色列,几乎每个大学生都有在企业实习或者是创业的经验,这些学生在一定程度上为高校科研立项提供了直接的市场需求。据统计,以色列高科技公司 70% 以上的创始人和经理都毕业于理工学院。

（二）充足的科研经费保障

以耶达为例，它通过三种方式支持魏兹曼科学院的科研活动。第一，通过内部资金直接对魏兹曼科学院的科研活动进行资助；第二，通过与一些对高校科研项目感兴趣的大型企业合作，联合投入资金对项目进行资助；第三，设立奖励基金，对魏兹曼科学院的前沿性研究项目进行奖励。

（三）有效的激励机制

除了充足的科研经费之外，耶达和研究者共同分享成果转化的收益，成果转化收益的40％归研发者个人所有，而不是给实验室。当然，院系和实验室也可以获得部分收益，但这些收益需要在项目开展前就事先约定。这样，一旦项目成果被商业化，耶达可以获取部分利润，科研人员也可以得到较多的奖励，从而形成有效的激励机制。

四、加拿大高校科技成果转化治理范式

加拿大政府十分重视科技成果转化工作，加拿大的转化机制主要有以下几个特点。

（一）辅助型人才融入研究团队

以卡尔加里大学为例，卡尔加里大学是技术转移和孵化企业的中心。在过去20年中，卡尔加里大学帮助完成了2 000多项发明披露，创造了900多项专利，签署了549项许可协议，建立了92家初创企业。2019年，其初创企业增加了75％，达到161家。

在卡尔加里大学，技术转移人员可以加入卡尔加里大学的特定研究团队。这与传统的技术转移办公室（Technology Transfer Office，TTO）工作模式明显不同，传统的TTO模式旨在通过参与更多创新活动，努力参与更多创业和创新项目，提高技术转移效率。而在卡尔加里大学，技术转移人员和转型支持人员完全融入研发团队。他们从研发的起点开始设计产品和服务，以帮助提供具有更好连接性的系统支持。

在人才方面，卡尔加里大学提供全面支持。有专业人士在知识产权管理、许可证谈判和合同签订、创业过程服务、技术/创新营销、合作伙伴关系支持（学—产—商—金）和加速器项目方面提供指导和帮助。同时，卡尔加

里大学专门聘请经历过公司创建、扩张并最终实现高增长的企业家作为创新创业导师，除了在各个阶段提供创新和创业的具体指导外，这些导师还为有前途的初创企业提供投资支持。

（二）把社会创新当作发展的核心要素

目前，世界上许多重大挑战背后的技术问题通常是可以解决的，但说服人们解决这个问题是一个巨大的挑战。卡尔加里大学看到了这一点，并认识到社会创新的巨大价值。学校鼓励解决社会问题，大力倡导社会创新，重视学生创新创业。他们发现许多优秀的创业理念来自理工科学生，学生通常更喜欢社会创新，喜欢解决周围的社会和实际问题。卡尔加里大学认为，它们的技术转移可以取得一些成果，其中一个重要原因是它们非常重视社会创新。它们认为，这不仅是对技术创新的补充，也是创新工作的重中之重。

（三）政府加强高校与企业的合作

加拿大政府提出"为青年人提供机会计划"，该计划每年支持约 1 000 名大学生向中小企业提供 6 个月的技术服务，并独立开发新产品、流程和服务。此外，联邦政府还设立了创新基金，制定企业研发投资的税收返还政策，以支持大学与企业之间的合作。

在加拿大高校中，只有研究型大学进行成果转化，这些高校都非常重视自身的知识产权和技术转移。为响应政府"促进经济发展"的号召，所有高校都设有技术转移办公室或类似机构，收集最新科技成果，联系商界、社会团体和行业赞助商，鼓励多方参与，申请专利，并尽可能地对其进行改造。

同时，高校与政府合作，建立科技成果转化、创业孵化中心等平台。高校教师可以通过这些平台转让技术和开发产品，还可以根据企业需要设计学生毕业论文，使教学内容更具针对性和实用性。以阿尔伯塔大学为例，阿尔伯塔大学与埃德蒙顿市政府合作共建了将科技成果成功转化为具有实际社会效益的创新企业。2018 年 TEC（Thermo Electric Cooling）年度报告显示，在过去 7 年中，TEC 共孵化了 373 家企业和机构，创造了超过 10 亿美元的收入，每年的机构生存率高达 97%。其中，仅 2017—2018 年孵化的机构就有 111 家，总收入为 1.09 亿美元。一年后，这些机构的存活率高达 97%。

五、韩国高校科技成果转化治理范式

2000 年前后,韩国相继出台《产业教育促进与合作法》《科技成果转化促进法案》等一系列促进高校科技成果转化的法律。在探索高校科技成果转化的道路上,摸索出很多不同于其他国家并且更适合本土发展的新模式。其中,"产学研合作基金会"是近年来韩国在高校科技成果转化方面最富有成效的探索。杨哲等(2012)在《韩国高校科技成果转化研究——以"产学研合作基金会"为例》一文中对韩国产学研合作基金会(简称"基金会")进行了详细的剖析研究,总结出如下特质。

(一)韩国产学研合作基金会

基金会依据《产业教育促进与合作法》修订案中的条款设立,将已有的众多促进产学研合作的机构和组织整合起来,形成体系化的科技成果转化机制。基金会是协调高校科研管理活动的中心,全权负责所有涉及产学研的合作事务。基金会成立后,将科技转化办公室合并,同时整合高校内部其他与产学研合作和科技成果转化相关的组织与资源。

(二)基金会的运行模式

在组织设计方面,基金会采用扁平化的模式,不刻意区分行政官员与工作人员,尽量精简垂直管理层级。基金会的多数工作人员是有多年技术成果转化实践经验的专家,实行合同聘用的人才管理制度,希望以最灵活有效的组织设计实现效益最大化。

基金会具有独立法人的身份,可以整合专利申请业务,接管所有高校科研中产生的专利的权属。此前高校通常以研究者本人或提供项目经费的企业的名义申请专利。因而基金会的设立不仅提高了韩国高校保护和运用知识产权的意识,也防止了利用高校科研教学资源开发的专利流失。

基金会下设科技转化中心,一方面,科技转化中心与科研人员建立密切关系,收集高校科研成果,通过专业团队集中专利运营(主要向企业转让或出售使用许可)获取利润;另一方面,将一部分专利运营利润作为基金会投资者的投资回报(有时高达 50%),一部分用作研究者成果转让的补偿,其余部分用于高校的基础设施建设。这样,通过专利运作,科研成果和资金双向流动,形成了一个有机的良性循环(见图3-1)。

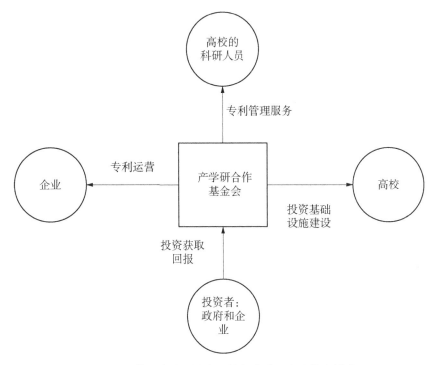

图3-1　韩国高校科技成果转化产学研合作基金模式

资料来源:杨哲,张慧妍,徐慧.韩国高校科技成果转化研究 —— 以"产学研合作基金会"为例[J].中国高校科技.2012(11):11-14,19.

第二节　国外高校科技成果转化治理范式典型案例剖析

一、剑桥大学科创共生网络治理范式

从全球视角来看,在创新生态系统的基础上,英国剑桥大学构建了较为成熟的科技创新中心。剑桥大学是一所全球顶级的综合性研究型大学,在多个领域享有崇高的学术地位。英国剑桥大学周边地区已经形成了一个典型的学术和产业集聚的科技创新中心,以世界顶级水平的科研和教学资源为基础,实现高校、科技创新成果与产业发展一体化,紧密交流,成为一种新

的以剑桥大学为中心的科创生态系统,实现了学术创新与产业聚集协同发展的共赢共生模式。在过去的 10 年,剑桥大学的科创中心发展规模已经位居世界第二,紧跟美国硅谷之后。

剑桥大学以高校为基础,构建了以剑桥大学为中心的科创生态系统,也是剑桥大学对于构建全球科技创新中心的特有模式。从人才资源的角度来看,剑桥市超过 50% 的人口在剑桥大学周边的知识密集型企业工作。对于人口总数只有 12 万的剑桥市来说,目前有 5 000 多家知识密集型企业位于剑桥大学的周边,一年的生产总值高达 160 亿英镑左右。从地理环境的角度来看,剑桥市是位于伦敦以北 80 公里的小镇,而剑桥市只有剑桥大学一所综合性的研究型大学。18 世纪初期,剑桥市人口逐渐增加,在 1845 年时建立火车站;20 世纪后期,剑桥市周边工业迅速发展。但是与伦敦地区环境相比较,剑桥大学的周边地区欠缺便利的金融支持。人力资源和地理环境为剑桥大学科创生态系统提供了发展的基础,其中剑桥大学为构建科创生态系统提供了大量的科技人才,同时剑桥市为构建科创生态系统提供了较为便捷的交通。在此基础上构建的剑桥大学科创生态系统具有以下的特点。

第一,科创生态系统以剑桥大学为主导。英国高校一直强调创新的重要性,在 20 世纪 80 年代时就开始对创新创业教育进行研究和发展。而剑桥大学早在 70 年代就在圣约翰学院里建立了圣约翰创新园区,该创新园区不仅促进了周边地区创新创业的发展,同时开启了剑桥大学对于创新生态系统的探索。在此基础上,剑桥大学通过相应的政策变动、资金资源获取和支持、知识产权变动等方式,对剑桥大学科创生态系统进行不断的改进和培育。简而言之,剑桥大学科创生态系统是以剑桥大学为中心,由剑桥大学严格设计、合理规划与精细运作出的科技创新生态系统,该系统的生存和发展都依赖于剑桥大学对组成要素的规划和具体位置设计。由剑桥大学所构造的科创生态系统模式被称为剑桥模式,该模式的显著优点在于交易成本低、资源配置效率高等。但是该模式也有一定的缺点,即科技创新过程中科技成果转化不能一蹴而就,成本较高。

第二,科学技术引领产业发展。剑桥大学将世界一流的科研内容和教学内容直接与产业发展进行了密切的连接,对接社会需求,为企业提供多种处于国际领先地位的学科创新成果,从而促进产业跨越式发展,这使得剑桥大学在科创生态系统中起着主导作用。科研成果促进产业进步的过程进一步强化了剑桥大学在该模式中的主体作用,也不断吸引企业加入剑桥大学科创生态系统。

第三,创新极具广度和深度。剑桥大学在构建科创生态系统时经过精细的设计和规划,对于创新过程进行了无限的探索,不受制于其他控制和影响因素。为了使创新具有多样性和丰富性,剑桥大学不设置创新的目标,对于科技研发人员的创新过程不主动干涉,对于创新研发的全过程采取放任态度。这种治理方式有助于挖掘创新的深度,拓宽创新的广度,同时也丰富了创新产业的发展内容。

第四,集权化和宽松化的知识产权政策。剑桥大学的知识产权政策有相应的演变过程,从宽松的知识产权政策转化为集权化的知识产权政策。1987—1998 年,剑桥大学实行的是较为宽松的知识产权管理模式。20 世纪 80 年代,英国政府实施了国家技术转移的相关政策以及相应的法律法规来支持各个高校进行创新创业活动,这促使剑桥大学周边的企业快速发展。从 20 世纪 60 年代开始,剑桥大学对知识产权的相关政策进行多次调整,1987 年正式确定相对宽松的知识产权政策。具体来说,就是任何专利权人都可以不经过大学批准转让自己所拥有的专利,同时专利发明者可以较低的价格从剑桥大学购买自己的专利。这种较为宽松且自由的技术转移政策,从侧面促进了企业和剑桥大学构建更加紧密的合作。20 世纪末,英国政府进行了相应的政策改革,剑桥大学为了使技术转移过程中的资金扩大化,在 1998 年也采取新的管理模式,即用规范化和结构化的办法管理科研人员的发明。集权化的知识产权政策对于剑桥大学科创生态系统产生了多方面的影响,虽然管理方式更加规范,但是对于科技创新技术交流和创新成果的转化等都存在一定的阻碍作用。

二、剑桥大学科技成果转化核心要素演化

(一)英国政府的政策支持

市场经济环境变化多端,国际形势也不断发生改变,这些都对科技创新

发展产生巨大影响，面对这些变化，英国政府采取多种多样创新发展的扶持政策。英国政府不断强调创新创业教育对于高校发展的重要性以及科技创新对一个国家和民族的影响，为此出台了有关科技创新发展、知识产权管理的一系列具有指导和探索意义的政策措施。

20世纪80年代末到90年代末，英国政府启动高校教育创新创业计划，依次发布了《迪尔英报告》《我们的竞争——建设知识经济》等白皮书，从而激励全国高校开展创新创业教育，培养高质量的创新创业人才，这为剑桥大学构建科创生态系统营造了创新研发的氛围，为科技创新发展奠定了基础。21世纪以来，英国政府投入了大量的资金支持英国高校进行相关的创新创业教育活动，其活动经费的80%来源于政府投入。在政府的不断支持下，1999年以来英国高校一共成立了12个科技创新创业中心，2004年科技创新创业中心正式成为全国性组织。直到目前为止，英国政府依旧是高校创新创业教育的主体投资者和维护者。

剑桥大学资金的首要来源也是英国政府，另外英国政府还不断激励剑桥大学从商业渠道进行资金筹集，支持剑桥大学与不同行业和产业之间保持联系以及开展商业活动。1999年，英国科技厅向剑桥大学资助高达2500万英镑。2000年，在政府的支持下，剑桥大学获得了来自四面八方的投资和资助。微软向剑桥大学投资3.38亿美元，同时还资助230多名学子到剑桥大学就读；马可尼公司向剑桥大学投资6400万美元，同时还在剑桥大学设立了研究机构；李嘉诚向剑桥大学进行投资的同时还资助数名优秀学者到剑桥大学教学。

（二）剑桥科技园

大学科技园是高校进行产学研有效合作、促进区域经济高速高质量发展以及培育各行各业创新型和创业型人才的重要而又关键的平台，同时也是高校进行自主创新的重要平台和国家促进创新创业体系发展的重要组成部分。剑桥大学所创建的剑桥科技园是英国第一个科技园，借鉴了美国硅谷高科技园区的构建模式，所以又被称作"欧洲硅谷"。

20世纪60年代初期，剑桥大学世界一流的科技创新技术吸引了部分企业在其周边建立和发展，但是由于英国政府对工业没有采取鼓励和支持的态度，使得高新技术企业未能得到充分的发展。而60年代末期，美国硅谷逐渐发展出高科技园区的雏形，成功引起了高校实验室和各种研究机构的关注。1968年，剑桥大学紧跟美国硅谷的步伐，发布了《莫特报告》，重点指出要以剑桥大学的科研和创新实力为基础，将主打科学技术研究的产业企业吸引到剑桥市，在剑桥大学周边建立起具有剑桥特色的科技园区。该报告得到了英国政府和相关企业的广泛支持。1969年，剑桥大学首次开创了将高校和公司结合的新模式，发展高科技产业和创新产业。1970年，剑桥大学的三一学院为了筹集和建立剑桥科技园，拿出本学院53公顷的土地，同时还肩负起了连接剑桥大学和工业企业的责任。在此后的10多年里，三一学院提供场所在产业和剑桥大学之间进行联络和研讨，同时为了更新剑桥大学和企业的联合研究项目的最新消息，每年还定期出版两期通讯。

目前剑桥科技园聚集了100多家高新技术企业，行业涉及领域十分广泛，包括计算机软件、生物技术、电子科技、科学仪器等，形成了高新技术产业聚集的现象，同时剑桥科技园中先进技术之间的发展融合也带来了新的发展动力。剑桥科技园企业之间存在较大的竞争，部分高科技小企业在经历过剑桥科技园区市场经济的优胜劣汰之后，开始朝着扩张的方向快速发展，甚至进而影响全球市场的发展和变动。在剑桥科技园发展的基础上，剑桥市成为1500家左右的高新科技企业集聚的枢纽。

（三）剑桥大学科技成果转化组织范式

科技成果转化在剑桥大学科创生态系统中起着关键作用，是科研成果转化为商业产品的重要阶段。剑桥大学为了满足当时科技生态系统的需求，对剑桥大学的科技成果转化组织结构进行不断调整。1970年，剑桥大学创建剑桥科技园之后，设立了沃尔夫森企业联络办公室，该办公室受工程学部管理，是专门进行剑桥大学科学技术转让和科研内容商业化的重要平台。1983年，沃尔夫森企业联络办公室的管理权从工程学部转至剑桥大学。1999年，剑桥大学为了满足英国政府提出的高校服务国家经济发展的要求，在英国政府的资金资助下，在沃尔夫森企业联络办公室的基础上对技术转化部门进行重新构建和扩建，重新组建了剑桥创业中心、公司联络办公室、研究拨款和合同办公室以及大学挑战基金等。2000年，剑桥大学将几个部门进行了合并,形成专门研究和负责科技成果转化全部内容的研究服务部,该部门由大卫·斯切尔(David Secher)管理和负责。2002 年,从剑桥大学的研究服务部分化出剑桥企业,由彼得·希斯考克斯(Peter Hiscocks)管理。2003 年,剑桥大学将研究服务部中的创新学习中心专门独立出来,由沙·维亚克拉南(Shai Vyakranam)管理和负责,而剑桥企业和研究服务部的其他功能合并,形成研究服务部,依旧由大卫·斯切尔管理和负责。2005 年,剑桥大学将研究服务部分成剑桥企业和研究服务部门,其中剑桥企业包括大学挑战基金,由安·杜布里(Ann Dobree)管理,研究服务部门包括企业联络办公室、研究拨款和合同办公室,由大卫·斯切尔管理和负责。2006 年,剑桥企业的主管人员变为特里·威利(Teri Willey),之后几年里剑桥大学对不同部门的主管人员也有相应的调整。

第三节　国内高校科技成果转化治理范式及典型案例剖析

一、国内高校科技成果转化治理范式

(一)国内高校科技成果转化治理的传统范式

阳镇等(2021)在《平台治理视角下高校科技成果转化治理创新》一文中,对我国高校科技成果转化的传统治理范式进行了梳理研究。

1. 治理 1.0:由高校科技处、科研处等行政组织主导的原子式治理

原子式治理是高校科技成果转化治理的最初形态,由高校科技处或者科研处主导。其主要机制是行政机制,即通过命令式、监督式以及控制式的治理机制调动高校内的各类研究人员、研究团队以及科学研究组织参与科技成果转化活动,满足高校科研处或者科技处所连接的相应科技成果需求应用方,各主体受限于点对点式的连接方式。

2. 治理 2.0:由核心创新组织主导的线性传导式治理

不同于原子式治理中高校科技处对高校研究团队或者研究个体的直接干预与科层控制及影响,线性传导式的高校科技成果转化治理是基于价值

链中的核心环节(如高校科学技术创新/研究中心、核心企业或者外部核心利益相关方等),来带动高校研究团队与研究人员参与成果转化活动。

围绕高校科技成果转化的线性过程,此类治理范式存在三种机制。一是以高校内部研究团队或中心作为整个科技成果转化链条中的中心节点。二是以企业为核心节点的市场导向型机制,即以企业为科技成果转化的核心节点。三是综合型多元互嵌式治理机制,即高校科技成果转化价值链中的各类主体相对较为稳定,且形成了相互依赖的共生合作关系。

3. 治理3.0:基于产学研与技术创新联盟的网络化治理

不同于原子式与线性化治理,高校科技成果转化网络化治理表现为多种类型,包括跨高校的技术创新联盟、官产学研合作网络以及大学科技园与产业园等,强调各类主体形成联合行动与整体式的合作网络,由此相互联结并促进创新资源的协同与耦合效应,推动高校科技成果转化过程中的协同创新并提高科技创新成果的转化效率。

(二)高校科技成果转化治理的创新范式

高校科技创新治理范式的研究思路主要有复杂生态、动态过程、平台治理、双边市场共治四种,这四种思路都忽视了数智经济时代高校科技成果转化治理范式向知识生产模式转型的迫切需要。新的知识生产模式对多样化社会需求的敏感性要求创新治理范式和激励机制,真正激发高校广大师生的科技创新热情,实现政府、高校、教师、学生、企业和社会公众的共赢。在新一轮数字信息技术驱动的平台组织变革情境下,不应忽视高校科技成果转化平台化治理对驱动高校科技成果更好地契合市场需求、创造市场经济价值与社会价值的重要作用。当前,国内代表性高校科技成果转化的平台治理范式主要包括两种。

1. 高校科技成果转化嵌套数智平台治理范式

第一,顶层设计。嵌套数智平台的治理,首先需要国家层面高度重视,做好顶层设计,设立独立的专项投资基金计划,整合各方资源,投资构建国家和高校双层科技成果转化嵌套共生Web3.0去中心化数智平台网络,完善多边市场信息对接服务。同时,推动科转赋能通证两级交易市场体系建设,放宽高校科技成果转化共生单位发行参与可转换优先股的限制。

第二，成果确权。高校科研团队在产出高价值科技成果时，以 NFT 确权的形式在团队内部及科转专员间进行成果收益的划分，基于智能合约规则实现成果确权。根据"三权"下放改革精神，高校与科研团队按规定或约定以一定比例共享科技成果专利权。高校确权部分，由高校技术转移办公室运作，以成果作价入股的形式参与后续概念验证合伙企业，并按确权比例获取相应的多倍参与可转换优先股；科研团队的确权部分，以科技成果发明人为代表，以成果作价入股的形式参与后续概念验证合伙企业，并按确权比例获取相应的普通股。

第三，概念验证。科转创新企业家可以建立控股嵌套持股公司（或以个人身份直接持股），与高校及科研团队合作，设立科技转化创新概念验证合伙企业。在这个过程中，高校和科研团队作为科技成果的权益所有人，可以通过科技成果的估值入股，获得与其权益相匹配的可转换优先股和普通股（高校持有优先股，科研团队持有普通股）。在现有概念验证中心、科技园区、孵化器等创新生态的支持下，挑选和培育有潜力的科技成果转化项目，淘汰缺乏实用性和商业可行性的科技成果，完成对科技成果的概念验证。同时，吸引科技中介机构和一部分在校生参与。

第四，关系嵌套。科转创新企业家在工作和创业过程中所建立的社会关系网络是其获取科技成果转化信息的重要途径，也是识别具有潜在价值的科技成果的手段。通过这个社会关系网络，企业家可以与专业嵌套风险投资机构以及地方政府引导基金建立联系，通过关系的嵌套，就科技成果转化的投资问题达成共识，并逐渐发展成结构性的合作，最终形成饲养员嵌套投资企业。

在饲养员嵌套投资企业的股权架构中，科转创新企业家是普通合伙人，拥有公司的实际经营权；专业嵌套风险投资及地方政府引导基金是有限合伙人，提供绝大部分创立企业所需的资金，但它们并不直接参与企业的运营与管理。科转创新概念验证合伙企业和饲养员嵌套投资企业的普通合伙人都是科转创新企业家，因此，这两家企业可以通过科转创新企业家这个纽带实现一致行动，共同致力于科技成果转化的后期商业化运作。

第五，结构嵌套。科技成果一旦通过概念验证，应尽快组建科转嵌套有限合伙企业，可以由科转创新概念验证合伙企业担任普通合伙人，饲养员嵌套投资企业作为有限合伙人。在这一阶段，待转化的科技成果已初步具备市场化的潜力，市场发展前景逐渐明朗，传统金融机构如银行也日益愿意提供科技贷款、科技保险等科技金融服务。高校所持有的科技成果股权也将在这一阶段提前变现，由高校向国家科技成果转化嵌套数智平台申请，获批后面向社会公众发行高校科技信用通证。近年来，随着人们收入水平的不断提高，中国涌现出大量闲置资本和可用于风险投资的资金。作为"第四螺旋"的社会公众，能够借助科技信用通证交易市场满足投资需求，同时帮助优质科技成果转化企业筹措资金，推动科技成果转化事业高质量发展。为实现科技信用通证的现实价值，调动社会公众的投资积极性，高校在发行科技信用通证的同时，也要制定相应的具有吸引力的赎回机制。

第六，技术转移。经过多轮融资，科转嵌套有限合伙企业会逐步成长，最终成为具有相当实力的股份有限公司，可以选择上市，也可以选择被战略投资者并购。

2. 高校科技成果转化治理的平台生态化治理范式

平台生态化治理是将治理语境从传统的个体语境、线性价值链语境、联盟网络语境系统性转换为平台生态圈语境。生态化治理本质上是一种涵盖系统整体、模块要素、微观成员个体的全过程与内生性治理，强调商业生态系统某一层次上和多个层次之间的知识互动，突出平台生态系统内不同生态位之间、系统个体成员之间、成员与环境之间的知识互动与知识共享与创新，通过平台内创新主体的要素共享、创新模块功能耦合以及共同演化而形成科技成果转化的知识创新超系统，或者知识创新与成果转化的创新共同体。

实现平台生态化治理的基本要求在于识别和区分不同成员在高校科技成果转化平台生态系统中的角色定位与功能作用。生态位理论中的主体包括主要生态位成员与扩展型生态位成员。其中，主要生态位成员一般分为核心型成员、主宰型成员与缝隙型成员。

首先，核心型成员处于平台生态系统中的最高生态位，通常是整个平台生态圈界面的搭建者、生态圈运营的主导者、生态圈内组织关系的协调者与治理者。相应的，在高校科技成果转化平台之中，主要生态位中的核心型成员包括高校核心研究团队与各类主要的科学研究中心、核心型企业以及政府组织。

其次,主宰型成员则是在平台商业生态圈中处于略低于核心型成员的生态位,在生态网络中占据关键位置、具有高联结密度的节点组织成员,能够通过自身在节点中的影响力充分协调与影响生态网络中的其他部分节点组织成员。

再次,缝隙型成员则在具体的特殊细分领域具有专业化和差异化的治理能力,相较于主要生态位中的核心型成员与主宰型成员,处于相对较低的生态位,能够对高校科技成果转化过程中的各个环节产生补充性的治理效应。

最后,扩展型生态位主要是将外部支持性或约束性群体内化于高校科技成果转化平台生态圈中,把外部的社会性群体与主要生态位成员之间的互动,转变为基于高校科技成果转化各个阶段过程中生态圈内部主体之间的跨生态位互动与行为共治。扩展型生态位成员主要包括政府组织、利基市场用户、其他竞争类的高校科技成果转化平台以及社会媒体与社会公众等。

基于此,高校科技成果转化平台立足于平台生态化治理视角下的不同生态位成员之间分层次治理与跨层次治理,实现高校科技成果转化这一独特平台的知识要素集聚、扩散、链接与影响的系统优化,最终实现平台内科研资源与社会资源配置的优化。

二、国内高校科技成果转化的典型案例剖析

(一)华中科技大学科技成果转化模式

童俊等(2021)在《高校科技成果转化的认识与实践——以华中科技大学科技园为例》一文中,详细分析了华中科技大学科技园推进科技成果转化的实践情况,并总结了华中科技大学科技园推进高校科技成果转化的模式。

1. 科技成果"四级跳"转化链

华中科技大学科技园利用科技成果"四级跳"转化链模式,推进高校科技成果不同阶段发展:在学校实验室进行科技成果研发,在学校周边的孵化

器进行苗圃孵化,在大学科技园进行进一步孵化和产业化,最终通过市场化退出机制进入高新区各产业园(童俊等,2021)。

2. 孵化空间与服务创新链

"众创空间+创业苗圃+孵化器+加速器"的孵化空间与服务链条体系,兼顾孵化空间的平台化与垂直化,在孵化空间建设的同时,注重服务链条的专业化。通过打造分阶段的孵化服务和三个无缝对接(空间、服务和资本)的孵化机制,使链条进行有效衔接,让科技项目从种子期的萌芽到孵化期的成长,再到加速期壮大的各个过程都在科技园区内实现。

3. 孵化创新要素聚集链

孵化内在资源体系,包括创业教育、孵化服务、创业投资、开放平台。通过开放平台、创业教育平台的建设,激发创新动力,挖掘创新创业项目;对创业项目进行分阶段的孵化培育,对优秀企业进行投资孵化,推动科技成果转化与孵化,实现创新创业的可持续发展。

4. 开放融合协同链

大学科技园一头连着学界,一头连着业界,集成了科学技术、优秀人才、创新资源,并形成了创新创业生态环境的内部聚集,将企业的技术需求与学校的科研资源相结合,促进科技成果转化、科技企业孵化、科技人才培养。

(二)上海交通大学科技成果转化模式

上海交通大学作为教育部首批公布的"双一流"建设高校,在促进科技成果转化上进行了较多的实践和探索。刘群彦等(2021)在《"双一流"维度下高校科技成果转化治理体系探讨——以上海交通大学为例》一文中,对上海交通大学科技成果转化案例进行了详细阐述。

1. 对标国际的治理理念

在系统分析学校科技资源和知识产权价值的基础上,上海交通大学于2009年10月成立了先进产业技术研究院(简称"产研院")。产研院在分析和整合校内创新成果资源的基础上,树立了攻克交叉学科的关键核心技术和共性技术平台的科技成果转化目标,推动高新技术的集成创新,引领战略性新兴产业的进步和发展。学校的制度体系以"双一流"建设中科技成果创新策源为核心,由产研院统一组织协调,处理知识产权、形成与转化、奖励分配、风险防范、财务管理、人事服务等事项,形成了组织得力和方法适当的科技成果转化治理体系。

2. 快速反应的决策机制

上海交通大学科技成果转化项目的决策机制分为三个阶段,体现出市场时效和宽严适度的原则。2016 年 1 月至 2018 年 4 月,在国家政策允许协议定价的基础上,学校科技成果的转让、许可以及学校持股比例在 10％以上的作价投资项目,均由产研院代表学校决策;学校持股比例在 10％(含)以下的作价投资项目,由校长办公会决策实施。2020 年 5 月之后,学校进一步优化决策机制,成立科技成果转化项目评审会,将科技成果转化项目分为普通项目和复杂项目,学校持股单位代表持股、科研人员受让科技成果开展创业活动及其他涉及法律关系交叉的项目,均视为复杂项目,由科技成果转化项目评审会论证后审批实施。

3. 富于担当的创新文化

上海交通大学的科技成果转化和无形资产管理部门,采用成果管理理念正确处理知识产权的权利属性和无形资产制度,即在科技成果实施转化前仅作为知识产权管理,暂不计入无形资产台账,仅在科技成果转化启动后,方才进入无形资产的资产与账务处理程序。

4. 激励创业的模式创新

为打通科技成果作价投资通道,上海交通大学于 2014 年成立了全资企业上海交大知识产权公司,授权其代表学校持有科技成果作价投资所形成的股份。2016 年开始,学校采用"自行转化"方式(2018 年改为"完成人实施"),将科技成果的所有权向科研人员转让,由其以知识产权作价投资方式向拟开办或已开办的企业进行出资。作为学校授权的科技成果作价投资市场化主体,上海交大知识产权公司承担学校作价投资所形成企业的投后管理功能,上海交大技术转移中心负责学校科技成果的推广和创业服务职能,上海交大科技园公司则承担概念验证、中间试验等培育和孵化功能,从而形成了科技成果转化与市场对接的完整生态体系。

第四节　国内外高校科技成果转化治理实践的启示

一、革新科研人员的考核机制

要改变当前我国科研人员重视理论研究(论文发表、课题申报等)而轻实际应用的科研现状,首先必须对科研人员的考核机制进行革新,改变原有的较为单一的考核指标,采用多元化的考核方式对科研人员进行考核,如重视科技成果转化项目的数量及效益、设置科技成果转化奖项以及增加应用型科技成果的考核权重,从而促使科研人员"将论文写在大地上"。对于考核结果优良的科研人员,尤其是那些重视科技成果转化并取得成就的科研人员,要在工资绩效、职称评定等方面予以优先和侧重,从而提升高校科研人员的转化积极性和主动性。

二、优化科研人员激励机制

科技成果由科研人员创造,而我国科研人员往往依托于高校。由此可见,高校的激励方法对科技成果转化人才的激励是最直接的,是激励得以有效的"最后一公里"。有效的高校激励方法不仅能够提高科技成果转化人员的工作积极性,还能够起到吸引人才、留住人才的作用。当前我国高校主要存在着轻视激励、激励不公、激励方式单一、激励机制欠缺等问题,因此高校需要对激励机制进行优化。

第一,不仅要对涉及项目、课题、论文、奖项等的学术性成果进行奖励,更应该加强对公众利益和社会经济有贡献的科技成果转化项目的激励;第二,不仅要增加科研成果本身的经费,简化申请流程,更应增加用于科技成果管理与转化的费用,加大对科技成果转化项目的资金投入,尤其是评价等级较高的科技成果;第三,制定更加完善透明的基于考核结果的激励制度,以提升激励的公平性;第四,设立高校科技成果转化职称,鼓励高校人员参与转化工作;第五,注重物质激励与精神激励相结合,不仅要给予科研人员荣誉奖项,更应切合实际地给予其物质激励;第六,将职务科技成果作价入股,此处可参考以色列魏茨曼科学研究学院的耶达技术转移公司的做法,在学校、所属单位、科技成果完成人之间按照 20%、20%、60% 的比例分配股权,并依据贡献程度对其中一方进行更加灵活的股权奖励,一旦项目成果实现商业化,高校可以获取部分利润,科研人员也可以得到较多的奖励,从而形成有效的激励机制。

三、完善科技成果的评价体系

当前我国高校的科技成果主要依赖于专家评审,专家评审的弊端是"纸上谈兵",偏重对某一科技成果的理论和技术等学术价值进行评审,而忽视了对面向社会、面向区域经济、利于企业生产的经济价值的评审,因此科技成果评价的"指挥棒"作用尚未发挥出来。针对当前科技成果评价所呈现的问题,应主要从评价内容和评价主体两方面去解决。

科技成果具有五大价值,分别是科学、技术、经济、社会和文化价值,因此评价内容应从这五个方面入手。而科技成果能否成功转化常常取决于其经济价值,所以对其经济价值的评审,可以引入商业化应用前景、科技成果转化风险、科技成果转化预期收益等指标对其进行评审,以明确某项科技成果的经济价值。

针对高校科技成果转化体系中各主体参与的复杂性和不同的利益导向,应引入多元化的评价主体,构建高校、政府、企业、中介、社会"五位一体"的科技成果评价体系。高校作为成果供给端,可以通过校内技术转移中心和行业专家对成果的学术意义、教学意义、转化难易等进行评价,其中以学术和教学评价为主;政府作为宏观调控的主体,可以通过科研管理部门和经济发展部门对成果的地方贡献度(经济、就业、环境、消费等)进行评价;企业作为科技成果转化的应用主体,可以通过企业高层、财务部门、技术管理部门等根据其战略规划、财务状况、技术水平对成果的商业化应用前景、转化风险、转化预期收益、技术要求等进行评价;中介作为转化服务方,可以从法律、融资、风险、匹配难度等方面对其进行评价;社会作为转化的大环境,可以综合金融机构、权威人士、客户三个角色进行评价,金融机构主要对科技成果的风险水平、投资回报进行评价,权威人士主要对科技成果的行业意义进行评价,最后客户的意见与评价也应被考虑。

四、改进融资环境

资金问题是科技成果转让过程中转让方与受让方都面临的一个关键性问题，资金是实现科技成果从高校等科研机构向企业进行商品转化的重要保证和前提。在我国，科技成果的转化和产业化一直以来都缺乏强有力的资金支持，尤其缺乏非政府方面的资金参与。

针对这一问题，首先要坚持政府引导的基本原则，建设多渠道、多形式的资金支持体系。从国际的通用模式中可以发现，解决高校科技成果转化的资金问题，大多有风险投资公司的参与，因此我国高校可以以科技成果评价等级为依据，积极引入风投公司参与科技成果转化。与此同时，在风险投资公司参与的项目中，政府可以利用其公信力，参股一定比例的配套资金、设立转化资金为风投公司的融资进行担保；高校可以利用其科技成果的知识产权对风投公司的融资进行质押；政策性金融机构可以提供减息或免息贷款给予其支持。其次，科技成果转化的风险性要求要有防范投资失败的措施，因此要鼓励保险机构依据科技成果的评价等级等特点开发相应的科技成果转化保险产品，使得损失得以补偿，降低风投公司的风险。再次，政府牵头，设立科技成果创业基金为高校科研人员通过自身创业为科技成果转化提供资金支持，该基金依据科技成果评价等级决定是否对其投资以及投资的额度。最后，优化资本市场，保障风险投资的有序退出，以此鼓励风投积极参与科技成果转化。

五、增强科技成果转化中介服务能力

大力发展科技成果转化中介服务是跨越高校科技成果转化"死亡之谷"的关键性举措，应持续提升成果转移转化中介服务能力和水平。现有的科技成果转化中介服务体系面临着科技成果转化人才短缺、服务体系不完善的问题。

为解决科技成果转化人才短缺的问题，应注重培育专业化转化服务人才或技术经纪人队伍。一方面，政府要探索实施支持科技成果评价和转移转化人才的职业发展政策措施，加强科技成果转化中介服务行业从业人员的知识培训，打造集科技、管理、经营于一身的复合型、专业化的科技成果转

化经纪人队伍。另一方面,完善相关制度,吸引行业高端人才参与科技成果转化工作,尤其是制定配套政策,如科技成果转化人才奖励补贴、科技成果转化服务保障等,切实落实吸引科技成果转化人才的工作。

高校科技成果转化服务应依托校内校外相结合的服务体系,即致力于初步服务的高校技术转移中心和致力于深度服务的民营科技中介服务机构相结合。高校技术转移中心的主要功能是从产权归属、利益分配、商业前景评估等角度对高校自有科技成果进行有效管理。由于科技成果转化是多方协同参与的复杂过程,因此产权归属和利益分配问题较为繁杂,可以从项目出资比例、转化后期收益、团队成员贡献度三方面综合考虑。对于可以顺利转化的项目应首先帮助资助方回收成本,在此基础上根据出资比例对后期转化收益进行分成;对于暂时无法转化和转化周期较长的项目,将科技成果产权赋予科研团队所在单位。由于高校内的科技成果评估人员较为稀缺且分布不均,因此可以邀请相应的业内专家、其他高校的专业评估人员以及科研团队代表对其进行评价,校方可通过给予酬金的方式激励相关人员进行项目评价,并设置评价指标,进行评价等级区分,以一定比例的权重纳入科技成果评价体系。

民营科技中介服务机构的主要功能是通过市场化运作提供涉及各类信息和资源的综合转化服务。一方面,可以通过建立针对民营科技中介服务机构的信誉等级评价制度,保障科技中介服务机构的公开透明度并增强其信任度,切实为知识生产端提供市场需求信息以及成果转化所需的资源服务;另一方面,可以建立一种致力于科技成果转化的技术交易平台,民营科技中介服务机构可以将已有的科技成果转化项目放置于平台之上进行展示,并进行适度包装以吸引买家咨询和购买,设置信誉分对卖家进行信誉区分,为买家提供选择指引。

六、建立技术转移信息与服务公共平台

高校科技成果转化是涉及企业、政府、高校、民营科技中介服务机构、风险投资机构、金融机构等多个角色有效协同运行的综合过程,而当前这一过程存在着信息不通畅、信息碎片化的问题,因此利用大数据、互联网、区块链、人工智能等技术手段加快建立技术转移信息与服务公共平台,对于全面

提升科技成果转化效率和质量具有重要意义。

通过建立技术转移信息与服务公共平台,高校可将其科技成果转化项目的各类信息(评价等级、团队信息、产出时间等)在平台上进行披露,增加各方对成果本身的了解程度,促进跨地区、跨行业的科技成果转化;政府则可在平台上发布涉及科技成果转化的相关政策(税收政策、奖励政策、监管政策等),一方面可以为企业、高校、民营科技中介服务机构、风险投资机构参与科技成果转化提供政策指引,另一方面使政府通过平台了解转化各方的现状和问题,为后续制定政策提供现实依据;对于入驻平台的企业,可将收集到的相关企业信息进行披露(企业信用、企业规模、企业未来战略、企业科技成果转化历史记录等),便于科技中介服务机构选择,便于政府了解行业现状;对于入驻平台的民营科技中介服务机构,应着重披露信誉等级、转化行业范围、技术经纪人数量、涉及业务等相关信息,一方面便于政府对其进行有效监管,另一方面可为企业提供参考;对于风投公司和金融机构的入驻,应着重披露其投资方向与科技金融产品等信息,为科技中介、高校和企业进行科技成果转化项目融资提供部分指引。

技术转移信息与服务公共平台的搭建一定程度上解决了转化过程中各方信息不通畅、信息碎片化的问题,促进形成技术拥有者、技术需求者、技术服务者、资本拥有者共同参与的统一市场,为技术转移各方提供知识产权、政策咨询、技术评价、中试孵化、投融资、技术交易等综合科技增值服务。以"平台＋"产业链、创新链、资金链、服务链、政策链的模式,将参与科技成果转化的各方信息进行整合,大大提高了信息的质量和流畅度,提高了科技成果转化的效率。

七、营造有利于科技成果转化的社会环境

推动高校科技成果转化持续向好发展,必须持续营造有利于科技成果转化的良好法律法规和社会文化环境。首先,要强化知识产权法的重要地位,积极宣传和普及有关知识产权、科技成果转化的法律法规,并适时研究制定涉及科技成果转化过程各方的法律法规,如科技金融法、风险基金法、成果推广法、转化服务法等,以构建一个科学完善的、有力支撑和保障科技成果转化的法规体系。其次,一个良好的人文环境对高校科技成果的转化

有着良好的精神促进作用。一方面,加强文化宣传,营造一种推崇科技成果转化的人文氛围,强化科研人员的创业意识,燃起社会大众从事科技成果转化工作的热情;另一方面,以市场和价值创造为导向,通过政策引导企业进行科技成果转化创新性竞争,营造有利于科技成果转化主体积极参与的、鼓励创新的社会文化环境。

第五节　数智嵌套平台共生网络治理范式构建思路

在创新驱动发展战略指导下,高校正加快构建有组织的科技创新体系,着力发挥高校作为基础研究主力军以及重大科技突破策源地,强化企业作为创新主体的协同效应,推动创新链产业链深度融合,加快高校知识产权和科技成果向企业转移转化。针对现阶段科技成果转化"死亡之谷"的困境和转化资金缺位的瓶颈,整合优化高校科技成果转化嵌套共生数字平台,坚持问题导向和系统布局,强化顶层设计,以重大成果转化任务为牵引,为科技成果转化高质量发展提供支撑,显得尤为迫切。在高校内组织开展技术转移中心优化整合,以促进高价值科技成果研发和现实生产力转化为目标,围绕关键核心技术、行业共性技术突破以及科技成果的工业化、产业化应用,组建高校科技成果转化嵌套共生数智平台,并吸纳技术需求型企业、风险投资机构、金融机构以及科技中介等作为参与共建单位,通过技术开发、技术服务和技术咨询等方式,挖掘优质的科技成果转化项目,降低信息不对称风险和信任成本,开拓高质量的科技成果投资渠道,提高合作信心及协同合作效率。同时,发挥好评价评估的"指挥棒"作用,激励高校完善科研评价,把校企协同创新成果以及高校面向企业开展技术服务、知识产权转化运用项目等作为高校实践评价的重要组成部分,并不断优化评价评估体系和办法,激励高校为企业服务,提升产学研合作水平。

基于科技成果转化流程视角,高校科研团队在产出高价值科技成果时,需进行成果的确权工作。为调动高校科技成果转化从业人员以及科研团队内其他成员参与成果转化的积极性,以 NFT 确权的形式在团队内部及科转专员间进行成果收益的划分。基于智能合约规则实现科技成果知识产权的链上化，经科研团队申请，由科技成果所属高校审核并行使科技成果知识产权 NFT 的发行权，每枚通证对应一定份额的科技成果知识产权的所有权，通过 NFT 的追续权实现科研团队及技术转移人员的报酬激励。

企业家从合理避税和资本战略角度综合考虑，成立控股嵌套持股公司或以自然人身份直接持股，与高校及成果科研团队成立科转创新概念验证合伙企业。在现有概念验证中心、科技园、孵化器等"破壳"赋能生态的支持下，筛选培育优质成果转化项目，完成科技成果的概念验证。同时，根据高校周边的科技成果转化事业发展状况及高校创新创业教育水平，可吸收科技中介机构及部分德才兼备的在校生参与成果概念验证工作，在提升概念验证质量及效率的同时，扩大高校在校生科技成果转化的参与度，培养一批具备金融、法律、知识产权等相关服务能力的专业人员。

企业家在工作及创业过程中所形成的社会关系网是其获取机会信息的重要途径，并由此识别出具有潜在价值的商业机会。借助这种社会关系网，企业家与专业嵌套风险投资及地方政府引导基金，能够通过社会关系嵌套的形式，就科技成果转化的投资问题达成一致，在行动上趋于统一，并逐渐向结构嵌套演变，成立饲养员嵌套投资企业。在饲养员嵌套投资企业股权范式中，企业家控制的嵌套持股公司作为普通合伙人，把握公司的实际经营权；专业嵌套风险投资及地方政府引导基金作有限合伙人，提供企业成立所需的大部分资金，但并不直接参与企业的运营管理。此外，企业家通过嵌套持股公司以普通合伙人的身份同时参与科转创新概念验证合伙企业及饲养员嵌套投资企业。这两家企业能够借助企业家这层关系达成实际意义上的一致行动人，在科技成果转化过程中勤力同心，共同完成科技成果的商业化运作。

当科技成果通过概念验证后，科技成果的商业化进程也随之加速。由科转创新概念验证合伙企业作普通合伙人，饲养员嵌套投资企业作有限合伙人，成立科转嵌套有限合伙企业。此时，待转科技成果已初步具备面向市场的能力，市场发展前景越发明晰，银行等传统金融机构参与成果转化的意愿也逐渐增强，提供科技贷款、科技保险等科技金融服务。高校所持有的科技成果股权也将在这一阶段实现资金变现，由高校发起并联合科转嵌套有限合伙企业向国家科技成果转化嵌套共生数字平台申请，获批后发行科技信用通证。科技信用通证的发行及其两级交易市场在"死亡之谷"前端为科技成果转化聚拢了大量资金,引导专业嵌套风险投资及民间资本越过成果转化"死亡之谷",投资于科转链前端,打破当前科转动力不足、资金匮乏、推广困难的现实困境,同时缩短高校参与科技成果转化的利润回报周期,调动高校贯彻落实科技成果转化工作的积极性,推动科技成果转化顺利开展。在科转嵌套有限合伙企业事业发展过程中,与高校成果转化嵌套共生数字平台实时互动,对接融资需求,传递业务信息,推广产品市场,助力科转赋能通证的市场发行,扩大后续融资渠道。

经历多轮融资后,科转嵌套有限合伙企业已完全具备市场化能力,科技成果转化工作也接近尾声。为了将成熟科技成果推向市场,扩大科技成果的社会影响力,建立优质科技成果回馈社会的市场化机制,科转嵌套有限合伙企业进一步完善,转制成立科转核心股份有限公司。此时,科转核心股份有限公司可选择登陆科创证券市场上市,也可选择接受后续风险投资融资继续发展,或被其他企业并购。至此,该项科技成果转化工作基本结束,完成了科技成果从概念验证到转化为现实生产力的全过程。

第四章

国家与高校二元嵌套共生
平台治理界面搭建

第一节 科技成果转化共生平台治理界面的研究现状

数智经济时代,随着数字化、人工智能和区块链技术的广泛使用,组织结构和治理结构发生了根本性改变。平台组织迅猛发展,通过构建生态网络促使行业边界不断融合,日益成为创新驱动的全新组织载体(阳镇等,2021;肖红军等,2020)。多主体共同参与科技成果转化、相互依存、共同发展的生态化环境正在形成,高校科技成果转化治理亟须从传统的知识管理视角迈向共生平台治理视角。

卜志国等(2017)认为,依靠"互联网＋"技术,打造大数据平台,将人才、专家、企业汇集在一起,将极大提高科技成果转化的效率。刘鼎成(2017)则以消费导向为出发点,链接各大主体,包括政府、企业、高校、消费者,促进科技成果转化。李飞等(2017)认为,通过互联网与科技成果转化相结合的形式,建立包括"四大主体、四大模块"的平台,便于拓宽传播信息的渠道,深化产学研协同创新,加速高校科技成果转化。李正权(2019)以广东省产业发展为基础,研究认为打造"线下＋线上"的科技成果转化平台有助于推进科技成果转化效率,因此,要以技术转化和转移为核心,打造"一站式"服务平台。纪国涛(2019)基于对辽宁省高校科技成果转化现象的研究,认为基于政府引领的高校科技成果转移转化对接平台的建立,能够有效缩小科技成果转移转化主体之间显著存在的知识流动势差,推动产学研在科技市场上的有效对接,促进市场需求和技术创新的有效整合,使更多科技成果转化为新常态下供给侧结构性改革新的生产力。施振佺(2020)通过分析科技成果转化的模式与现状,研究了基于大数据的科技创新成果转化平台的结构、要素、特征,提出通过科技创新成果精准转化模式来提高高校和科研院所科技创新成果的转化效率。从上述文献的研究不难看出,虽然学术界对科技成果转化的共生平台治理研究已经进行了一些有益的探索,但是研究角度比较分散,生态体系尚不健全,还需要将数智化与科技成果转化相结合,建立多方的生态体系,构建完善的生态系统。

因此,系统搭建高校科技成果转化共生平台、实现高校科技成果转化的平台化运作及治理,对于降低高校科技成果转化的交易成本、提高市场需求与高校科技成果供给的动态匹配程度,进而驱动高校科技成果更好地契合市场需求,以及提高转化效率并最终创造市场经济价值与社会价值,具有重要的学术价值与现实意义。

第二节　现有科技成果转化平台及典型案例

一、代表性平台

目前,我国已经建设了一批科技成果转化平台,表4-1列出具有代表性的科技成果转化平台。

表4-1　代表性科技成果转化平台

名称	网址
国家科技成果转化项目库	http://www.nstad.cn/
国家科技成果网信息服务系统	www.nstas.cn
全国高校科技成果转化对接服务平台	https://heec.cahe.edu.cn/science
国家科技管理信息系统公共服务平台	https://service.most.gov.cn/
上海科技服务网	https://www.sstec.org
上海科技成果转化促进会	http://www.tt91.com/
山东省科技成果转化服务平台	www.sdjssc.com

上述以国家相关部门、相关政府为主导的科技成果转化平台，主要通过建立信息存储库（专利库、专家成员、需求库、成果库等）、将各方利益主体相互关联、建立良好的合作关系等方式来促进科技成果转化。这些科技成果转化平台将互联网嵌入其中，成为科技成果转化的催化剂。

二、典型案例分析

以科淘网（后更名为黑龙江省科技成果转化公共服务平台）为例，科淘网于 2014 年 12 月 3 日由黑龙江省科技成果转化中心建立，旨在推进黑龙江全省范围的科技成果转化工作。科淘网是集高新技术成果的采集、发布、对接、科技服务等于一体的综合性平台，兼具全链条、全要素、全方位三大特点。科淘网自成立之初，就秉承着"发挥科技成果转化服务平台的资源优势，助推全省科技成果转化服务能力"的理念，加大力度建设黑龙江的科技成果转化平台。

科淘网的科技成果转化平台提供了四项服务，如表 4－2 所示。

表 4－2　科淘网的服务细分

模块	内容
技术市场管理	技术合同登记、技术合同登记点查询
技术转移转化	技术转移机构、技术经理人
科技直播	项目路演、供需对接、培训
创新服务	科技创新服务

科淘网以平台作为中心主体，不断向外扩散。例如，通过科技直播的形式开展对接活动，借助线上对接等创新形式，引导和聚集相应的资金、人才、技术、政策等，发挥了中介桥梁的作用。科淘网的主要职能如表 4－3 所示。

表 4－3　科淘网的职能细分

职能	主要工作内容
招商转移	全省科技招商和技术转移工作
体系建设	科技成果转化公共服务平台和科技服务体系建设工作

（续表）

职能	主要工作内容
市场管理	科技成果转化推广和技术市场管理工作
市场建设	科技成果转化推广和技术市场建设工作
资格认定	技术合同认定登记和技术经纪人资格认定工作

科淘网的科技成果交易板块将科技成果按照行业类别、技术类型、交易方式、成熟度、所在地进行了筛选和归集，大大促进了交易双方的信息沟通和资源置换。该平台将数智化与科技成果转化相互融合，其官方网站、App、小程序的适用性较高，受众范围较广，处于大时代、云计算、云存储的数智化背景下，平台发展前景良好，用户使用便捷。

总体来说，科淘网是建立科技成果转化平台的一次较为成功的尝试，依托互联网成功打造出交易平台，但是科技成果转化平台组织依然存在诸多短板和问题，需要加以重视，找到相应对策。

三、现有科技成果转化平台组织存在的不足

（一）科技成果的有效需求较低，供给严重不足

1. 科技成果的有效需求较低

这里的有效需求是指通过协调机制打通科技转化的渠道，进而产生相应的经济组织的行为需求。它具有明确、具体的特征，且可行性较强，不可脱离实际。在科技成果转化过程中，有效需求会贯穿整个流程。经济组织需要扩大生产效益、提高产品质量，因此有效需求就会提升，从而拉动技术开发，向研发部门提出更高质量的要求。

2. 科技成果的供给严重不足

目前，经济发展迅猛，新产品需求旺盛。传统的科学研究已无法跟上时代的步伐，大部分科研仅仅停留在"纸上谈兵"的阶段，被市场迫切需求的成果较少。现实生产力是评价科技成果的关键指标。

（二）知识产权保护意识、市场敏感度、技术专家参与程度不够

1. 知识产权保护意识不够

某些企业通过模仿其他企业，推出相似的甚至是一模一样的产品，蚕食

其他企业的部分市场份额，这就是常说的"山寨"。目前，由于国内环境对知识产权的保护力度不够，市场充斥着大量的虚假劣质产品，而受害企业的维权路径艰难，这无疑会挫伤这些企业研发的主动性和积极性。

2. 市场敏感度不够

科技成果的转化需要精准把握市场的走势。如今，互联网高度发达，信息传播速度如此之快，但仍有许多企业、科研院所未能精准捕捉相关产业的最新信息，致使错过进行科研成果转化的优良时机。因此，政府可以分行业建立信息共享和交换平台，确保相关企业和科研院所能够获取最新的科研信息。

3. 技术专家参与程度不够

技术专家自身的参与意愿对科技成果转化的影响也较大。根据目前已经成立的科技成果转化平台来看，技术专家的参与程度并不理想有以下几点原因：一是对于技术专家的激励不够；二是技术专家初步判断该项科技成果没有转化价值；三是技术专家认为此项科技成果现阶段还不能够进行科学转化，尚未成熟。因此，技术专家较低的参与度说明该科技成果转化平台对他们的吸引力不强，造成平台的关注度下降，科技成果转化进程缓慢。

（三）对平台的了解程度不深、运行机制不完善

1. 对"互联网＋"科技转化平台的了解程度不深

"互联网＋"科技成果转化平台顺利建成，但由于宣传力度不够，许多企业和科研院所对其了解不够深入，或者出于其他方面的考虑，不愿意积极参与。此时需要政府作为中间调解者，发挥优势，加强宣传，促进"互联网＋"科技成果转化平台进入大众视野，促进各方积极参与。

2. "互联网＋"科技转化平台的运行机制不完善

现存的"互联网＋"科技成果转化平台运行机制还不够完善，比如权责归属不清、利益分配不合理、激励机制不完善、各方参与程度不高等。因此，完善"互联网＋"科技成果转化的运行机制对于科技成果转化至关重要。

四、优化现有科技成果转化平台的思考

（一）科技成果供需路径衔接

科技成果的研究与市场需求存在相互分离的迹象，致使市场需求得不

到充分满足。一方面,从科研成果产出的角度来看,科研成果产出率和转化率都较低,不能很好地向市场进行推广;另一方面,从企业的角度来看,缺乏相关科技成果的披露信息,信息不对称现象较为明显,且对于转化吸收而来的科技成果缺乏来自供给方的后期技术指导与支持。可以通过改革旧有的科技成果转化模式,以消费者需求为切入点,构建以"市场需求+互联网+科技成果信息披露"为核心要素的平台,构建科技成果转化的健全生态系统。

(二)科技成果的验证路径及产权体制研究

1. 科技成果的验证路径

任何科技成果在产业化之前,必须经过长期的试验和验证,这是一项复杂艰巨的任务。因此,科技成果的验证十分关键,它是衡量一项科技成果是否值得推广、是否值得产业化的关键所在。但试验风险较大,中小企业和科研院所难以独自承担,可通过打造"概念验证+孵化+投资"的全链条一站式科技成果转化模式,通过预测识别、技术遴选、提供种子基金、验证市场价值等环节提高技术成果转化效率(西桂权等,2022)。

2. 科技成果的产权体制

众所周知,在公立高校以及科研院所,科技成果的发明属于职务发明,科技成果的发明人并不享有此项科技成果的所有权,科技成果的所有权归属问题也是科技成果转化的障碍之一。发明人是科技成果的研发创造主体,探索赋予其职务科技成果产权,承认其价值创造的主体地位,对于提高转化效率意义重大(郝佳佳等,2021)。2020年5月,科技部等九部门颁布《赋予科研人员职务科技成果所有权或长期使用权试点实施方案》,标志着职务科技成果所有权在单位与科研人员之间的配置划分进入政策试点阶段。

(三)引入社会资本、完善基础运行机制和激励机制

1. 将社会资本引入"互联网+"科技转化平台

资金支持为科技成果转化奠定了坚实的基础,科技成果的转化仅靠政府资金的支持是远远不够的。政府可以通过网络平台将社会资本聚拢,牵头组建科技风险投资基金,设立风险评级机构,将社会资金引入经过验证、

风险可控、符合市场预期的项目，在满足社会资本逐利欲望的同时，扶持科技企业、科研院校，提高优质科技成果的转化率。

2. 完善"互联网＋"科技成果转化平台的基础运行机制

"互联网＋"科技成果转化平台要明确权利义务，做到权责清晰。对于利益分配要做到公正合理，确保参与各方正当的权益。

3. 建立健全"互联网＋"科技成果转化平台的激励机制

良好的激励机制有助于激发各相关主体的潜力，使组织的效益达到最大化，让各方主体发挥各自的最大效用。从"互联网＋"科技成果转化平台的发展来看，当前阶段尚处于发展初期，同时也是试错期，可通过各种激励制度的设立、实施，不断对激励制度做出优化调整，分析不同激励制度下存在的问题和绩效，从而找到适宜的制度安排。

（四）构建大数据管理机制、市场预验证机制

1. 构建"互联网＋"科技成果转化大数据管理机制

"互联网＋"科技成果转化平台的建立，能使我们有效利用互联网进行大数据管理。第一，数据收集。将相关信息（科技成果数据、技术专家数据、企业数据、科研院所数据、中介机构数据、消费者数据等）及时汇集。第二，数据预处理。通过信息识别等技术手段筛选出有用的、有价值的数据。第三，数据挖掘。对经过处理后的数据利用数据挖掘算法，总结出一系列的规律和特点。第四，数据呈现。将这些规律和特点以通俗易懂的方式呈现给各主体，提出有价值的决策建议。

2. 构建科技成果转化的市场预验证机制

市场是资源优化配置的试金石，市场的反应决定了资源是否已经实现了优化配置。市场如一双无形的手，能检验科技成果转化的效率和效果。为此，要将"互联网＋"和市场有效结合起来，市场评价体系和机制的建设是必不可少的重要一环。参照上市企业财务数据的披露标准，借助互联网机制，将科技成果中可公开的部分在网络交易平台上进行披露，将其置于社会监督之下。其中，监督机制可从三个方面构建：第一，评分体系的标准化，包括中介、买方和卖方；第二，利用"互联网＋"大数据，对科技成果转化产品的潜在客户（包括适用的企业和个人等消费者）进行分析，对产品的潜在市场需求

和推广潜力进行深层次的剖析;第三,企业应根据消费者、独立第三方机构的反馈,结合大数据调研分析结果,改进现阶段的不足,做出相应的战略调整。

第三节　国家与高校上下两级成果转化去中心化中台搭建与嵌套

党的十八大以来,我国科技体制改革持续深化,科技资源的系统配置和战略布局不断完善,市场经济规律和科学技术发展规律的结合越来越紧密。随着我国科技管理体系日趋完善,科技成果转化政策及服务体系的组织模式日渐演变成多部门、跨学科、跨地区相互协作、共同参与的协同成果转化模式。然而,科技经费和科研项目存在多部门管理、多头申报的现象,多头监管和重复检查问题在科研管理领域仍然存在,科技管理体系对重大政策、重大战略部署的支撑和统筹安排有待进一步加强(苏继成等,2021)。在高校层面,目前高校的科技评价体系逐渐僵化,给高校政策制定及成果考核套上了"唯论文、唯职称、唯学历、唯奖项"的"四唯"桎梏,致使高校漠视产出科技成果的现实价值,怠于推动科技成果的转移转化。虽然国家颁布了相关破除"四唯"桎梏[1]、推进"三评"改革[2]的相关政策文件,但现实情况仍不容乐观。

此外,国家科技成果转化基金及其创业投资子基金等财政性引导基金,着重支持转化应用科技成果的种子期、初创期、成长期,试图通过财政资金注资的形式跨越科技成果转化"死亡之谷",但此法并非长久之计。随着我国科技成果转化项目的数量逐年增加、规模日趋庞大,长期依赖国家提供科技成果转化的关键资源势必将扼杀创新活力、加重财政负担,对科技成果转化的持续稳定发展造成不良影响。因此,当前科技成果转化体系亟须完善,进一步强化成果价值导向、需求导向以及市场导向机制,系统规划现有科技成果转化资源,并引导社会资本更多地参与科技成果转化链前端,并将高校科技成果转化的执行力度以及产出情况纳入评价指标,实行差别化经费保

---

① 中共中央办公厅、国务院办公厅.《关于优化科研管理提升科研绩效若干措施的通知》,2018.
② 中共中央办公厅、国务院办公厅.《关于深化项目评审、人才评价、机构评估改革的意见》,2018.

障机制(何宪,2021),逐步拉开成果转化不同层次高校在科研资助上的差距,倒逼高校现有科研体系、人才培养模式以及绩效评价体系的转型升级,让科技成果转化质量、数量、效率、效益成为高校落实创新驱动发展战略的指挥棒和关键指标。

国家战略的具体操作执行需要自上而下的愿景压力和自下而上的利基推力。本书构建的高校科技成果转化嵌套共生去中心化中台界面,理应成为我国实现创新驱动国家战略的重点推广计划之一。因此,首先应搭建国家和高校上下两级科技成果转化嵌套共生网络嵌套中台,目的是希望在国家"愿景压力"和高校"利基推力"的共同作用下,通过嵌套共生创新平台网络形成新的高校科技成果转化生态,这种新的科技创新生态使得前沿技术、基础研究成果与政府、高校、企业、公众等高校科技成果转化的各个环节、各种资源形成紧密的结构嵌套和关系嵌套。

一、国家科技成果转化嵌套共生去中心化中台

高校科技成果转化风险高,尤其当科技成果的技术处于前沿阶段,面临方向不明、信息不对称的双重劣势时,前者导致监督失效,后者导致风险累积,最终导致国家主导下的产业政策失效。为了克服市场信息缺失和规模化带来的风险,我国提出建立以企业为主体、市场为导向、产学研深度融合的高校技术创新体系,但这绝不能理解为对政府引导作用的舍弃。恰恰相反,美国等国家的成功经验表明,政府在鼓励高校科技成果转化跨越"死亡之谷"的过程中始终处于先导地位,制定并实施了一系列政策工具。事实上,为促进科技成果的商业化、产业化,我国已推出多项政策举措。我国先后成立了国家科技成果转化项目库、国家科技成果转化共享服务平台、国家科技管理信息系统公共服务平台等,并设立了科技计划项目基金、国家科技成果转化引导基金及其子基金,以及诸如国投京津冀科技成果转化创业投资基金等地方科技型中小企业创业投资基金,这些服务平台及专项资金的设立对改善我国的科技成果转化总体环境功不可没。然而也存在一些辐射盲区以及协同性不高等亟待加强的地方,如管理职能部门交叉、政出多门、资源分散的现象加剧了改革任务的复杂程度,降低了财政资金、专家智库等科技资源的使用效率。

　　社会学理论和网络分析都很好地证实了异质性群体在沟通、互动方面的优势。随着知识商业化在经济增长中的作用日益重要，网络平台组织在信息获取、资源共享、专门资产获取和组织间学习等方面的优势日益凸显，高效的网络平台结构组织甚至能够将市场的激励优势与权威等级具有的监控能力、行政监督结合起来。本书构建国家科技成果转化嵌套共生去中心化中台的核心目标在于从国家层面建立起规模大、异质性高、韧性强的高校科技成果转化联盟网络，促进高校高价值科技成果的产生和扩散，突破高校科技创新治理传统范式，建立完善科技资源共建共享和科技资产管理的全流程运行机制，实现科技成果供给端与需求端的双边互动，以期通过国家科技成果转化嵌套共生去中心化中台连接全国范围内各方面的科技成果转化资源和力量，形成跨越"死亡之谷"的载体和桥梁。

　　国家科技成果转化嵌套共生去中心化数智中台是指国家层级的宏观科技成果转化信息、资源、监管嵌套共生中台组织，国家政府不仅仅是中台的搭建者与资源配置者，更是中台的有效治理者，即通过系列制度安排与治理机制实现中台内多元知识主体、用户的创新意愿与交易互动能力的激活。该中台可以由国家独立另行设立，也可由国家相关主管部门的内设机构组成协同联动生态，在促进科技成果转化这一共同愿景下，整合科技成果供给端与需求端的资源，降低双边信息交易成本，化解科技成果信息不对称问题，打通不同部门内设机构间的横向壁垒。通过统一的去中心化数字中台，对科技成果转化进行需求征集、政策发布、项目申报、立项和预算安排、过程考核及成果验收、监管督察、信息发布等全过程信息化管理，并主动向社会公开非涉密信息，接受社会监督，从而实现高校及科研机构科技成果的供给端资源整合，打造连接成果需求端的桥梁。其核心功能在于将科技成果转化中的不同职能模块化，职能模块由一系列具备相应职能的内设机构及子平台组成，包括科技成果信息发布模块（供给侧）、科技成果需求信息发布模块（需求侧）、科技成果转化决策模块、科技成果转化资助模块、立项及过程考核模块、监管模块以及科技成果转化衍生机构管理模块。各个模块彼此相连、协同互动，构成科技成果转化的完整链条，每个模块根据自身职能向周围进行发散延伸，相关机构又协同联动，共同组成国家科技成果转化嵌套共生去中心化数智中台。

二、高校科技成果转化嵌套共生去中心化中台组织

2022年6月,教育部、工信部、国家知识产权局联合印发《关于组织开展"千校万企"协同创新伙伴行动的通知》,强调把高校科技人员面向企业开展技术开发、技术服务、技术咨询和技术培训以及校企协同创新成果、知识产权转化运用作为评价评估的重要组成部分,并不断优化评价评估体系和办法,激励高校为企业服务,促进产业高质量发展。高校作为科技创新特别是原创性科技创新的重要策源地,肩负着催生价值生产工具和促进科技成果转化、推动实现高质量发展的光荣使命,其内部的科技评价体系方向在很大程度上决定着高校科技产出的质量,影响着后续科技成果转化的难易程度。在开放式创新环境下,高校的创新行为和知识生产活动不再仅取决于自身的价值判断,还取决于对所处金融环境以及社会发展需求的认识和把握。为进一步正确引导高校科研创新活动的方向,突破现有科研评价体系的"四唯"桎梏,依托高校创新资源优势,嫁接金融资本,对接产业需求,加强政产学研合作,推动高校科研成果就近转化,本书在国家平台的基础上,设计和构建了由高校主导运营的科技成果转化嵌套共生平台组织,这是知识生产模式Ⅲ背景下实现高校科技成果高效转化以及产学研协同创新的一种创新形式。高校科研工作只有贴近市场,积极与社会资本互动,才能敏锐捕捉市场对科技成果的需求,在科技成果转化链条前端集聚资金,保证科研力量和科技资源用在国家和社会最需要的地方。

基于平台组织理论以及复杂科学管理的系统思维模式,高校科技成果转化嵌套共生去中心化中台组织(简称"高校平台")是由高校主导运营的开放性平台,由高校与企业、金融机构、科技中介、政府等主体共同构建的信息交互、资源共享的平台组织,联合成果转化链各方开展高价值科技成果转化、商业化,其主要包含三大构成组件:前台资源优势、中台组织结构以及后台运行机制。

迈克尔·波特认为,企业从内外相关环节积累的数据,能对企业优化产品、选择合作伙伴、提升运营绩效、预测发展方向等行动产生洞察力,从而为企业在业务发展、客户服务、生态运营方面创造价值。当然,要让这些数据创造价值,离不开大数据应用技术的支持。事实上数据一直存在,只是在诸

如数据挖掘、人工智能等技术成熟之后，数据的价值才逐步被开发出来。

基于波特的数据创造价值框架，本书构建的高校科技成果转化嵌套共生平台(见图4-1)以国家科技成果转化嵌套共生去中心化中台为基础构建中台战略。首先从国家层面构建科技成果转化云平台和科技成果转化去中心化数智业务中台，大数据、云计算、人工智能、区块链去中心化等数字化技

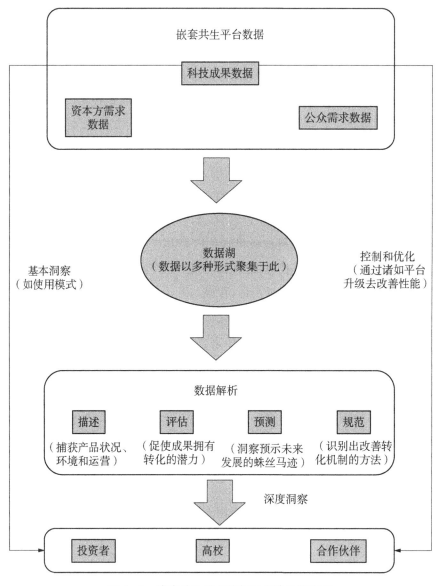

图 4-1　嵌套共生平台的数据创造价值框架

术的应用贯穿整个数智业务中台，打破了不同高校科技成果转化部门之间的"烟囱式"架构，从而打通了数据孤岛，进行数据整合，实现科技成果转化各类业务数据化。数智业务中台集合整个平台的 NFT 去中心化能力、技术转移数据整合能力、概念验证及科技成果评价等能力，对各类高校科技成果转化业务进行强力的赋能与支撑。这个科技成果转化数智业务中台可以让我国各类高校科技成果转化平台像搭积木一样调用平台上的技术赋能模块，与企业、金融机构、科技中介、政府等主体信息交互、资源共享，从而快速搭建起诸如技术转移中心、概念验证中心、新型研发机构等科技成果转化应用场景，联合成果转化链各方开展高价值科技成果转化、商业化。

科技成果转化数智业务中台主要包含三大构成组件：高校前台资源优势、国家中台组织结构以及技术赋能后台运行机制。

高校前台资源优势指在高校平台组织中获取资源的成本要低于从外部获取资源的成本。在高校平台中，高校内部各领域的核心科研团队以及各高校组建的科技成果转化资源库是高校科技成果的供给主体，科技成果的供给侧资源主要来自国家科技成果转化嵌套共生数字平台（简称"国家平台"）的供给模块，包括国家科技成果转化共享服务平台、国家科技成果转化项目库以及地方科技成果转化资源库等。企业的技术需求、政府的研发需求是科技成果的需求主体，科技成果的需求信息主要来自国家平台的需求模块，包括国家科技管理信息系统公共服务平台，以及地方科技交流会、科技成果需求征集、企业的定向技术合作或委托开发等。出于降低科研成本的考虑以及对利润的渴望，企业对于创新研发的积极性必然增大，它们会主动向平台中其他创新主体提供市场信息、科研方向以及资金支持。

在高校平台的协同推动下，依托大学科学研究、人才储备等优势，发挥科技中介、成果推介会等信息发布平台的资源信息共享及成果披露功能，企业能够以较低的边界成本获取优质的科技成果，完善自身的技术研发体系，提升企业市场竞争力。金融机构等社会资本方也能够借助高校平台的信息资源优势获取优质的科技成果转化项目，降低信息不对称风险，开拓高质量的技术投资渠道。

同时，当新科技成果处于商业化初期时，其后续商业化过程的逐步完善和推进将提供大量的资本利得机会，新科技成果创造的市场机会和利润将吸引大量的企业家和提供支持性服务的组织加入该科技成果的商业化过程。高校平台能够将这些组织、机构的资源及信息进行有效整合,使这些资源在协同合作中得到充分利用,促使科技资源向利用率高的领域转移,充分发挥智力资源的潜在效率,提高合作信心及协同合作效率。

高校技术转移办公室可作为高校前台运营管理对接的具体部门,负责校内科研成果的资源整合及对外联络,包括高校科技成果转化资源库的信息管理、对外披露以及高校与政府、企业、金融机构等校外机构的成果供需对接和资金嫁接等,与概念验证中心、孵化器、科技园、科技中介等机构共同组成高校前台科技成果赋能生态,负责科技成果转化链前端的成果验证及推广,吸引社会资本关注成果转化项目以及高校科技成果与社会需求的对接。

国家投资建设的中台组织结构能够保证平台在复杂科学管理的情景下,保障高效的价值交换和信息交流,同时控制平台总体及各方的参与成本。高效率的中台结构要求具备输入模块、组织中台、业务中台以及输出模块四部分(见图4-2)。成果研发端的制度保障作输入模块,负责高水平科研成果的产出,包括国家资助引导、社会资本资助、高校内部以成果价值为导向的评价机制、科研团队收益分配等激励体制以及国家对高校的差别化

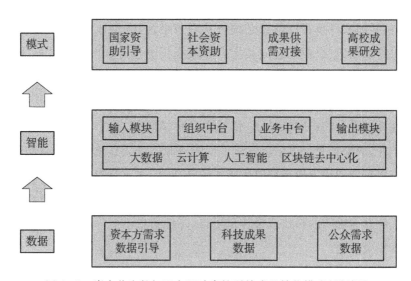

图4-2 嵌套共生数智平台驱动高校科技成果转化模式创新框架

经费保障机制等。业务中台可以让前端业务部门像搭积木一样调用平台上的数智化技术模块，从而快速搭建起各类科技成果转化应用场景。国家及地方科技成果转化项目库以及成果接受企业作为输出模块，向公众展示高校科研机构的最新科研成果以及成果转化项目的商业化、产业化应用，以此激励广大社会公众关注并积极参与我国科技成果转化事业。

后台运行机制既要保证高校平台主体能够获得比其他外部平台和自身组织结构更为合理的回报，又要有合理的激励机制确保成果转化工作持续平稳推进。后台运行机制利用区块链技术对入驻成员进行严格的信用管理，有助于参与者减少筛选优质科技成果及与之签订契约的交易成本，使成果需求方能及时摒弃前景黯淡的科技成果，同时又可以在成果转化链中加深对合伙人的了解，降低信息不对称程度。同时，后台运行机制利用区块链去中心化技术确保不同高校平台能够实现彼此之间的沟通交流，充分发挥高校各自的学科专长，集中优势资源弥补科技成果转化专业知识缺口。如某学校产出但转化不了的科技成果，可通过高校成果转化嵌套共生平台上传到国家科技成果转化嵌套共生数字平台，通过转化项目认领、待转成果披露等方式，借助其他高校的优势学科及人力资源，最终实现科技成果的顺利转化，或通过几所高校的优势学科整合，共同完成某项重大科技成果的转化工作，实现高校智力资源在有组织的科研环境下产生聚变效应。

此外，由于科技成果知识产权的非同质化特性，NFT 在知识产权领域具有相当大的应用潜力，它可以提高知识产权交易的透明度和流动性，并面向推动科技成果商业化的创新者开放市场。例如，以往科技成果确权往往采取科研人员和高校"三七开"的方式，容易在科研团队内造成权属划分不均、科研劳动分配倾斜的现象。采用科技成果知识产权链上铸造非同质化通证的方式，在团队内部、高校与团队两个层次，通过持有 NFT 的数量来对科技成果的权属进行划分，方便后续科技成果入股概念验证合伙企业的股权分配以及科技成果增值部分的收益追授，以权属划分及报酬激励的形式调动高校及科研团队投身科技成果转化的积极性。

图 4-3 描绘了本书构建的高校科技成果转化嵌套共生平台技术驱动核心能力与高校科技成果转化激励体制机制之间的关联。作为嵌套共生平台的核心资源之一，数据通过智能技术的驱动，形成了四种能力。第一，形成

了科研资助管理能力,支撑起科研团队完成研发任务的关键模块;第二,形成了科技成果智能供需对接管理能力,使得嵌套共生平台能够满足"千校千面"的异质性需求;第三,形成了资本引流能力,让国家资助与社会资本渠道融合为一体,同心协力为高校科技成果的研发、转化、落地提供保障;第四,形成了去中心化知识产权管理能力,充分调动了高校及科研团队成员等众多参与主体投身科技成果转化的积极性。

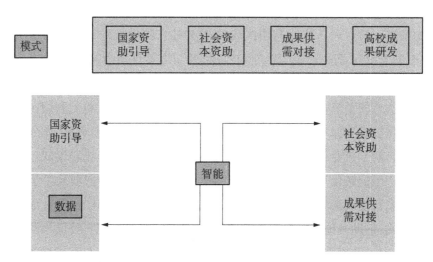

图4-3　嵌套共生数智平台核心能力与赋能科技成果转化的关联图

(一) 数据治理

在科技成果转化大数据治理应用中,相关数据分析是必不可少的一环,且具有耗时长、计算资源需求大的特点。随着科技成果转化相关数据量的爆炸式增长,传统数据处理工具已无法满足应用需求的执行效率。同时,在传统中心化网络中,数据一般存储在网络中一个或者几个核心节点上,如今很多互联网巨头企业都有自己的数据中心,对企业和用户数据进行集中存储,一旦出现问题,很容易导致数据损伤。区块链的去中心化就是将这些数据分散存储在区块链网络中多个节点上。节点的多少并没有准确的限制,只要实现存储的数据无法被单元独立支配,就算是实现了去中心化。节点越多,数据的安全性也会越高,同时运行成本和所需能耗也会增加。

基于以上思考,参考相关理论,建议嵌套共生平台的去中心化通过如下几种方式实现。

（1）分布式网络：所有区块链网络中的每一台计算机都有一个相同的账本，并且是完全公开透明的，任何人都可以进行记账。每当区块链核准一项交易时，交易就会被记录到每一个人的账本上。

（2）加密算法：如果任何人都可以在区块链网络上进行记账和销账，则无法保证存储数据的安全性，因此区块链采用基于密码学的加密算法来解决这个问题。只有突破复杂的加密技术，才能篡改自己的账本修改数据。万一真的有人破解了加密算法怎么办？共识机制在这时就派上用场。

（3）共识机制：区块链上不同的网络节点可能互相并不认识和信任，但区块链去中心化的特性能让不同节点的用户进行互信和协作，共同维护数据的安全。如果有人篡改账本数据，被篡改数据还会同步到全网所有人的账本上，只有超过半数的人认可，这次修改才能被写入区块链中。这里也体现出分布式节点越多、数据安全性越高的特点。

区块链通过分布式网络、加密算法和共识机制三大核心技术搭建好了去中心化的网络框架。黑客在篡改网络数据时并不能找到一个中心化的节点，唯一的方法就是摧毁整个区块链网络，这显然异常困难。基于去中心化的上述底层逻辑，不难看出区块链能在高校科技成果转化数智平台构建和知识产权去中心化保护中展现出的强大应用前景。

（二）人工智能驱动科技成果供给机制构建

在新型科研组织模式的基础上，人工智能的应用将推动高校科技成果转化的价值路径创新，形成全生态协同的价值共创体系，并通过强化高校科技成果供给的绿色转型和应变能力构筑新的竞争优势。在人工智能的加持下，高校科技成果供给的共创生态以价值融合为路径创造集成式需求价值，通过开发高校科技成果转化方案催生更高层次的知识治理，基于动态风控和业务连续性强化应变能力与韧性建设。与此同时，人工智能的渗透也将使科技成果转化生态面临适应性的考验，或给共创生态带来超预期的价值破坏因素，对于资源环境也隐含潜在的威胁，多维风险的预测和识别将是人工智能驱动高校科技成果供给优势构建的基础。

人工智能驱动高校科技成果供给向生态化的供应网络转型升级，在智能互联的生态网络中,跨界主体通过端到端的链接实现多向互动,以协同的方式参与业务运作与整合。生态网络的构建推动了高校科技成果供给价值实现路径的创新,使之从传统单维流程式的价值交付体系,向多维生态化的价值创造体系转变。在人工智能技术加持下,参与主体通过生态化的业务交流与协作实现价值的协同共创。嵌套共生智能平台促进了信息的交互与融合,通过跨界数据的整合与分析,为各类主体跨越产业及市场的边界寻求创新合作提供支持。枢纽企业与异构的互补高校建立生态化合作关系,构建生态系统,共同为客户和自身创造价值。高校与企业之间交流机会的拓展丰富了高校和企业的经验和资源,强化了高校与企业间的学习与合作,进而在高校积极促进科技成果转化的基础上激发互补创新。

多元主体交流互动产生的数据成为研判市场潮流、挖掘需求潜力和创造全新需求的关键资源。机器学习等技术的利用不仅使高校快速掌握需求量的变化趋势,更为重要的是对需求内容动向的把握,即用户对新产品和新服务的未来需求。这些要求不仅包含对产品和服务在质量、功能、性能等方面的确定性要求,更具价值的是对用户自身尚未形成明确感知的模糊性需求的智能挖掘。边缘智能平台的嵌入使得终端设备即时捕获的用户使用和反馈数据无需向云端传送,即可对用户进行市场细分和定位,在保护隐私的同时为其提供个性化的实时推荐。云端智能平台的应用则进一步针对使用价值的本质需求,对直接或间接从用户、市场分析、调查、产品和服务评价以及交易历史中获取的用户生成数据进行深层挖掘,从而洞察客户的体验与感知,创造超前的新需求和新场景,为客户提供全新的产品和服务价值。

随着市场的升级,融合多种产品和服务的一站式消费需求与日俱增。许多市场开始形成一种新的经济结构,即价值由多个生产者共同创造,并由生产者联盟或独立企业聚合成一个共同的捆绑产品。人工智能技术不仅能实现多种关联产品的智能链接与集成化,而且在业务层面促进了嵌套共生平台的协同创新,推动了产品与服务的去边界化和价值融合,从而满足市场的集成式需求。

全生态协同共创是人工智能技术加持下形成的新科技成果转化模式。此类市场的需求、生产选择、收益分配和相对市场力量随之产生了新的变化,并且这些市场中的科技成果生产者通常并非零和意义上的竞争对手,因为每个市场的科技成果产出都会对其他市场的科技成果研发决策产生外部性影响。这种特性允许多个科技成果生产者在均衡的状态下发展，竞争对手的均衡产量形成了战略互补，但科技成果生产者之间的竞争也彰显无遗。

　　基于嵌套共生智能平台的科技成果转化生态在形成更大的生成性和生产力的同时，也会导致成员主体满足用户需求的方式发生较大变化，并可能阻碍生态系统的价值创造。其原因在于：科技成果需求方满意度的提高有助于形成集体共享的平台系统声誉并让所有参与者从中受益，这意味着生成性的增强尽管提高了科技成果需求方的满意度，并对平台系统声誉产生了积极影响，但随着平台系统的成熟以及平台系统之间竞争的加剧，消极的搭便车效应或将逐渐显现。因此，基于嵌套共生智能平台的生态成员集体行动及其对系统价值创新的影响，值得进一步深入研究。

第五章
嵌套共生治理多主体演化与新主体孕育

第一节 嵌套共生关系的形成与发展

高校科技成果转化嵌套共生平台内生态系统中各共生单位间既相互合作，也存在一定的竞争，各主体单位在利益驱使下进行博弈，通过合作与竞争，获取市场资源，生产新产品，共同满足市场需求，维持系统发展。但平台内企业间有着复杂的关系，从相互依赖到恶性竞争的状况依然存在，创新企业之间、创新企业与创新支持要素之间的恶性竞争不利于高校科技成果转化。

当高校科技成果转化嵌套共生平台内生态系统中各共生单位均以自我为中心，以自我利益为主导，牺牲系统中其他共生单位的利益时，它们便陷入了一场零和博弈。这种博弈主要体现在：限制新企业进入——在资源有限的情况下，成熟企业不希望有新企业进入市场瓜分蛋糕，削弱自身市场份额，因而会选择联合其他企业挤压新企业，或者设定行业标准限制新创企业进入；恶性竞争——进入市场的新创企业会面临诸多挑战，新创企业凭借其新产品吸引消费者，削弱了成熟企业的利润，此时，成熟企业可能通过某种方式进行恶性竞争，从而打压新创企业；资源控制——创新生态系统具有区域性特征（蔡莉等，2016），对区域环境具有依赖性，各地区有其创新的内在资源，不同地区创新资源具有互补性，而创新过程需要获取和整合不同资源，资源的自由流动才能使创新生态系统健康持续运行，但由于人为的地理边界，使得资源流动受阻，区域创新生态系统间开始进行零和博弈。

无论是以恶性竞争还是有意挤压的方式抢占市场先机，或是阻止新创企业进入，抑或是控制资源流动，这些行为只能暂时性地维护自身利益。平台内各要素之间进行零和博弈，只能扼杀新创企业的诞生与成长，恶化创新生态系统的发展环境，从而导致自身发展受限。高校科技成果转化嵌套共生平台内生态系统是一个有机整体，各要素具有共同的价值取向，协调合作，紧密联系，构成高校科技成果转化实现的核心，也是引导高校科技成果转化嵌套共生平台生态系统健康发展的关键。

高校科技成果转化嵌套共生平台内生态系统中共生单位理性选择与非理性选择的同时存在，以及在市场环境（主要指技术转移市场的波动状况和信息因素）的刺激下理性选择向非理性选择的转化，决定了高校科技成果转化嵌套共生平台内科转创新和各类投资者决策黑箱的存在。认知心理学将主体看成是处理信息符号的系统，并利用信息论的代码、编码、解码等概念解释主体对信息的加工和处理，主体的决策过程被解说成由编辑和评价两个前后相继的阶段构成。市场环境对主体的信息编辑阶段有重要影响，并直接决定主体在决策的评价阶段采取理性选择还是非理性选择。

具体来说，如果在编辑阶段主体受外部环境影响而产生的心理偏差不严重，能够发挥自己的认知，对信息和环境等不确定因素进行搜集、整合、筛选、加工和处理，对事件具有确定性预期，就能够在评价阶段采取理性选择。相反，如果主体在编辑阶段受到的偏差干扰严重，对事件的预期没有把握，就会放弃对信息和环境等不确定因素的理性思考，从而在评价阶段完全背离偏好一致性和效用最大化，主体会按照行为经济学所阐述的认知偏差原则进行非理性选择。

因此，从高校科技成果转化嵌套共生平台内生态系统共生单位选择行为的动态过程来看，即使基于相同的信息变化，主体在不同的外界刺激下的决策也存在很大的不确定性，说明高校科技成果转化嵌套共生平台内生态系统共生单位行为的选择过程是一个决策黑箱过程。

研究表明，在创新生态系统中，共生关系的形成是一个动态的复杂过程，随着环境和相关因素的变化，整个创新生态系统中的共生关系会随着新主体的加入和原系统内高校科创参与企业的退出或消亡而不断变化。这一变化主要体现在两个层面：共生过程的动态化和共生主体的动态化。高校科技成果转化嵌套共生平台内生态系统与自然生态系统具有同样的特征，即不断的演化发展。一方面其内部演化发展出新的参与主体，另一方面由于高校科创生态系统所具有的优势资源对系统外其他主体的吸引，平台内会不断出现新的主体。其间会经历"选择—调整—适应—居留"的动态变化过程，一旦新的主体存活下来，其他主体会效仿该主体的共生行为，进而带动整个高校科技成果转化嵌套共生平台内生态系统的变化。

高校科技成果转化嵌套共生平台内这种共生关系可以描述为三个阶段：共生关系的识别、共生关系的形成、共生关系的发展。

一、高校科技成果转化嵌套共生平台共生关系的识别

共生关系的识别要求共生主体之间必须满足一定的条件，否则共生形成的第一步将无法完成。第一个条件是潜在共生主体之间必须存在相互的关联，即某个共生单位主要的资源是另一个共生单位的产出时，两个共生单位的共生才有可能；第二个条件是主体间共生关系的形成会为整个高校科技成果转化嵌套共生平台生态系统带来正效益。

高校科技成果转化嵌套共生平台内共生关系的识别、匹配是基于一系列的机会集，该机会集是以高校科创生态系统中各种资源为基础形成的，识别后各主体获取所需资源。在高校科创生态系统中，高校科技成果转化嵌套共生平台内主体间共生关系的识别基准点在于平台中各个主体所掌握的资源的专业性和互补性。主体掌握资源的专业性意味着该主体能够提供专业的产品或服务，能够确保其在系统中拥有自己的地位，跟随共生网络的发展。资源的互补性将会促使各企业之间更加紧密地协作，因为不同主体间资源的互补意味着失去该主体后自己对特定资源的获取变得不再容易，这种互补不仅是资源上的互补，更是对系统功能、系统责任的互补。因此，在高校科技成果转化嵌套共生平台生态系统中，高校与其他共生单位会根据自身的需要，分析内外部环境及自身的优缺点，选择拥有专业优势且与自身优势互补的企业，完成共生关系的识别。共生关系的识别在两个方向上进行，高校在识别潜在共生主体时，被识别共生单位也会根据自身发展的需要及对高校科技成果转化嵌套共生平台前景的发展预期来判断该系统是否值得加入。

二、高校科技成果转化嵌套共生平台共生关系的形成

高校科技成果转化嵌套共生平台生态系统中，科创主体在完成共生关系的识别后会进入共生关系的形成阶段。在这一阶段，共生单位之间相互融合、适应、调整、完善、统一、发展。要促使共生关系的形成，系统内主体间具有共同意识是十分关键的，这种共同意识不是主体间简单的合作发展，而是对彼此乃至整个系统价值目标的认同，进而再深化到行为上、思想上的认同。已有研究发现，共生关系形成的必要条件是存在两个及两个以上的共生主体，每一个主体对另一个主体来说都至少可以提供一种资源，能够为各自的后续发展带来价值。

在知识生产模式Ⅰ阶段，高校科创生态系统的创新主体是高校，此时的高校通常各自独立发展和研究。随着知识生产模式Ⅱ的诞生，企业和政府逐渐加入高校科创生态系统中，创新核心逐渐转变为"高校—企业"，而政府作为辅助创新发展的主体，共生关系也由此开始发展。为了适应知识生产模式Ⅲ，我们构建了高校科技成果转化嵌套共生平台，弥补了知识生产模式Ⅱ的不足之处。平台把社会公众等创新主体引入高校科技创新生态系统，促使高校形成特有的共生主体，最终形成在知识生产模式Ⅲ背景下，以四重螺旋为共生单位的高校科技创新生态共生体。

在知识生产模式Ⅱ阶段，企业和政府加入生态系统，企业成为高校科创生态系统中重要的共生关系角色。张玲斌和董正英（2014）首先考虑到企业对其他共生单位具有自身财务数据的保密性，选用成长能力和盈利能力作为替代指标考察高校科创绩效，利用SEM法结合问卷调查对我国长三角地区的高校科创生态系统共生关系进行研究。他们从初创企业与其他共生单位，例如高校、政府、中介类机构以及社会公众等共生单位之间存在协同作用出发，认为企业与其他机构之间具有一定共生关系，提出相关假设并利用结构方程模型进行实证，结果表明政府与初创企业的合作发展只是促进了企业的成长能力，而盈利能力欠缺则无明显改善。同时，大学、科研机构及投资机构与高校科创企业的合作发展为高校科创企业带来了成长上的改善，而盈利能力仍然存在一定的缺陷，这说明企业在高校科创生态系统中发挥了重要作用。

上述研究说明我国高校科创生态系统共生关系已初具形态，但系统内的资源利用效率还不是很高，也说明了在知识生产模式Ⅲ下构建高校科技成果转化嵌套共生平台的必要性。共生关系的形成有两种类型，一是高校和其他企业利用资源互换共享形成共生关系，二是成熟企业利用自身的资源实力收购、兼并其他新创企业以达到扩大自身规模、占据系统内有利位置的目的，这种情形不能完全发挥"高校-企业"的共生关系作用。

三、高校科技成果转化嵌套共生平台共生关系的发展

高校科技成果转化嵌套共生平台各主体的共生关系形成后也不会经久不变，而是会随着内外部因素的变化和发展而不断变化发展，最后趋近于复杂、稳定的共生关系，当然也存在共生关系破裂而走向失败的可能。这种变化的过程体现在共生关系中高校为了自身的利益以及社会效益不断调整自身的战略，而与之共生的企业也会因为周围环境因素的变化而做出相应的调整，不断进行共生，最后形成复杂的共生关系。

杨勇(2014)利用动力学和系统论的知识构建多 Agent 模型来研究区域科技型创新生态系统的演化发展，模型中考虑的参数包括 6 类 Agent：政策工具、技术转移、科创文化教育、构建产学研合作网络、投资机构和中介机构的数量。每一类 Agent 具有多个不同的属性，通过不同方案中的变量调整进行仿真模拟。研究结果表明，科技创新生态系统的共生发展是一个长期的过程，政策及投入后的成果都需要一定时间才能显现出来；共生关系中，创新主体会基于自身利益而在选择相应共生主体时不断集聚多方资源，以形成更加紧密和稳固的共生关系。同样，高校科技成果转化嵌套共生平台内的科技创新活动也是一个复杂的过程，需要加强高校与其他共生单位的多元创新资源流动，不断地聚集多方资源，促进更加紧密的共生关系发展，从而形成更加复杂的共生网络，共生关系的发展也会越来越稳定。

四、高校科技成果转化嵌套共生平台的共生演化历程

共生演化是指不同层次种群，根据环境变动进行个体竞争，使得种群的形态结构逐步向着复杂化、完善化方向发展的过程，是一种从低级生态逐步过渡到高级生态的转化过程。高校科技成果转化嵌套共生平台的共生

演化主要分为三个部分：一是共生单位，是指高校以及其他组织（政府、企业、社会公众、科技园以及金融机构等服务中介机构等）；二是共生模式，根据共生关系，共生单位之间存在多种共生模式，并且依据内外部环境的变动，共生关系和共生模式也会随之改变；三是共生环境，主要分为内部环境和外部环境，两者对于创新活动的发展都具有重大影响。本小节主要从共生单位的角度出发，详细阐述高校科技成果转化嵌套共生平台的共生演化过程。

共生单位是指构成高校科技成果转化嵌套共生平台科创生态系统的基本物质，也是生产知识和进行能量交换的基本单位。在高校科技成果转化嵌套共生平台科创生态系统中，共生单位主要包括高校、企业、政府、用户以及其他组织等，其中核心共生单位是高校，其他配套的相关组织是辅助共生单位。在共生模型中，高校相对于其他配套共生单位来说，发挥着知识生产导向型作用。具体来说，高校在知识生产、价值创造等方面具有一定的主导作用，企业与高校合作进行价值再创造，实现创新成果转化，社会公众对创新产品或服务进行信息反馈，政府把控创新环境中的政策、规则等，其他组织从属于创新主体，通过提供互补资源、技术、增值性服务等，促进形成最终的高校科技创新生态系统。高校通常依赖企业与用户的异质性资源，完成知识生产和价值创造的过程。在高校科技成果转化嵌套共生平台科创系统的演化过程中，企业、政府、用户等创新主体依赖其知识生产和价值创造的异质性资源的增长，争取与高校共同生产知识和创造价值，从而获取重要地位，促进该系统的共生演化和发展。

共生单元的进化是从较为低级的原始生态系统向高级的生态系统逐步演化的过程，主要经历起始阶段、成长阶段、成熟阶段以及饱和阶段四个阶段（刘洋等，2011）。总体上来说，前两个时期，共生单位的数量比较少，共生环境的资源比较丰富和优越，此时物种有充足的力量进行发展和扩展，属于创新物种蓄势待发的时期。随着共生单位不断壮大和扩增，个体数量和种类不断增加，以指数增长的方式发展，直到环境可容纳量达到峰值，共生单位进入成熟阶段。由于环境压力，供给和需求之间存在不平衡性，迫使个体数量增速减慢，共生单位达到饱和阶段。

第二节　高校科技成果转化嵌套共生治理单位的演化

高校科技成果转化生态系统中的嵌套共生治理单位可以分为核心单位和辅助单位。核心单位主要包括高校、企业、社会公众，辅助单位包括政府以及由核心单位发展和衍生的机构，例如科技园、孵化器、金融机构、中介机构等。

一、核心共生单位

高校是科技成果转化生态系统中最原始的共生单位，研究和探索多元化的应用型科学，传播和推动应用知识的发展，同时承担培养和培育人才的责任。由于重大基础研究和公益性研究需要大量精力和金钱的投入，所以设立专门针对国家发展战略层面的科研机构，是对于高校创新的补充。而高校作为共生单位，是创新重要的动力源泉、知识生产的中坚力量和技术成果转化的重要引导者，对产业化发展具有促进作用，同时是经济发展的重要推手。总的来说，高校在高校科技成果转化生态系统中发挥着主导作用。在知识生产模式变化的过程中，高校称得上是元老级的共生单位，作为原始知识生产的垄断者，再到知识生产的参与者，直到成为知识生产过程中的主导者，高校一直是创新过程中非常重要的共生单位。

企业也是高校科技成果转化生态系统中主要的价值创新者之一，是通过将市场中的生产要素进行重新配置，为用户提供创新产品和创新服务，从而实现利润最大化。在高校科技成果转化生态系统中，与高校进行密切合作、高度参与知识生产过程的企业被称作核心企业，其余的企业则被称作非核心企业。企业在高校科技成果转化生态系统中发挥着重要影响作用，是实现科技成果转化的重要主体，也是完成创新成果"最后一公里"的重要实现者。从企业的职能来看，企业需要向市场销售创新产品和服务，在此之前，企业需要生产出创新产品和服务，所以企业需要筹集大量的资金和引进所需人才共同研发创新技术。可见，企业是知识生产以及创新价值的主要推动者，促进创新技术在科技成果转化生态系统中转移和扩散。企业独立实现全过程具有巨大的难度，而与高校建立合作则成为一个比较明智的选择，高校不仅可以为企业提供关于创新的人才和信息，还可以提供创新技术。

社会公众，或称其为最终创新结果的实际用户，是创新应用的主体，是高校科技成果转化生态系统中不可缺少的一部分，是实现经济效益的接收者，同时也是实现社会效益的体现者。在高校科技成果转化生态系统中，社会公众是实现最后闭环的共生单位，首先是社会公众购买和使用创新产品、创新服务，在此之后，用户对该创新进行评价和反馈，同时用户还可以提供新的需求，而用户的评价、反馈以及新的需求都可以通过社会媒体等各种渠道反馈给市场，再由企业去发现和提取相关的信息，从而改进创新产品和创新服务，或者进行新一轮的知识生产。

在使创新生态系统成为一个闭环方面，用户发挥着必不可少的作用。首先，用户为创新产品和创新服务提供新的需求，推动共生单位主动进行创新活动，是知识生产的重要原动力。其次，用户使用和体验创新产品、创新服务之后提出评价和反馈信息，对于该创新产品和创新服务进行更加合理化、实用化的新一轮改进。最后，用户的反馈信息可以通过市场表现出来，这有利于政策制定者随时调整相关政策或法律以适应市场的发展和变化。

二、辅助共生单位

政府在高校科技成果转化生态系统中作为制度创新的主体，为保障各个共生单位正常运作提供稳定、适宜的政治环境。政府可以通过以下方式促进知识生产、实现创新价值。首先从基础设施出发，政府设立各种创新基地，并且提供配套的基础设施，同时优化知识生产的软环境。在提供基本的物质支持之后，为了加强共生单位之间的联系强度和合作力度，政府为企业、高校等主体提供良好的公共服务平台。其次从政策出发，政府提供相应的政策支持。具体来说，政府提供有利于知识生产的税收政策、科技成果转化政策、产业政策等，还有区域创新政策，带动不同发展水平地区的创新能力。最后从激励的角度出发，政府通过财政税收政策激励共生单位的积极性，刺激共生单位的消费需求。具体而言，政府通过减免税、补贴等政策激发高校、科研机构、企业等多个共生单位对知识生产的积极性,从而不断促进高校科技成果转化生态系统的发展。政府又从需求的角度激励消费需求,利用市场需求拉动经济发展,促进产业关联、产业聚集等,实现创新生态系统发展。

中介机构是指依法通过专业知识和技术服务,同时向委托人提供公正性、代理性、技术性等服务,促进高校、企业和用户之间高效交流的中间服务机构,它们在高校科技成果转化生态系统中属于服务共生单位。中介机构主要包括以下两种:一是公共服务机构,主要针对个体的服务,具体包括人才中介、会计师事务所、律师事务所、技术交易机构、咨询机构等。二是集群代理机构,面向组织提供相关的创新服务,具体包括企业家协会、技术交流协会以及行业协会等。在高校科技成果转化生态系统中,中介机构主要有以下的作用:一是加强共生单位之间的沟通交流,促使各个共生单位能够更好地融入科技成果转化生态系统的大环境,防止共生单位之间的信息阻隔;二是实现创新资源集聚,通过将共生单位进行集合,获取各种创新个体的信息和资源,使得中介机构成为集聚各种创新资源的重要媒介,从而促进知识生产和创新价值的发展。

金融机构作为创新生态系统中重要的资金支持机构,是创新投入的资金主体。创新的过程本就不是一蹴而就,需要大量的试验、反复的研究和分析,其中最大的阻碍就是资金,没有资金的投入创新将举步维艰,而金融机构为知识生产提供了一种新的资金募集方式。具体是指金融机构为创新企业提供知识生产过程中所需要的资金,主要是通过股权或者债权的方式。该方式不仅可以筹集到一定的资金,同时还能为共生单位分散创新过程可能产生的风险,为共生单位提供更加有保障的方法。金融机构还可以通过专业化的知识,为共生单位提供具有一定参考价值的辅助信息,这有利于共生单位进行更加准确的决策。

科技园、科技成果转化办公室、孵化器等在高校科技成果转化生态系统中是促进创新成果孵化的共生单位。在创新过程中,有一大部分创新成果在高校、科研机构等产生,如果创新成果不能转化为创新产品和创新服务,最终为社会公众服务,则会失去知识生产的应用价值,缺少了经济效益,也无法更好地实现社会效益。如何促进科技成果的转化也成为高校科技成果转化生态系统中的难点，为了解决或者缓解科技成果转化难的问题，出现了专门用于创新孵化的主体。科技园、科技成果转化办公室、孵化器等则是促进创新成果转化的重要硬件，促进企业共生单位的成长以及高新技术的发展，同时在高校的创新成果转化中发挥重要的作用。对于企业来说，创新孵化主体有利于初创企业度过最脆弱的时期，朝着高新技术企业不断成长和发展，同时有利于产业聚集，促进企业之间的连接，形成产业聚集，从而有利于科技成果转化生态系统的发展。对于高校来说，创新孵化主体有利于将高校创新成果运用到实际生活中，实现经济效益。

三、共生单位之间的作用关系

高校科技成果转化生态系统是以高校为主导的多种共生单位共存的创新生态系统，各个共生单位不是独立存在的，而是相互作用的，共同生产知识和创新价值，共同创造具有经济效益和社会效益的创新成果。根据共生单位各自的职能，以及在高校科技成果转化生态系统中发挥的作用，可以构建一个比较完整的共生单位与创新系统的关系。

在高校科技成果转化生态系统中，高校基于系统所提供的基础设施以及创新技术环境，将大量的科学技术、人力资源作为重要的输入要素作用于企业，从而促进企业创新产品和创新服务的产生和发展。相对应的，企业也为高校的技术转化为产品或者服务提供了有利的发展平台，完成创新成果转化的"最后一公里"，实现科学技术的实体化，同时也为科研提供一定的资金支持。

企业在高校科技成果转化生态系统中，不断地将科学技术转化为产品或者服务，又不断地更新创新产品和创新服务，将优质的产品或服务提供给社会公众。用户在购买和使用创新产品和创新服务之后，将对该产品或服务的评价以及反馈信息输入到市场中，最终传递给企业，企业再根据获取的信息提取出当前市场的新需求，从而不断改进技术、创新产品、更新换代。同时高校也会从市场和企业获取新的需求信息，从而激励高校进行相应的创新。在高校、用户和企业之间，用户作为最终的消费者，能够激励高校和企业创新。

辅助型的共生单位优化了主体的创新环境。具体而言，孵化器以及科技园能够紧密连接高校和企业,为高校创新、企业创新提供优质环境,金融机构则为初创企业提供资金支持,而中介机构则能够为企业、高校提供其他共生单位多方面的信息以及创新服务,完善创新过程中所存在的不足。

第三节　核心治理主体：高校技术转移中心的制度缺陷

方宇等(2021)指出,技术转移中心组织机构的设立会推进技术转移进程,提高技术转移绩效。目前,各高校虽然都设立了技术转移中心,但组织机构的设置参差不齐,相关管理和激励制度不够明确,没有充分调动和发挥技术转移中心的积极性,需要引起相关部门的高度重视。技术转移中心只有机构健全、管理制度明确,成果转化的利益分配、奖励激励充分体现技术转移中心及相关人员的贡献,才能形成驱动机制。

因此,高校技术转移中心组织机构应设置相关主要领导小组,分设多个部门,分别专项负责相关技术转移工作,确保高校的所有技术转移问题都有专门的领导小组专项解决。例如,南京航空航天大学技术转移中心实行主任负责制,设有综合管理部、绩效推进部、各学院就业办公室以及电子信息组、自动化组、机电一体化组、材料组、新能源组、市场咨询组等六个专业委员会,确保技术转让顺利进行;清华大学成立了清华大学与企业合作委员会,下设科技部、海外项目部和国际技术转移中心。高校技术转移中心组织机构的设立为解决技术转移进程中的审批事项及后续问题,确保技术转移进程无误提供了保障。

孙天承(2019)的研究表明,技术转移的相关制度制定会影响技术转移流程,合理的制度管理能提高技术转移的效率。因此,高校技术转移中心在设立组织机构的同时,应出台相关管理制度,使技术转移进程合理规范,明确各种职责及相关驱动机制,推进技术转移进程。比如,南开大学根据国家精神,制定了《促进科技成果转化管理办法(试行)》,具体规定了科研成果的所有权、转化后的利益分配比例等;华中师范大学先后发布了一系列科技成果转化文件,制定了岗位科技成果登记、使用和处置的管理标准和程序,促进科技成果向现实生产力转化。

汤扬(2012)指出,高校技术转移中心制定对科研人员的激励措施,促进了科研人员进行技术转移,提高了技术转移绩效。比如,暨南大学完善科技成果转化收益分配和奖励机制,激励和支持科研人员利用研究平台或通过产学研合作,深入开展科技成果转化工作,鼓励科研人员带着实验室成果走出校门,走进市场,走向社会;四川大学建立激励机制,提高学校研究人员参与横向科研的积极性,并加大宣传力度,营造学校协同创新、促进科技成果转化的良好氛围。

高校技术转移中心应与政府、企业建立长期合作机制,促进科技成果转化。例如,南京航空航天大学技术转移中心积极构建与地方政府和企业的合作平台,服务地方经济发展,加快建立科技人才服务企业的长效机制,有效促进学校最新科技成果转化为社会生产力,并与多家公司签署校企合作协议。郑州大学技术转移中心以项目为依托,共建郑州大学洛阳研究院、登封发展研究院、无锡产学研众创空间线上平台等产学研平台,进一步完善了产学研管理机制,提高了社会服务能力。

第四节　核心治理主体：概念验证中心的主动性特征

美国高校概念验证中心作为促进科技成果转化中的关键措施和手段,已有近20年的发展历史。但在我国,仍有很多人把高校技术转移办公室与概念验证中心混为一谈,甚至有人指责高校概念验证中心的建设是重复机构,是人、财、物的浪费,他们忽视了概念验证中心更强调科技成果转化的主动性,导致概念验证中心在我国迟迟得不到有效推广,这不利于我国自主创新战略的实施。

下面我们从概念验证中心成果转化主动性特征的视角,介绍美国高校的实践,并结合我国高校科技成果转化的实际,提出完善我国高校科技成果转化生态系统、建设概念验证中心的相关建议。

一、美国概念验证中心的发展现状及其成果转化主动性特征

张九庆等(2019)在《美国概念验证中心促进成果转化的实践及其启示》

一文中,对美国高校建立概念验证中心的实践进行了详细介绍。

(一)美国推动建设概念验证中心的背景

2008 年以前,在《拜杜法案》的推动下,美国高校纷纷建立了技术许可办公室、商业孵化器和科学园等。为更好地提升高校科技成果转化服务的专业性和开放性,美国成立了大学技术经理人协会,定期为会员提供交流和培训活动,并建立专门辅助技术转化服务的成果和专利数据库。这些努力与举措直接促成了美国在全球科技成果转化领域的领先地位。与其他国家相比,美国大学的科技成果转化似乎是比较成功的,但转化成效仍待提高,约有 75%的大学发明专利从来没有实现商业化。

究其原因,主要是投资者、技术方和企业之间存在信息不对称和知识鸿沟;大学技术转移办公室的资金实力和专业职员跟不上科研创新的步伐,且重点业务主要放在技术许可方面,严重阻碍了科技成果商业化;政府在资金投入上往往倾向于基础研究,时常导致应用型研究项目的资金出现空缺或不足的情况;技术的复杂性特别是颠覆性技术的市场不确定性需要概念验证。

因此,为解决高校技术商业化所面临的诸多挑战,填补高校科技成果转化过程中的资金缺口,加速高校创新的商业化进程,美国高校出现了一种新型的组织模式——概念验证中心。

(二)美国概念验证中心的发展现状

概念验证中心可概括为一种在高校内部或与高校合作运行的新组织模式,旨在促进高校科技成果商业化。它通过提供种子资金、商业顾问、创业教育等对概念验证活动进行个性化的支持,主要帮助解决高校科研成果与可市场化成果之间的间隙,帮助研究人员和团队迈出科技成果转化的最初一步。

美国于 2009 年发布的《美国创新战略:推动可持续增长和高质量就业》和 2011 年发布的《美国创新战略:确保我们的经济增长与繁荣》都表明,创建概念证明中心可以促进高校科技成果商业化,优化高校、政府、企业三者之间的协同创新能力,进而促进美国经济繁荣发展,是国家的重大发展战略。2011 年 3 月,美国总统奥巴马宣称把创建概念验证中心作为投资"i6 绿色挑战计划"的主要渠道,促进清洁能源创新和经济繁荣发展。2017 年 9 月,美国商务部部长威尔伯·罗斯(Wilbur Ross)宣布:来自 28 个州的 42 个非营利组织、高等教育机构和创业集团,将获得总额超过 1 700 万美元的创建和扩大以集群为重点的概念验证和商业化计划,以及早期种子资本基金。据此可以看出,美国已经从国家政府层面的高度强调概念验证中心在促进国家创新和提升国家竞争力方面的巨大价值。

根据布拉德利(Bradley,2013)对美国大学 32 家概念验证中心的研究,归纳出这些中心的基本情况,表 5－1 列举了其中 10 家。据统计,排名前 100 的高校中已有 20 所建立了概念验证中心。这些中心均匀地分布于美国各州,且 2009 年各中心的平均科研经费大约有 5 000 多万美元,拥有概念验证中心的高校研发经费平均为 4.602 亿美元,比没有概念验证中心的高校高出约 0.5 亿美元。根据每个概念验证中心启动的年份可看出,从 2007 年开始美国概念验证中心的数量出现逐年上升趋势。

表 5－1　美国高校概念验证中心的基本情况

中心名称	所在地	建立年份	初始经费	隶属高校	服务类型	资助项目	合作伙伴
冯·李比希中心	加利福尼亚州圣迭戈	2001	李比希基金会捐助 1 000 万美元	加利福尼亚大学圣迭戈分校,雅克布工学院	种子资金,咨询服务,技术加速计划	每年 10～12 项	加利福尼亚大学圣迭戈分校,连接先进技术商业化中心
德什潘德中心	马萨诸塞州坎布里奇	2002	德什潘德夫妇捐助 1 750 万美元	麻省理工学院	项目资助计划,催化计划,创新团队	90 多项	洛克希德马丁,三诺阿文提斯
创投实验室	佐治亚州雅典城	2002	1 900 万美元州政府经费	佐治亚州的 6 所大学	阶段性种子基金	107 项以上	佐治亚科研联盟
科罗拉多大学验证计划	博尔德	2004	大学知识产权商业化收入	科罗拉多大学	四种类型服务	139 项	大学资产管理机构

（续表）

中心名称	所在地	建立年份	初始经费	隶属高校	服务类型	资助项目	合作伙伴
波士顿大学-弗朗霍夫学会医疗器械仪器与诊断技术联盟	波士顿	2007	双方投资500万美元	波士顿大学	共同开发医疗设备，吸引风险投资	27项	弗朗霍夫学会
QED概念验证计划	费城大学城	2009	三家单位投资240万美元	特拉华大学等15所大学	生命科学领域研发项目	12项	福克斯柴思癌症中心等
马里兰概念验证联盟	马里兰州	2010	联邦政府510万美元	马里兰大学	识别并支持有前景的技术	21项	美国陆军研究实验室
路易斯安那概念验证中心	罗斯顿	2011	EDA110万美元	路易斯安那工学院	资助现场测试和原型开发	3项	路易斯安那技术企业中心及本地企业
加利福尼亚大学概念验证计划	加利福尼亚州	2011	加利福尼亚大学两年510万美元	加州大学系统	资助商业化未满一年的技术项目	35项	劳伦斯伯克利实验室
概念验证计划	亚利桑那州图桑	2012	亚利桑那大学技术许可和发明收入	亚利桑那大学			亚利桑那技术投入公司

资料来源:张九庆,张玉华,张涛.美国概念验证中心促进成果转化的实践及其启示[J].全球科技经济瞭望.2019.34(4):38-45.

（三）美国概念验证中心主动促进成果转化的运行机制

与高校技术转移办公室不同,概念验证中心主动与高等院校和企业进行对接与交流,积极主动跟踪和捕捉市场动态,把握市场趋势,促进高校科研人员与企业之间的沟通与合作,增强科研成果对市场的适应性,并为科研人员提供资助资金、技术评估、法律咨询等服务,从而完善了科技成果转化全链条的创新生态运行机制。

概念验证中心能够为高校提供通常不属于学术环境的营销、法律和投资学科。每个概念验证中心都应该专注于一个特定的相关技术集群，并且位于一个主要的研究机构，但对其他高校的研究人员开放，并鼓励各种各样的创新想法。概念验证中心拥有自己的实验室和办公空间，并由经验丰富的企业家作为董事和项目经理进行管理（见图 5-1）。

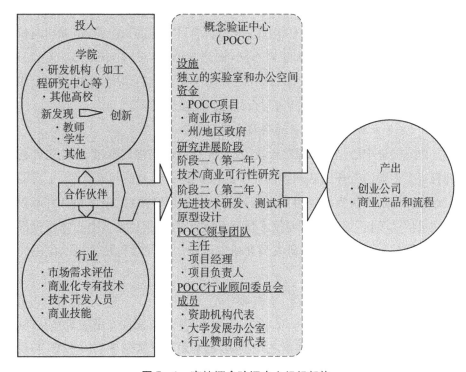

图 5-1　高校概念验证中心组织架构

概念验证中心由学者和管理人员共同指导，从而提供与行业更深入、更广泛的关系。与风险投资支持的初创公司董事会一样，概念验证中心董事会可以审查计划并推动结果。概念验证中心的工作人员将为年轻教师、企业家和学生团队提供所需的支持，以吸引外部资金并将项目转化为持续关注的问题或可行的产品。随着项目的进展，概念验证中心要求项目吸引私人市场的配套资金。

（四）美国概念验证中心更强调成果转化主动性的功能特征

概念验证中心主动将目光前移、将支持环节前移，服务于科研人员的创意转化为具体技术原型或可初步彰显其商业价值的技术雏形的过程，从源头上杜绝科技和经济"两张皮"的现象，有效提升科技成果转化的成功率。其具有以下几点特征。

1. 填补早期资金缺口，降低成果转化风险

从投资的角度来看，概念验证中心与技术转移办公室相比在种子资金和风险控制方面具有明显的优势，概念验证中心从一开始就指导科技项目，进行方向选择、打包，准备项目融资，并控制项目实施的每个阶段，加速高校和市场创新的商业化。与加速器不同，概念验证中心没有中央共享实验室空间，每个受资助的研究人员继续在各自的实验室进行研究，通过与中心相关的各种导师，促进高校创新者与行业之间的思想交流。

2. 健全主动性特征明显的科技成果评估机制

概念验证中心是当地风险投资、技术和行业网络中的枢纽，除此之外还拥有一个专业的管理团队和顾问。中心顾问具有专业的技术背景、丰富的企业工作经历且与当地公司和投资行业具有密切联系，能够识别具有市场潜在价值的项目，评估竞争前技术现状和潜在的商业利益。中心顾问提供咨询和评估服务，可促使科研人员在研发过程中更注重科技成果的应用性和可转化性。

3. 组织多样化创新教育，培养创新者

布莱德利等(Bradley et al., 2013)通过分析现有实证文献的研究发现，影响技术商业化的最重要因素之一，可能也是最容易被忽视的因素是：高校研究人员的背景、行为和网络。高校研究人员通常在技术开发或创业方面缺乏经验或培训，因此，当研究人员发现新技术时，他们既不具备理解其潜在发展效用的背景，也不具有财务、企业或技术背景的个人网络。而概念验证中心可以通过多样化的教育项目，培养研发人员的创新创业意识，帮助他们理解、识别和熟悉早期商业化过程中的重要实际问题，并通过举办创业者交流活动促进理念流通和建立新合作关系，为后期初创企业发展做铺垫。

二、我国高校重新认识概念验证中心成果转化主动性特征的重要性

据科技部2017年全国技术市场交易简报公布的数据，截至2017年年

底,我国技术合同成交额为 13 424.22 亿元,而高等院校和科研机构通过技术转让、技术入股、产学研合作等方式签订技术合同 104 836 项,成交额为 1 222.59 亿元,仅占总量的 9.11%。究其原因,主要是我国高校科技成果服务链主动性特征缺乏,尚未做到全流程管理。目前出台的《中华人民共和国科学技术进步法》《中华人民共和国促进科技成果转化法》和《中华人民共和国专利法》等多部法律法规以及科技成果转化促进措施主要集中在收益分配、价值评估、科研人员身份等体制机制及孵化器、天使投资等科技成果转化后端。而在科技成果转化前端,即由实验室科研成果到产品"最初一公里"的支持和实践较为缺失,这导致高等院校及科研院所的大部分科技成果在跨越"死亡之谷"阶段缺乏合适的应对机制,造成大量研究成果失去转化机会。

概念验证中心的工作处于技术转移办公室与初创企业之间的空白地带,能够验证特定技术的商业潜力,且为科研人员提供商业指导,填补知识空白,从而对技术转移办公室的工作起到补充作用,改善成果转化前端市场失灵的状况。它不同于传统的孵化器,允许受资助的研究人员在高校实验室研发,孵化器通常为已有一个产品的新创企业提供种子基金或分享工作环境,而概念验证中心则会最大限度赋能初期项目,主动分担创新创业早期风险,在技术潜力、商业价值、市场需求等方面全面论证基础成果的商业价值,并提出科研成果商业化的方向和建议。从主动性特征和完善科技成果转化生态系统视角,加强我国高校概念验证中心的建设,是我国高校科技成果转化在体制机制方面的重要突破性举措,能够完善科技成果转化全链条的市场运行机制,更高效地发挥技术转移办公室和加速器的作用,从而促进高校科技成果转化。

国内学术界从 2013 年开始注意到美国大学概念验证中心,从而意识到完善科技成果转化服务链前端的重要性,并开始了一系列实践性探索。如 2018 年 4 月 28 日,西安交通大学依托国家技术转移中心成立全国高校首个概念验证中心,并专注于生物及环保、新材料等方向的微种子概念验证基金。该中心成立以来,已经协同西安市碑林区环大学创新产业带联合发起"西安微光创业孵化基金(1 000 万)"并从社会融资 150 万元,与陕西科控集团及西安科技金融中心达成初步意向,共同发起第一只西安交大概念验证微种子基金,募资额度 1 000 万元。2018 年 10 月 9 日,北京中关村科学城在全国率先实施概念验证支持计划，拟设立 1 亿元综合专项资金，通过支持共生单位开展概念验证活动、支持高校院所设立概念验证中心、持续支持概念验证项目三个方面打通科技成果转化"最初一公里"。2018 年底，上海师范大学全球创新资本研究院设立高校概念验证示范中心，进行高校概念验证中心建设的体制与机制探索，并引进上海交通大学等重点高校和中原油田等机构的科技成果转化实践专家，聚焦新能源、新材料等重点科学领域，为高校科研人员提供成果转化的相关咨询和中介等服务。

三、概念验证中心成果转化主动性特征对我国高校的启示

（一）推动高校概念验证中心建设，完善高校科技成果转化生态系统

充分发挥概念验证中心发现和转化科技成果的主动性，不断构建和完善高校科技成果转化的生态系统。除了技术转移中心体制与机制改革外，允许符合条件的高新开发区、投资机构或其他社会机构在各高校设立多种形式、各具特色的概念验证计划和概念验证中心，形成逐步完善、充满活力的科技成果转化生态系统。

概念验证中心是一种非营利组织，因此建议政府设立专项资金，并引导民间基金积极投资高校概念验证项目。借鉴德什潘德中心等的资助模式，概念验证中心可分阶段为科技成果项目提供资助，首先支持那些能够勇于探究实验和概念验证的新计划，每笔资助金额不超过 30 万元人民币，受资助 1 年后若被证明具有潜在市场价值，则可得到进一步的资助。另外，选取部分科研成果多、转化能力不足的高校建立概念验证示范中心，并探究适合我国现阶段发展的概念验证中心运行机制。如科研人员以课题任务形式实施科技成果转化，如果转化失败无需偿还转化资金，但会影响个人科技成果转化绩点；如果转化成功并成立公司，研究人员可以选择自主创业，退回前期支持资金或者作价占股，并采取赋予风投机构优先投资权等回馈措施。

（二）布局重点学科领域，共建专项概念验证中心

建议由各省/市科技局牵头，借鉴美国国家科学基金会工程研究中心概念验证中心和高校概念验证中心的建设经验，布局某个或者多个重点学科领域，以政府为主导，依托本地区高校和科研院所共建专项概念验证中心，

并制定各省/市概念验证中心的建设模式和发展路径。如马里兰概念验证联盟就是马里兰州政府出资、马里兰大学与美国陆军研究实验室共同运营。政府应根据各地区高校基础研究优势建立专项概念验证支持计划,以"政府牵引、稳步推进、滚动支持"为原则,促进新能源、新材料、人工智能应用等具有市场潜力关键共性技术的概念验证。

（三）借鉴美国大学的成功经验,探索高校概念验证中心的市场化运作机制

科技成果转化活动本身是一种知识创新活动,只有具备雄厚的知识基础,才能在更广阔的知识空间中实现科技成果的有效转化。美国很多高校概念验证中心的负责人都是世界 500 强企业的高管,工作人员中金融服务、发明披露、技术对接等专职人员一应俱全,成果转化体系较为完备,工作人员的专业化程度、职位分工以及无缝衔接的转化程序都值得我国高校借鉴。这些概念验证中心的另一特点是拥有相对独立的运行机制,比如独立的财务系统,它们自成立之初就自收自支,并配备基本独立的财务预决算系统。我国政府应加大投入力度,建立高校概念验证中心独立运作的体制与机制,比如独立的人事管理体系和财务体系、相对宽松的财务制度以及合理的成果转化分配机制等。

第五节　辅助治理主体：大学科技园的发展瓶颈

国家大学科技园承担着高校科技成果转化的重任,面临着高水平科技自立自强的攻坚难题。下面以上海市国家大学科技园为例,探究现阶段大学科技园发展中出现的问题以及相应的对策建议。

一、上海市国家大学科技园发展问题研究

关于上海市国家大学科技园的发展问题,国内不少学者给出了独到见解。吴保根和张海生(2010)指出由于地区经济发展不平衡,各省市大学科技园的建设水平参差不齐。袁新敏和马仁峰(2011)认为上海市大学校区布

局零散、科研资源分散,影响了科技园孵化器的孵化效率。王廷(2013)对"三区联动"上海杨浦模式与宁波镇海模式进行了比较研究,认为上海杨浦"三区联动"在实践过程中,校区、园区、社区之间存在利益分歧和资源竞争的不良现象。卫平和高小燕(2019)基于北京、上海、武汉等多地大学科技园调查及中外比较分析,认为定位不够准确是大学科技园发展中的首要问题,平台建设不健全也是大学科技园面临的重要问题之一。董淼军等(2019)分析了上海国家大学科技园建设现状及发展趋势,针对建设过程中存在的空间布局不合理、发展特色不突出、服务能级和管理水平不够、发展动力不足等问题提出了有效应对策略。张小红(2016)在研究上海市大学科技园综合绩效评价的过程中发现,大学科技园产学研结合水平有待提高,资本筹集存在障碍,创新服务支撑体系尚需完善。张臻(2014)通过访问上海大学科技园总经理,探索研究孵化器转型新思路,提出孵化器建设需迎合时代与城市的发展需要,避免孵化器的同质化发展,在适应创新特征及功能需求的基础上实现特色发展。

二、上海市国家大学科技园的发展现状

(一)上海市国家大学科技园概况

根据科技部公布的全国115家国家大学科技园名单,上海市的国家大学科技园为13家,占全国总数的11.3%,具体情况如表5-2所示。

表5-2 上海地区国家大学科技园名单

序号	科技园名称	启动年份	认定年份
1	复旦大学国家大学科技园	2000	2001
2	上海交通大学国家大学科技园	2001	2001
3	同济大学国家大学科技园	2001	2003
4	东华大学国家大学科技园	2000	2002
5	上海大学国家大学科技园	2002	2003
6	华东理工大学国家大学科技园	2003	2005
7	华东师范大学国家大学科技园	2001	2006

(续表)

序号	科技园名称	启动年份	认定年份
8	上海理工大学国家大学科技园	2005	2006
9	上海财经大学国家大学科技园	2006	2009
10	上海电力学院国家大学科技园	2006	2009
11	上海工程技术大学国家大学科技园	2010	2010
12	上海海洋大学国家大学科技园	2011	2013
13	上海体育学院国家大学科技园	2009	2013

(二) 上海市国家大学科技园特色学科及优势领域

大学科技园的重点发展对象皆依托于大学,从而发挥出其重点学科或优势学科的作用,建立起专业技术优势(见表5-3)。

表5-3　上海市国家大学科技园优势学科一览

科技园名称	优势、重点及特色学科
复旦大学国家大学科技园	微电子集成电路、计算机及软件信息技术、生物技术、生物医药、新材料、环境工程
上海交通大学国家大学科技园	软件开发、电子信息、生物医药、新能源、新材料
同济大学国家大学科技园	建筑设计、汽车研发、环保设计、生物医药、新能源、新材料
东华大学国家大学科技园	纺织服装、新材料、化学化工、机械、电子、通信
上海大学国家大学科技园	信息技术、新材料、生命科学、机电一体化、环境保护技术
华东理工大学国家大学科技园	生物医院、新材料、环保、精细化工
华东师范大学国家大学科技园	电子与信息技术、生物与医药技术、水科学与环保技术、新能源与高效节能技术
上海理工大学国家大学科技园	数控机械、医疗器械、光电仪器、动力机械、先进出版技术
上海财经大学国家大学科技园	财经研发、财经传媒、财经中介、新兴财经服务
上海电力学院国家大学科技园	新能源、电科技、电气工程、电力教育

（三）上海市国家大学科技园经济指标情况

上海市各个大学科技园近年来取得了较多显著成就,根据《中国火炬统计年鉴(2011)》的数据,2010 年上海地区大学科技园累计在孵企业 1 039 家,在孵企业上缴税金达到 14.54 亿元,在全国各地区中排名前列。表 5 - 4 给出了 11 个大学科技园 2010 年的基本经济指标情况。可以看出,复旦大学、上海交通大学、同济大学和华东理工大学这四个科技园的园区面积都比较大,上缴税金也比较多,建设水平位于上海地区大学科技园的第一梯队;上海财经大学、华东师范大学科技园的经济指标相对靠后,建设水平距前列还有一定差距。

表 5 - 4   2010 年上海市主要国家大学科技园基本经济情况

科技园名称	园区面积 （平方米）	累计毕业 企业数量 （家）	在孵企业 数量(家)	在孵企业 总收入 （万元）	在孵企业 上缴税金 （万元）
复旦大学国家大学科技园	95 200	122	202	87 198	7 789
上海交通大学国家大学科技园	158 391	124	241	1 397 616	64 165
同济大学国家大学科技园	178 769	52	72	146 883	23 209
东华大学国家大学科技园	83 000	51	51	116 520	2 733
上海大学国家大学科技园	24 688	11	55	103 282	10 704
华东理工大学国家大学科技园	250 000	189	53	490 747	14 847
华东师范大学国家大学科技园	15 900	8	55	26 753	729
上海理工大学国家大学科技园	37 597	11	121	88 502	6 445
上海财经大学国家大学科技园	30 000	120	55	40 500	3 437
上海电力学院国家大学科技园	22 440	15	78	52 366	3 363
上海工程技术大学国家大学科技园	52 075	2	56	174 236	7 935

资料来源:根据《中国火炬统计年鉴(2011)》及相关报道整理。

(四) 上海市国家大学科技园主要运作模式

表5-5列出了上海市部分国家大学科技园运作载体的组建模式。可以看出,上海市国家大学科技园的运作载体组建模式主要是校、企、政府合建,校、政府合建和校、企合建三种。

表5-5　上海市主要国家大学科技园运作载体组建模式

组建模式	运作载体名称
校、企、政府合建	上海复旦科技园有限公司
校、政府合建	上海东华大学科技园发展有限公司 上海华东师范大学科技园管理有限公司 上海理工科技园有限公司 上海财大科技园有限公司
校、企合建	上海交大科技园有限公司 上海同济科技园有限公司 上海华东理工科技园有限公司 上海电力科技园股份有限公司

三、上海市国家大学科技园发展特征

(一) 数量稳定不变,面积呈缩减趋势

在政府积极支持、高校全力配合、园区企业快速成长的共同作用下,上海市国家大学科技园已从最初的2家发展到现在的13家。而根据《中国火炬统计年鉴》(2014—2019年)的数据分析发现,2018年上海国家大学科技园场地面积为635307平方米,相比2013年的872169平方米缩减了236862平方米,下降了27.16%(见图5-2)。这或许在一定程度上反映出大学科技园不再一味地追求面积上的扩张,而是更多地将重心放在企业孵化与科技成果转化的目标上。

(二) 孵化功能位居前列、企业孵化成功率较高

根据《中国火炬统计年鉴(2019)》的数据,截至2018年,上海市13家国家大学科技园在孵企业数量已经达到1229家(见图5-3),仅次于北京(1648家)与江苏(1307家)。其中,2018年新孵企业的数量为319家,仅次于北京(451家)。经过上海市国家大学科技园孵化后的毕业企业在2018年

图 5-2　上海市国家大学科技园场地面积(2013—2018 年)

资料来源:《中国火炬统计年鉴》(2013—2018 年)。

已经达到 1 113 家。上述的数据表明,上海市国家大学科技园孵化功能位居全国前列,企业孵化成功率较高。

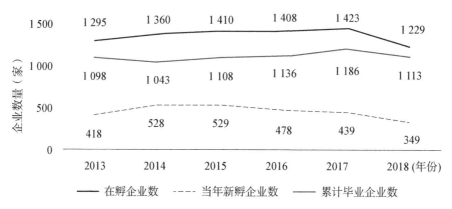

图 5-3　上海市国家大学科技园孵化企业数量(2013—2018 年)

资料来源:《中国火炬统计年鉴》(2014—2019 年)。

(三) 高学历管理人才聚集

上海是全国重要的高素质人才培养基地,随着大学科技园在孵企业数量逐年增加,大学科技园的服务水平和管理团队也面临着更高的要求,促使各大学科技园吸引高素质的管理人才。根据《中国火炬统计年鉴(2019)》的数据,截至 2018 年,在上海市国家大学科技园中从事服务与管理的人员有374 人,与 2017 年的 400 人相比有所减少。其中博士学历 12 人,占大学科技园管理人员总数的 3.21%;硕士学历 69 人,占大学科技园管理人员总数的 18.45%;本科学历 223 人,占大学科技园管理人员总数的 59.63%(见图5-4)。以上三类学历人员达到 304 人,占到总量的 81.28%,以上数据说明上海市国家大学科技园管理人员学历较高。

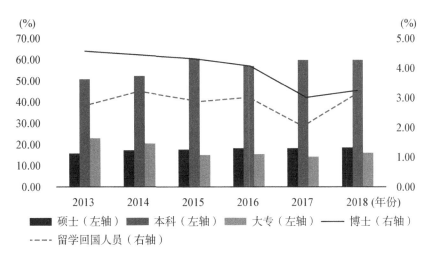

图 5-4 上海市国家大学科技园管理机构从业人员结构(2013—2018 年)

资料来源:《中国火炬统计年鉴》(2014—2019 年)。

(四) 在孵企业经济指标增长缓慢

根据《中国火炬统计年鉴》(2014—2019 年)的数据(见图 5-5),上海市大学科技园 2018 年在孵企业总收入为 45.00 亿元,工业总产值为 10.35 亿元,净利润为—2.05 亿元,上缴税金 1.37 亿元。2013—2018 年,在孵企业总收入和工业总产值都经历了先下降、后回升的过程;在孵企业净利润自 2015年以来也一直处于亏损状态。这在一定程度上反映了近几年上海市国家大学科技园在孵企业的经济发展停滞,并没有取得明显的进步和改善。

四、上海市国家大学科技园发展的瓶颈问题

(一) 科技园发展不平衡

从图 5-6 不难看出,各个科技园在孵企业平均年收入均存在较大的差异性。结合表 5-4 的科技园基本经济指标数据来看,各个科技园在发展过

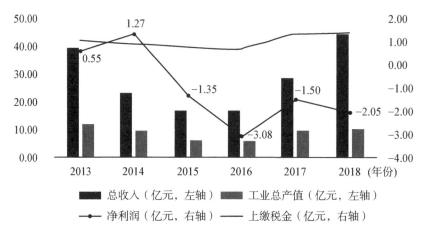

图5-5　上海市国家大学科技园在孵企业经济情况(2013—2018年)

资料来源:《中国火炬统计年鉴》(2014—2019年)。

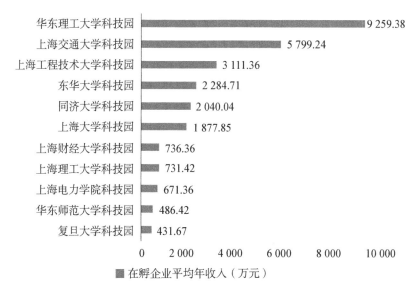

图5-6　上海市国家大学科技园在孵企业平均收入(2010年)

资料来源:《中国火炬统计年鉴(2011)》。

程中呈现出较大的不平衡性。华东理工大学科技园和上海交通大学科技园在上海地区处于第一梯队(在孵企业平均年收入超过5 000万元),发展较为强势;上海工程技术大学科技园、东华大学科技园、同济大学科技园和上海大学科技园发展良好,在上海地区处于第二梯队(在孵企业平均年收入超过

1 000 万元)。上海财经大学科技园、上海理工大学科技园、上海电力学院科技园、华东师范大学科技园和复旦大学科技园在发展上相对靠后,在上海地区处于第三梯队(在孵企业平均年收入不足 1 000 万元)。上海市国家大学科技园发展的不平衡,将会从整体上削弱大学科技园对科技经济协同推进的合力。

(二)科技园用地结构不合理

上海市国家大学科技园用地主要分为孵化用房、生产用房、研发用房、办公用房以及其他用房。图 5-7 反映了 2013—2018 年园区用地结构变化情况。可以看出,园区用地占比最高的是孵化用房,占比最低的是办公用房,二者在 2018 年占比分别为 45.19% 和 5.44%。

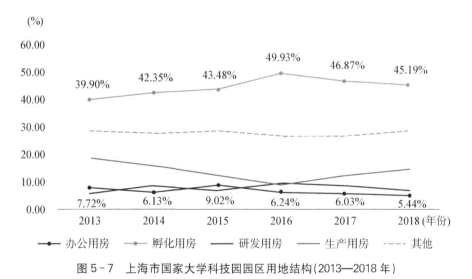

图 5-7　上海市国家大学科技园园区用地结构(2013—2018 年)

资料来源:《中国火炬统计年鉴》(2014—2019 年)。

图 5-8 反映了 2010 年科技园孵化用房占比与在孵企业平均收入之间的关系。从华东理工大学科技园(60.00%,9 259.38 万元)和上海交通大学科技园(41.97%,5 799.24 万元)的数据可以看出,它们都有着较高的孵化用地占比、较低的办公用地占比,相应地有着更高的平均孵化产值。

图 5-9 反映了 2010 年科技园办公用房占比与在孵企业平均收入之间的关系。可以看出,办公用房占比较低的孵化企业平均收入更高,比如华东

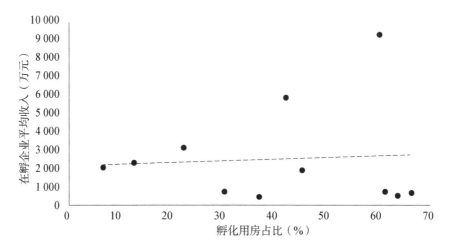

图5-8　上海市国家大学科技园孵化用房占比与在孵企业平均收入(2010年)

资料来源:《中国火炬统计年鉴(2011)》。

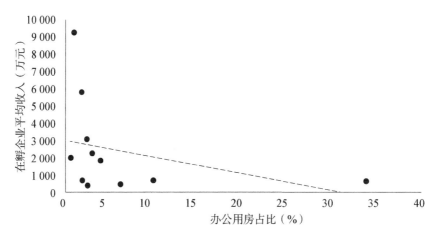

图5-9　上海市国家大学科技园办公用房占比与在孵企业平均收入(2010年)

资料来源:《中国火炬统计年鉴(2011)》。

理工大学科技园(1.00%,9 259.38万元)、上海交通大学科技园(1.82%,5 799.24万元)、上海工程技术大学科技园(2.48%,3 111.36万元)等,将办公用房占比控制在非常低的水平,对应有着较高的在孵企业平均年收入。而上海电力学院科技园(33.87%,671.36万元)和上海财经大学科技园(10.00%,736.36万元)都有着较高的办公用房占比(≥10%),对应的在孵企业平均年收入则较低。

由于上海市用地租金高昂，因此，提高孵化用地的占比有利于科技园吸纳更多企业，帮助更多在孵企业降低成本，在良好的孵化环境下更有利于提升孵化企业毕业率，这一点在毕业企业数量上也得到一定程度的反映。

（三）科技园管理人才引进不足

图 5 - 10 反映了科技园管理机构从业人员结构变化情况。可以看出，2013—2018 年，科技园管理人员结构并没有得到明显优化。硕士比例由 15.62% 升至 18.45%，博士比例由 4.53% 降至 3.21%，留学回国人员比例由 2.77% 升至 3.21%，以上高学历人才比例变化均不明显。这在一定程度上反映出上海市国家级大学科技园对于高层次管理人才的引进重视不足，管理人员结构固化，管理人才优化工作有待进一步加强。

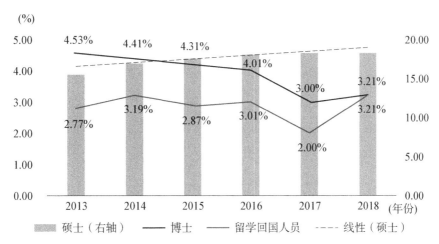

图 5 - 10　上海市国家大学科技园管理机构从业人员结构(2013—2018 年)

资料来源：《中国火炬统计年鉴》(2014—2019 年)。

从各个科技园的管理人员构成情况来看(见图 5 - 11)，人员学历水平呈现出参差不齐的特征。华东师范大学科技园研究生比例只有 8%，上海理工大学科技园研究生比例只有 12%，上海工程技术大学科技园研究生比例只有 12.5%，华东理工大学科技园研究生比例只有 18.42%，均不足 20%。并且，华东理工大学科技园本科及以上学历比例只有 44.74%，华东师范大学科技园与上海理工大学科技园本科及以上学历比例只有 56%，均不足 60%。

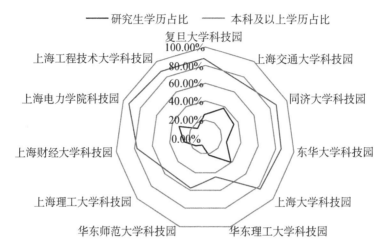

图 5-11　上海市国家大学科技园管理机构从业人员结构(2010 年)

资料来源:《中国火炬统计年鉴(2011)》。

图 5-12 与图 5-13 反映了 2010 年科技园管理人员学历与在孵企业平均收入之间的关系。可以看出,研究生占比较高的科技园呈现较高的在孵企业平均年收入,比如华东理工大学科技园、上海交通大学以及同济大学科技园等,这说明科技园管理人员应当尽量偏向于更高学历的人才;另外在孵企业平均年收入比较高的科技园呈现出较低的本科生占比,而各个科技园本科生占比普遍在 50% 以上,说明当前的人员构成中还是以本科生为主。

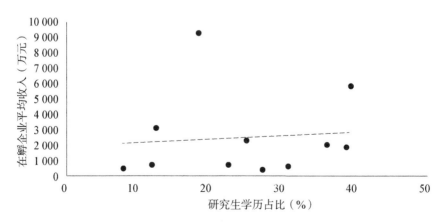

图 5-12　上海市国家大学科技园管理人员研究生占比与在孵企业平均收入(2010 年)

资料来源:《中国火炬统计年鉴(2011)》。

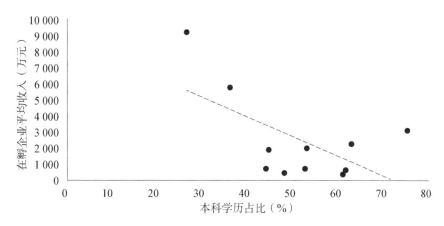

图 5-13　上海市国家大学科技园管理人员本科生占比与在孵企业平均收入(2010 年)

资料来源：《中国火炬统计年鉴(2011)》。

(四) 科技园分布零散、科研资源分散

近些年来，由于高校扩招，上海市不少高校都在市郊建设新校区，高校的教学、科研等活动逐渐转移到新校区。由于新校区与大学科技园在建设上存在空间错位或临近程度低，给大学科技园享受创新服务带来了一定的困难。例如上海海洋大学位于上海市浦东新区沪城环路 999 号，而其科技园总部坐落于上海市杨浦区军工路 300 号东海水产研究所和军工路 318 号上海海洋大学内；邯郸路创新示范基地位于上海市杨浦区邯郸路 150 号；复兴岛水产科技产业化基地坐落于杨浦区共青路 448 号；上海海洋国家大学科技园临港分园位于上海市浦东新区临港新城内。这种大学科技园与校区资源供给上的空间错位导致了大学科技园与母体高校之间的互动存在着诸多不便，必定会给科技园的运作效率带来不利影响。

第六节　高校新型研发机构的发展特征及案例剖析[①]

新型研发机构是近年来在我国新出现的一种研发组织形式，是创新生态系统中新衍生的创新单元集合种群，它采用科学管理模式、市场化运行机

---

① 相关内容由张玉华指导研究生张丹丹整理提供。

制,将产学研用、创新创业与孵化育成相结合,很快成为目前我国促进科技成果转化的新生力量。近年来,新型研发机构的发展逐渐受到国家层面的重视,鼓励政策陆续出台。2015 年 9 月,《深化科技体制改革实施方案》指出:"推动新型研发机构发展,制定鼓励社会化新型研发机构发展的意见。"2016 年 8 月,国务院颁布的《"十三五"国家科技成果转化规划》中强调,要"培育面向市场的新型研发机构","鼓励和引导新型研发机构等发展"。新型研发机构的主要特征为:组建模式起点高,主要依托创新科研团队、国内知名高校、科研院所或龙头企业;遵循市场规律,具有体制新颖、机制灵活、运行高效等特点;专注于产业价值链的前端和终端,以创新为动力,以产业化发展为目标。

此外,新型研发机构具有"民办官助"的体制特色,在研发模式上具有科学发现、技术发明和产业发展的"三发"一体化特征。与传统研发机构相比,新型研发机构不仅在职能与业务范围上有所拓展,建设模式上也表现出多主体共建、研发模式集成化、管理柔性化等特征。根据不同的实施主体,我国的新型研发机构分为政府主导型、高校主导型、科研院所主导型、企业主导型、社会组织主导型或个人主导型。高校新型研发机构的建设为深化企业、高校、政府创新开放合作,提高科技成果转化水平搭建了更高层次的实施平台。

一、新型研发机构的功能定位

牛振喜等(2006)结合经济学的交易费用角度和网络组织存在理论提出,工业技术研究院作为一种科技转化中介组织,可以兼顾互补性和依赖性,形成有效的科研成果转化系统。吴金希等(2014)认为工研院的功能主要是技术开发和商业化,主要表现为杠杆、桥梁、填平"死亡之谷"、完善创新体系、抢抓机会窗口等作用。裘著燕等(2015)等从体制机制出发,认为地方工研院不仅是地方科技治理平台、协同创新载体,还是从事共性技术研究创新的项目导向型组织,与传统行业科研机构的不同在于二者在体制机制上存在明显区别。吴卫等(2016)认为新型研发机构存在四个方面的"新",即在合作上采取政产学与社会力量共同建立;目标上兼顾研发和创业,带动区域经济发展;研究工作既有学术性,又面向市场;运作模式投管分离,独立核算，内部治理采取企业化运作和非营利机构管理模式。

学者们虽从不同的角度探讨了新型研发机构的功能定位，但结果却相当统一，一致认为新型研发机构对技术创新、科技成果转化、区域经济发展的推动作用十分显著。

二、新型研发机构的分类

关于新型研发机构的分类，学者们从建设模式、建设主体、功能和职责、主要业务等方面进行了多角度分析。林志坚（2013）将新型研发机构大致分为大学主导型、科研院所主导型和地方政府主导型研究院；刘林青等（2014）在总结国内外典型产业技术研究院经验的基础上，对国内各种产业技术研究院进行了分类，认为最主要的两类是大学主导的专业化产业技术研究院和政府主导的综合性产业技术研究院；而熊文明等（2015）则将新型研发机构分为政府主导型、大学主导型、企业主导型等。周君璧等（2022）从平台生态系统的视角，分析了平台组织属性对新型研发机构价值创造的影响，并从平台类型等四个方面得出不同情景下高价值创造性新型研发机构的属性特征。

三、新型研发机构的运行机制

新型研发机构的运行机制是学者们研究的重点，而组织结构和发展模式又影响着新型研发机构的运行，因此三者的研究往往不可分割。学者们对该领域的研究主要围绕各主体间如何分工合作、机构内部如何管理等问题展开，出现了一些具有代表性的观点。周华东（2015）从运行机制变迁的角度阐述了新型研发机构的特点，不仅表现在职能、业务范围上的拓展，还表现在建设模式的多主体共建、研发模式的集成化和运营上的柔性化管理等方面；周丽（2016）将新型研发机构的运行机制概括为"四不像"，与传统的大学、科研机构、企业和事业单位均有差别，其实质是集合各方优势；刘贻新等（2016）探讨了新型研发机构的管理体制，即理事会领导下院（所）长负责制的组织属性和特点、具体管理模式和组织结构，构建了通用的组织架构模型，并提出包含决策层、执行层、监督层和操作层在内的职能部门及主要职责设置。

四、部分地区新型研发机构财政支持经验

广东省科学技术厅每年安排 1.5 亿元的专项资金,对于初始投入超过 5 000 万元(含 5 000 万元)的新型研发机构,择优一次性给予 500 万元的建设经费支持;对于初始投入低于 5 000 万元的新型研发机构,择优一次性给予 300 万元的建设经费支持。支持新型研发机构开展研发创新活动,对上年度非财政经费支持的研发经费支出额度给予不超过 20% 的补助,单个机构补助不超过 1 000 万元。支持新型研发机构购买科研仪器设备,对上一年度新型研发机构新购置的单价 1 万元以上的科研仪器、设备、软件原值超出 500 万元部分给予 20% 的补贴,单个机构支持额度不超过 300 万元。支持新型研发机构创办企业,新型研发机构每孵化一家高新技术企业,给予 100 万元补助。

江苏省政府科技成果转化"四十条政策"第三十五条指出,鼓励知名科学家、海外高层次人才创新创业团队、国际著名科研机构和高等院校、国家重点科研院所和高等院校在苏发起设立专业性、公益性、开放性的新型研发机构,最高可给予 1 亿元的财政支持。科技成果转化"四十条政策"第二十六条指出,支持新型研发机构开展研发创新活动,具备独立法人条件的,对其上年度非财政经费支持的研发经费支出额度给予不超过 20% 的奖励(单个机构奖励不超过 1 000 万元)。

重庆市科学技术委员会通过网上申报、形式审查、会议评审、现场评估、网上公示、办公会审定、公布并授牌、拨付经费等流程,对被认定为重庆市新型高端研发机构的企业给予 1 000 万元补贴。

福建省级新型研发机构的评估命名工作经申报、评价、公布等程序完成,被命名为省级新型研发机构的企业须每年向省级科技行政部门报告机构发展、科技成果转化活动和科技成果转化等情况,省级科技行政部门每三年对新型研发机构进行一次绩效测评,主要评估人才集聚、创新产出、技术辐射、成果转化效益以及自主发展能力等情况,根据测评合格与否,决定是否取消升级新型研发机构资格。对新型研发机构实施财税政策、人才引进、项目申报、机构用地等方面的后补助奖补政策。

五、校地、校企共建研究院

随着创新驱动发展上升为国家战略，作为高校科学研究重要载体的科研机构在组织模式上也在发生着显著变化。以往附属于院系的实验室、研究所(中心)等科研机构正逐步发展成为独立研究院。高校研究院主要有高等研究院、校地共建研究院、校企共建研究院、校级独立研究院等类型。其中，与科技成果转化密切相关的有以下两种。

(一) 校地共建研究院

高校与地方政府共建研究院是高校服务区域经济社会发展的重要载体和举措，是连接科技与经济的重要桥梁和纽带。在性质上，校地共建研究院是高校发挥自身科技和人才优势，面向地方产业发展需求，与地方政府共同投入建设经费并给予政策支持，合作共建的具有独立事业法人资格的科技成果转化平台。在功能上，校地共建研究院具有开展技术研发与中试、科研成果转化、提供科技服务、培养高层次技术专业人才、孵化创新型企业等功能。在组织架构上，校地共建研究院内部设立理事会，实行理事会领导下的院长负责制。校地共建研究院主要有两种情况：第一种情况是高校与城市依托多学科交叉融合、面向多领域协同创新而联合建立的综合性研究院；第二种情况是高校围绕城市某一产业或领域的共性关键技术问题与地方政府合作建立的研究院。

(二) 校企共建研究院

校企共建研究院(所、中心、实验室等)是高校与企业开展产学研合作的主要组织形式之一，是指依托高校优势学科，与知名企业合作建立，由企业提供研发经费，根据企业的技术需求，从事解决技术难题、实现技术创新、研发新产品等工作的研究机构。校企共建研究院一般由高校下设学院牵头，并有一定合作期限，例如 2017 年 5 月成立的"浙江大学-阿里巴巴前沿技术联合研究中心"挂靠浙江大学计算机科学与技术学院，建设期为 5 年。校企共建研究院大多以横向合同形式管理，合同到期后可根据校企双方意向续签合同。

新型研发机构在发展过程中面临以下共性问题：内部利益共享与协同

创新机制不够完善;通过市场化手段实现自我造血的能力不强;科研人员流动性大,科技人才储备不足;缺乏稳定的资金以开展长期或原创性的科研项目;在区域创新系统中的定位与作用不够清晰,区域辐射带动能力较弱;缺乏各类政策和制度的支持。

第七节　成果转化嵌套共生新主体孕育与共生单位治理体系设计

2018 年,国家社科基金重点项目"创新驱动战略视角下高校科技成果转化体制与机制改革研究"课题组在上海师范大学商学院成立高校概念验证中心,通过探索小机构大网络、嵌套共生的模式,推进官产学研与创新资本融合发展,促进高校科技成果转化,连续开展了 5 年高校科技成果转化概念验证的实践探索。在实践中,我们发现,目前高校科创生态中的共生主体并不完善,高校科技成果转化嵌套共生平台需要孕育新的治理主体才能正常运行。结合前述国内外学者的研究和我们的实践体验及案例启示,我们认为,高校科技成果转化嵌套共生平台良性发展还需要孕育如下关键主体,并设计好共生单位治理体系。

一、科转创新企业家核心主体的概念设计

企业家是创新要素产生及组合的驱动力,在组织结构中承担加工系统性环境信息与组织协调的重任(钱士茹等,2007)。在科技成果转化中,企业家不单单指某家企业的管理者,更大意义上指承担企业家精神的技术转移经理人角色,我们把这一角色定义为"科转创新企业家"。这一角色既可由独立的创业者和企业家担任,也可由科研团队、中介机构或投资方的核心成员或关键人物充当。在科技成果从研发到最终转化为现实生产力的过程中,科转创新企业家发挥的核心职能是"变不可能为可能"。科转创新企业家能够凭借其眼界与其所积累的知识、技能、社会资本以及透过其社会网络所能动用的资源及能力(尹剑峰,2018),成为更大创新社区信息流动的中心节点。科转创新企业家与研究界、政府以及金融机构保持持续的联系,将社

会创新参与方聚集在一起，共同探讨科技研发的新主题，理解新兴的市场需求导向，将这些新兴主题与市场需求相匹配。

科转创新企业家在制定商业计划时，往往可以划分为五个阶段：确定转化领域和方向，整合渠道信息、构建资源优势，推动构建科技成果转化主题社区，组建嵌套持股公司，概念验证。

（1）确定转化领域和方向。科转创新企业家的时间精力有限，不可能漫无目标地寻找科技成果转化项目。为了实现科技成果创投的目标，科转创新企业家必须首先确定参与科技成果转化的领域和方向。这个阶段，科转创新企业家往往需要借助其积累的社会阅历及社会关系网络，了解当前市场及社会发展对科技成果有哪些需求；接触某一领域尽可能多的科研团队，观察该领域科技成果的研发程度能否满足当前社会需求；发掘未来一段时间国家社会的技术进步方向。科转创新企业家由此筛选适合自身特点的领域和方向，选择目标科研团队或目标科技成果。

（2）整合渠道信息、构建资源优势。虽然科转创新企业家会不断地在研究团体中寻找新的项目和能力以便确定更多的研究方向，但在企业家精神的驱使下，其更多的精力会放在整合风险投资渠道信息以及政府相关基金及优惠政策等资源上。在这个阶段，科转创新企业家既不是传统意义上的中介——连接不同的组织机构，也不是传统意义上的边界跨越者——跨越公司、文化或技术边界来识别、翻译和传达信息。相反，科转创新企业家正在利用他们与高校科研团体和专业嵌套风险投资的联系来确定研究社区内的新兴方向和研究主题。同时，借助自身的社会网络在不同创新参与者之间传递知识和创新社区活动信息，并以此构建自身的资源优势。

（3）推动构建科技成果转化主题社区。通过说服专业嵌套风险投资资助不同的研究人员，科转创新企业家促进了高校科研团队与社会资本之间的知识和资源共享。通过科转创新企业家的有效推动和整合，最终会形成一个各方共同关注的科技成果转化主题社区。在某些情况下，科转创新企业家通过牵线搭桥所构建的各类技术转移主题社区甚至还可能促成额外的合作项目。

（4）组建嵌套持股公司。科转创新企业家参与科技成果转化投资，往往通过成立其个人控股的嵌套持股公司来实现。嵌套持股具有高效节税、风

险隔离、稳固股权结构以及方便后续公司化管理等优点,能够适应科技成果
转化过程中相关衍生企业资金来源多样、股权结构复杂等特性,方便融资
管理。

(5)概念验证。科转创新企业家通过提供资助、技术、资源等方式组建
高校科技成果概念验证团队,多角度对科技成果的应用价值、商业化前景、
产业化效益等进行评估,以此来筛选高质量的科技成果转化项目,并遣返成
熟度低或不适应社会需求的科技成果。在概念验证的基础上,针对科技成
果概念验证团队各方均认可的科技成果转化项目,科转创新企业家即可与
高校及科研团队成立科转创新概念验证合伙企业。

二、专业嵌套风险投资核心主体的概念设计

美国硅谷创新生态系统中,风险资本是创新企业资金的主要来源。开
放式创新环境下,天使投资、风险投资以及私募股权等方式能够较好解决科
转创新概念验证企业的资金筹集问题。同时,这些投资机构能够为科转创
新概念验证企业带来创新指导和管理经验。

天使投资常被认为是经济发展的标志。在印度,天使投资在种子期创
新企业融资中的比例约为 7%,印度政府天使投资委员会计划在近几年将天
使投资提升到 7 亿美元的水平,认为这是支持发达经济体创新所需要的水
平。天使投资不仅带来资金,而且提供监督、指导以及和商业相关的网络,
有利于创新企业的发展。

风险投资是另一种投资方式。早在 1946 年,美国出现了第一家风险投
资公司,在 1995—2000 年期间,风险投资体系开始流行,具有高增长潜力的
新企业需要大量的投资以及适当的创新指导,而养老基金、保险公司、基金
经理等传统大型外部资金提供者对投资新企业既不感兴趣,也无法提供相
应的指导,发达国家私营部门出现的风险投资家为创新企业的需求提供了
支持。发达国家和发展中国家的风险投资对创新企业的支持存在差异,在
风险投资生命周期的各个发展阶段(前期、创新期或早期、后期)中,发达国
家的风投公司从创新阶段就开始支持具有商业前景的种子项目,而发展中
国家的风投基金主要集中在创新后期阶段。

尽管天使投资和风险投资在创新商业化阶段参与众多,但并非所有创

新企业都能获得它们的支持,天使投资、风险投资与创新企业之间存在一个双向选择机制。事实上,发展中国家天使投资和风险投资较缺乏,部分由于经济、政治、法律和金融等机构薄弱。同时,高水平的投资不足和较高的签约成本导致此类基金发展不足(Scheela and Jittrapanun, 2012; Zheng et al., 2012),投资者希望找到具有潜在高收益的初创企业,因而科转创新企业家的创新构想和创新项目需要足够吸引投资者。

高校科技成果转化前期需要大量资金的支持,仅靠政府引导基金的推动是远远不够的。为了整合社会各类资本的力量,引导更多符合条件的投资机构共同投资,形成高校科技成果转化嵌套共生平台的动力源,我们提出"专业嵌套风险投资"的概念。

我们把专业嵌套风险投资定义为一种专注于高校科技成果转化股权投资的风险投资机构,以嵌套式有限合伙形式募集资金,主要与政府引导基金协同,跟投政府引导基金所投资的科技成果转化早期目标公司的股权。专业嵌套风险投资作为普通合伙人与符合条件的投资机构共同设立子基金,为转化高校科技成果的企业提供股权投资。子基金重点支持转化应用科技成果的种子期、初创期、成长期的科技型中小企业,通过发掘具有高价值、高潜力和成长性的科技成果转化公司并参与其早期商业化运作来获取投资收益。同时,鼓励地方政府设立转化引导基金与嵌套风险投资共同设立子基金,鼓励符合条件的创新创业载体及企业家个人参与设立子基金,加强投资和孵化协同,引导社会资本聚焦科技成果转化链前端,促进优质科技成果的发掘及孵化转化。此外,国家在进行专业嵌套风险投资顶层设计、规划布局时,也要制定相应的激励制度和风险化解措施,通过补偿基金管理运行、绩效管理等环节的风险来激励更多风险投资参与科技成果转化前端;专业嵌套风险投资的管理机构也应当建立适应成果转化基金管理和工作需要的专业人员队伍、内部组织机构、管理制度和风险控制机制等,以提高自身的风险识别能力和管理能力。

近年来,我国经济持续稳定发展,保险公司、地方财政性引导基金等机构逐步壮大起来,社会上也涌现出一批富裕的家庭和个人,民间出现大量闲置资本和可用于风险投资的资金(冯卓等,2016),这也为专业嵌套风险投资的资金募集提供了可能。

三、科转创新概念验证合伙企业核心主体的孕育与创新

高校科技成果转化系统在嵌套共生演化发展过程中,政府引导基金和专业嵌套风险投资虽然具有不同的职能,发挥不同的作用,但都要服务于嵌套共生平台的中心——科技成果转化企业。科技成果转化企业是高校科技成果转化嵌套共生演化系统的核心要素,在高校科技成果转化过程中发挥核心功能,而政府引导基金和专业嵌套风险投资等支持要素发挥辅助功能。如果各构成要素定位不明确,均以自我为中心,以自我利益为主导,牺牲系统中其他要素的利益,便会陷入零和博弈。

为了避免出现要素间的零和博弈,我们设计科转创新概念验证合伙企业作为高校科技成果转化的核心主体之一。理解科转创新概念验证企业在高校科技成果转化中的角色的关键是理解科转创新企业家的角色,他并不单纯是一个"打开窗户"让研究人员提出资助想法的人,也不仅仅是一个连接不同创新社区的边界跨越者,而是一个更积极的角色。一个对科技成果转化有热情的科转创新企业家,能够理解优质科技成果的技术元素,并对它可能的发展持有积极愿景,愿意筹集资金和联系创新社区支持以实现其愿景。

科转创新企业家关于科技成果转化的有用信息可能来自高校、政府、技术界、公司、朋友等各个渠道,而关于技术可行性及成熟度的相关信息来自技术界,对这些信息的分析和处理主要来自科转创新企业家敏锐的创新意识和丰富的市场经验。科转创新企业家有责任不断搜寻和接受这些输入,并最终选定合适的科技成果来构建一个科转创新概念验证合伙企业。该企业通常具有明确的科技成果转化目标,这些目标是积极而且有可能在规定的时间框架和预算内实现的。同时,科转创新企业家还必须制定一个具有足够挑战性和可行性的商业计划,以获得高校科研团队的支持。科转创新企业家会想方设法接触优质科技成果转化项目的科研团队和其他志同道合的人,并通过各自的嵌套持股公司与高校、科研团队联合成立科转创新概念验证合伙企业。高校及科研团队通过科技成果技术作价入股的方式参与概念验证合伙企业,因为技术入股后的企业只要资金到位、技术到位、管理到位,其后期的股权收益会比一次性转让所获得的收益高(倪慧群等,2018)。

那么,高校科研团队和企业家的直接创新因素如何通过科转创新概念验证合伙企业融合在一起? 高校科研团队和企业家如何才能勠力同心,自愿参与并融入这个创新系统呢? 科技成果成功转化最关键的一步是要找准正确的市场需求,这些需求问题不仅要在一定时期内得到解决,同时又要在行业投资回收期的时间和资源范围内转化成功。这就要求对待转科技成果进行多角度的应用价值、商业化前景及产业化效益的评价筛选,也是成功创建科转创新概念验证合伙企业的最大挑战。因此,在设计科转创新概念验证合伙企业的过程中应注意以下几点。

(1) 科转创新概念验证企业一定要由企业家发起和驱动,组织机构要小型、扁平、灵活;一般应是只在两个层次上运作的非等级和非官僚组织,以确保高校研发团队和企业家有动力自愿参与。

(2) 员工招聘流程和标准不受高校事业编制的限制,以便获得不同寻常的人才,以及组织研发和技术转移等工作的速度和灵活性。

(3) 如果潜在成功的回报足够大,则应容许一定程度的失败。

(4) 资源整合能力超强、变不可能为可能是科转创新企业家角色的典型特点。

(5) 在种子期,利用天使投资、股东投资、概念验证基金甚至是银行贷款等资金,测试和验证科技成果是否具有转化潜力和前途,不良项目是否应该终止等。

(6) 科转创新企业家在寻找可转化项目、做出资助决定、管理项目以及与高校技术入股团队合作中发挥关键作用。

科转创新概念验证合伙企业专注于高校科技成果转化,具有如下特征。第一,科转创新概念验证企业是政府在高校推动的一个完全市场化的技术转移机构。它只要组建成功就有机会申请国家资助(当然,要满足国家制定的相关条件或标准,并获得批准),它的使命是发现并成功转化高校内有价值的新技术。因此,国家层面必须先有一个良好的制度设计,出台相关政策和法规予以支持,或者至少不反对其运作和预算。第二,科转创新概念验证合伙企业不会专门去寻求创造"突破性""变革性"或"颠覆性"技术,虽然有时它也可能关注和资助基础科学研究本身,但这绝不会成为它主要关注的目标和对象,它更关注市场能够接受且具有发展潜力的科技成果。第三,科转创新概念验证合伙企业承担风险的方式是经过深思熟虑的。虽然科转创新企业家会说服和鼓励嵌套风险投资为可能组建的科转创新概念验证企业提供资金,但专业嵌套风险投资一定会认真思考科转创新概念验证合伙企业的目标是否可以实现,以及哪些科技成果最有希望成功转化。第四,科转创新概念验证合伙企业并不完全依赖市场推动的运作模式。它能比市场上其他任何企业有更多的机会获得政府各方面的优惠和支持,比如税收、PPP项目、政府采购等。即便如此,新技术从科转创新概念验证合伙企业向市场过渡往往还是困难重重,因此,科转创新概念验证合伙企业在这个过程中需要花费大量的时间和精力,并认识到这一过程往往伴随着巨大风险。第五,科转创新概念验证合伙企业也可能直接与有兴趣将新技术商业化的任何其他市场化企业合作。

四、饲养员嵌套投资企业核心主体的孕育与创新

高校和科研院所承担基础研发重任,而企业主要依靠高度成熟且产业化的技术在市场竞争中形成竞争优势和获取商业利益,这种目标导向的差异导致科技成果研发及概念验证阶段缺乏社会资本支持,成为科技成果转化"死亡之谷"形成的重要成因之一。为摆脱这一困境,强化产学研协同创新能力,实现创新链与资本链的有效衔接,高校科技成果转化亟须组建资本赋能生态。地方政府投入的科技资源和引导基金等内源性资本,与企业自身的创新投入、企业家才能以及专业嵌套风险投资等外源性资本共同构成高校资本赋能生态。其中,企业家凭借其社会网络所能动用的资源及社会资本,成为连接高校科技成果转化项目与专业嵌套风险投资的桥梁和纽带。由企业家直接控制的嵌套持股公司作为普通合伙人,地方政府引导基金、专业嵌套风险投资作有限合伙人,共同组建饲养员嵌套投资企业,各出资方通过嵌套投资企业再对科技成果衍生企业进行股权投资。由此,避免了在科技成果转化不利时,自然人直接承担对被投资公司债权人的连带赔偿责任,有利于自然人隔离风险,规避或降低科技成果衍生企业的偿债风险。

同时,通过组建饲养员嵌套投资企业,既能够充分利用企业家作为智囊团的商业嗅觉,又能够使通过概念验证的科技成果顺理成章地连接社会资本投资,缓解科技成果转化链前端的资金荒问题。此外,由于企业家在科转

创新概念验证合伙企业和饲养员嵌套投资企业中均担任普通合伙人,享有公司的管理经营权,因此在判断科技成果商业化潜力及执行投资意向时,科转创新概念验证合伙企业和饲养员嵌套投资企业为事实上的一致行动人,方便在成立科技成果衍生企业时各出资方能够达成一致意愿。

五、科技中介、高管团队与在校学生的参与

服务于大学的科技中介机构是一个由多元主体共同构成的组织,它们协同参与大学科技成果转化的整个复杂过程,包括研究开发、中期推广及商业化进程(朱鹏举等,2021)。根据科技成果概念验证的实际需要,可邀请科转中介机构加入概念验证环节,保障科转创新概念验证合伙企业能够以更加客观的角度开展科技成果筛选评价工作,为后续成果转化打下品质基础。此外,在校大学生作为极富创造力和思维灵活性的群体,是高校科技成果转化过程中的重要人力资源。高校科技成果衍生企业的人才需求也为解决大学生就业问题提供了一个崭新的路径,进而为社会培养一大批外备专业知识、内含创新素养的高素质人才。

为充分激发在校大学生的创新创业活力,调动大学生参与科技成果转化的积极性,对当前高校大学生创新创业、专创融合等赛事活动进行整合,设立中国大学生科技成果转化及创新实践系列大赛管理平台,列入国家科技成果嵌套共生平台下统一服务管理。当前大学生创新创业竞赛大多以评奖为目的,忽视了竞赛本身作为科技成果宣传面板的现实作用,不利于高价值科技成果的识别及转化。中国大学生科技成果转化及创新实践系列大赛管理平台的设立,能够帮助参赛科技成果更好地宣传自身技术优势,为自己的项目造势,吸引社会资本的注意力,让更多的投资人投资自己的项目,帮助科技成果融资及转化落地。同时,进一步明确创新创业竞赛促进科技成果转化的初衷,通过统一的、能够转化落地的评选标准设计竞赛规则,优化参赛流程。

六、科转嵌套有限合伙企业核心主体的孕育与创新

由科转创新概念验证合伙企业做普通合伙人,饲养员嵌套投资企业以及高管团队做有限合伙人,三者联合组建科转嵌套有限合伙企业,对通过概

念验证的科技成果执行后续转化及商业化运作。科转嵌套有限合伙企业本质上是资本加持下的、以成熟科技成果为基础的有限合伙企业。之所以成立多家合伙企业，并采取合伙企业嵌套合伙企业的方式，是为了方便各方资本在科技成果转化过程中适时进入和退出。由于股权一经工商部门登记便具有公示效力，但科技成果转化过程中的出资方并非一成不变，在科技成果商业化进程中不排除有新合伙人加入和老合伙人退出的情况。由于新合伙人加入和老合伙人退出均需通过合伙协议做相应约定，且新合伙人的进入及退出机制可能与老合伙人有所不同，因此将不同类型合伙人归入同一家合伙企业，势必会增加合伙协议的复杂程度和难度系数，产生不必要的法律纠纷，而设置不同的有限合伙企业将不同类型的股东分类，不仅方便股东出资管理，也便于约定相应的退出机制。

此外，由于高校及科研团队以有限合伙人的方式嵌套进概念验证合伙企业，概念验证合伙企业又以有限合伙人的方式嵌套进科转嵌套有限合伙企业，因此科技成果在概念验证及后续转化过程中，能够持续获得原始科研团队的技术支持，协助完成科技成果的商业化开发；专业嵌套风险投资作为有限合伙人，入股饲养员嵌套投资企业，并间接嵌套进科转嵌套有限合伙企业中，专业嵌套风险投资秉持"对自己投资负责、最大化投资收益"的态度会全程关注科技成果转化项目概念验证阶段的项目筛选及后续转化工作，并发挥自身的渠道资源优势宣传科技成果转化项目，帮助科转嵌套有限合伙企业完成后续 B、C 轮融资，助力科技成果嫁接金融资本、连接产业集群。此时的科转嵌套有限合伙企业已经通过概念验证，企业家、专业嵌套风险投资、地方政府引导基金也相继入驻，其市场转化风险已得到了有效控制，科技成果的市场化前景也越发明晰。银行等传统风险敏感型金融机构提供科技贷款的风险也将显著降低，为科转嵌套有限合伙企业投资的积极性也将得到有效调动。

第六章
共生网络与共生基质嵌套赋能治理体系

第一节　高校科技成果转化嵌套共生平台治理网络

联通性是创新生态系统繁荣发展的关键。高校科技成果转化嵌套共生平台共生单位具有一个重要特性——网络性，平台通过共生网络实现各共生单位之间的联系。同时，科技成果嵌套转化过程也是一个动态演化的过程，在科技成果转化过程的不同阶段，各共生单位和共生基质的作用不同，重要程度也不同。

一、高校科技成果嵌套转化的概念和过程

高校科技成果转化过程可分为构想阶段、商业化阶段和成长成熟阶段。高校科技成果转化嵌套共生平台治理范式下的嵌套转化，与传统分散知识治理范式下的成果转化不同。在嵌套转化的不同阶段，各共生单位和共生基质的功能和作用不同，而且分工明确、优势互补。

（一）构想阶段

构想阶段是指科转创新企业家开始按照自己的想法行事。前文中已经定义过科转创新企业家的概念，他可能是一个独立的创业者，或现任企业的CEO，也可能是科研团队、中介机构或投资方的某个核心成员或关键人物，还有可能是一位大学生。因此，不能把科转创新企业家这一角色固定设想为一个企业的现任经理或董事长，而应被理解为具有企业家精神、愿意而且具有相应能力推动高校某一科技成果转化的人，其最大的特点是"变不可能

为可能"。

科转创新企业家发现了高校某个可转化的科技成果,产生了推动转化的想法,试图弄清楚这个科技成果转化项目是否有潜力。此阶段的活动包括与高校和职务发明科研团队的深度沟通、科技成果转化项目推介会、概念验证聚会活动、社交活动以及专家咨询等。构想阶段还包括搜索国家和高校两级平台信息发布网站和活动日期,以确定从哪里开始可以找到科技成果。构想阶段是科转创新企业家萌发科技成果转化念头,创建科技成果转化项目的倾向阶段,科转创新企业家会从市场需求状况、资金可获得性、风险感知以及文化氛围等角度考虑所选科技成果转化项目的可实施性。

这个阶段,科转创新企业家很大程度上依赖于自身人脉关系获取信息,共生基质的主要特点是内部知识、系统和结构的发展,而人力资本在商业化阶段起主导作用,因为该阶段创新企业开始扩展其技术、扩大其营销团队,促使企业向下一阶段演化。市场、资源、法律、创新氛围等共生基质很大程度上影响着科转创新企业家的意愿、倾向和行为。在此阶段,科转创新企业家自身对科技成果转化的认识和态度对是否开始科技成果转化发挥决定性作用,科转创新企业家是高校科技成果嵌套转化的核心推动力量,是科技成果转化创新企业的创建者和领导者,是共生网络的关键节点。

科转创新企业家具备的特殊品质可用企业家精神来定义,企业家精神是创新研究中不可忽视的因素,其在高校科技成果转化过程中(尤其在初期)发挥着极为重要的作用,它能促使科转创新企业家发现、识别科技成果转化机会,并通过评估和利用未来产品和服务来实现科技成果转化企业的增长(滕堂伟,2017)。

科转创新企业家基于对自身条件、原生网络和环境的评估,产生初步的科技成果转化构想,并思考成果转化初期资源的可获得性。在构想阶段,科转创新企业家在有限的资金和资源约束下面临较大的市场不确定性和高风险性,需充分考虑系统中共生环境的支撑作用,分析科技成果转化成功的可行性,初步构建科技成果转化项目的框架。

(二)商业化阶段

构想阶段是科转创新企业家思考科技成果转化项目的初期阶段,科转创新企业家通过对科技成果转化的环境、条件和资源的大体评估，综合考虑各方面因素对科技成果转化项目的影响，构建模糊的科技成果转化框架，分析科技成果转化的可行性，产生科技成果转化倾向。从构想阶段过渡到商业化阶段，科转创新企业家开始实施其科技成果转化构想。在这个阶段，科转创新企业家会致力于创立一个科转创新概念验证企业，分配时间和资源去追求它，并致力于完善他的创新想法，然后创立一个公司。启动阶段，科转创新企业家需要说服并推动高校和科研团队对拟转化科技成果的确权及后续技术入股，组建天使轮投资团队和管理团队，成立科转创新概念验证企业，开始构想、设计和精炼商业模式，实施价值主张和客户推销，测试客户需求，实施知识产权战略，筹集资金等活动。

在商业化阶段，科转创新概念验证企业面临资源依赖问题，它们必须对那些控制资源的人做出反应。科转创新企业家不断拓宽其创新网络，增强网络辐射范围，充分利用已有的网络积极构建和调整创新网络，不断修正初步构想，打造深层次创新链，利用高阶的创新网络获取科转创新概念验证企业所需的资源。刚起步时，科转创新企业家主要依靠情感网络获取资金、人才和技术等资源。随着科转创新概念验证企业商业化阶段的推进，对资源的需求更大，且质量更高，单纯依赖情感关系和原生网络无法促进科转创新概念验证企业的成长与发展。科转创新企业家通过关系扩大其交际圈，延伸创新网络。资金方面，依靠情感关系和银行等金融机构的支持不能满足企业发展需求，科转创新企业家必须寻找其他资金来源。市场环境下，资本市场成为资金的重要来源，但这种融资方式成本较高，科转创新概念验证企业发展不成熟，面临较大的市场风险，很难获得资本市场的青睐。此时，专业嵌套风险投资能够较好解决科转创新概念验证企业的资金筹集问题。

在商业化阶段，科转创新概念验证企业逐渐加深与平台中其他共生单位的联系。科转创新企业家实施科技成果转化项目计划，简单的注册审批程序、较低的市场进入门槛以及适当的创新保护等能够增加科转创新企业家科技成果转化的热情，因此，政府在此阶段发挥着重要作用，会对该国高校的科技成果转化活动产生影响。政府创建的政策环境、法律环境等在这个阶段将发挥重要作用。一方面，针对科转创新概念验证企业的特殊税收优惠政策、创新补贴政策等增加了科转创新概念验证企业的创新资金，简化的创新审批程序会降低创新成本;另一方面,完善的法律环境有利于保障科转创新企业家的利益,任何商业纠纷可以依法解决。再者,政府可以促进科转创新概念验证企业与社会各实体的伙伴关系,如研发机构和企业、中小企业和大企业、教育机构和行业组织等,从而创建一个有利于高校科技成果转化的创新生态系统。

高校科技成果转化嵌套共生平台中其他共生单位,如高校各院系、科研团队、技术转移中心、概念验证中心、新型研发机构、地方研究院、中介机构、大学生等,都会参与高校科技成果转化的商业化阶段,但参与程度不同。

在商业化阶段,市场各种企业为科转创新概念验证企业提供发展所需资源,上下游企业的发展对初创企业影响较大,企业在创新初期也在打造自身信誉与品牌,对上下游企业依赖较大。与关联企业的联系与合作,尤其是与大型企业的合作,是科转创新概念验证企业稳定发展的重要环节。一方面,大型企业能够为科转创新概念验证企业提供成熟技术和管理,降低初创企业技术探索成本;另一方面,科转创新概念验证企业面临较大的不确定性和市场风险,大型企业在市场上的地位能成为科转创新概念验证企业发展过程中的庇护伞。企业创新初期,中介服务机构为科转创新概念验证企业提供必要的信息咨询和便利性服务,为科转创新概念验证企业提供良好的发展环境,为企业后续成长提供环境保障。

总之,商业化阶段是科技成果转化过程中最重要的阶段,系统中的科转创新概念验证企业的建立与发展需要各要素的共同参与,但各要素参与顺序与参与程度不同。科转创新概念验证企业的类型不同,各要素的重要性也存在差异。在此阶段,投资机构与政府的作用更加突出,创新环境一直伴随企业创新的整个过程,整个创新生态系统随着科转创新概念验证企业的建立而初步形成,随着科转创新概念验证企业的不断发展而逐渐完善。

(三) 创新成长成熟阶段

步入成长成熟阶段的科转创新概念验证企业已形成基本的创新网络,制度建设伴随着新企业的创立同步进行。在激烈的竞争市场中,科转创新概念验证企业仍面临较大的挑战,企业发展不稳定,科转创新企业家开始注重企业的成长性。科转创新企业家在工作及创业过程中所形成的社会关系网是其获取科技成果转化信息的重要途径，并由此识别出具有潜在价值的科技成果。借助这种社会关系网，科转创新企业家与专业嵌套风险投资及地方政府引导基金，能够通过关系嵌套的形式，就科技成果转化的投资问题达成一致，在行动上趋于统一，并逐渐向结构嵌套演变，最终成立饲养员嵌套投资企业。在饲养员嵌套投资企业股权架构中，科转创新企业家作为普通合伙人控制嵌套持股公司，掌握公司的实际经营权；专业嵌套风险投资及地方政府引导基金作为有限合伙人，提供企业成立的大部分资金，但并不直接参与企业的运营与管理。此外，科转创新企业家通过嵌套持股公司或自然人身份直接持股以普通合伙人的身份同时参与科转创新概念验证合伙企业及饲养员嵌套投资企业。因此，这两家企业能够借助科转创新企业家这层关系达成实际意义上的一致行动人，在科技成果转化过程中勠力同心，共同完成科技成果转化的后期商业化运作。

在这个阶段，由科转创新企业主导，科转创新概念验证合伙企业和饲养员嵌套投资企业共同投资成立科转嵌套合伙企业，目标是打开并壮大产品或服务市场。这个阶段，高校可以依据参与可转换优先股倍数和数量，在科技信用通证交易一级市场发行科技信用通证，同样，专业嵌套风险投资也可以发行科技信用通证。科转创新企业家基于市场规则，对商业化阶段形成的创新网络进行重构，创新生态系统中各要素的联系更加紧密，各要素不再与科技嵌套合伙企业单线联系，而是实现各要素之间的相互联系，即创新网络逐渐能够通过自组织机制自我运作，而不再仅受科转创新企业家个体控制。同时，科转创新企业家开展网络构建活动的方式或手段也逐渐由创建网络转变为协调与控制网络，这种自我运作的创新网络优势在于加快资源获取和利用的速度，提升企业运作效率，适应市场发展。此外，各创新支持要素对科技嵌套合伙企业的影响不仅通过直接效应显现，部分要素功能还在复杂的创新网络中传递，实现间接效应。

如商业化阶段，大型企业对科技嵌套合伙企业的作用直接表现为对科技嵌套合伙企业的技术和管理支持，而其对科技嵌套合伙企业的影响也可通过知识和思想的传播来实现。在这种自我运作的创新网络中，各高校、科研机构与企业联系更加紧密，高校邀请成功企业家进校园宣讲或培训，科技嵌套合伙企业对高校人才的引进，间接完成了自身知识与技术的更新。再比如,政府对科技嵌套合伙企业的支持在成长成熟阶段也可通过大型企业的中介作用实现,因为在很多大型项目上,政府往往会选择较有影响力的成熟企业和大型企业操作,而与大型企业合作的科技嵌套合伙企业在成长阶段能够利用社会网络共同参与,进一步实现科技嵌套合伙企业的成长与进步。

成长成熟期的科技嵌套合伙企业需不断开展创新活动才能扎根市场,今天的商业动态要求公司提出新的产品、商业模式和服务创新,从而能在市场竞争中占据有利地位并保持盈利。在这个阶段,传统的风投公司接管了科技嵌套合伙企业的融资,高校和研究机构的研究成果可应用于企业的创新过程中,科技嵌套合伙企业通过与高校、科研机构合作,以产学研协同创新模式来提高科技嵌套合伙企业的创新水平。在此过程中,系统中其他各要素和创新环境的支持同样决定了科技嵌套合伙企业的成功率,比如政府对创新成果的保护、知识产权保护法的完善、基础设施等市场环境的改善。

高校科技成果转化各共生单位之间的互动方式与协作机制是一个由浅入深、从简到复杂的过程,科技成果转化企业在转化的不同阶段具有不同的目的和任务,高校科技成果转化嵌套共生平台内各共生单位在科技成果转化过程中的功能、参与程度和重要性也各不相同。其中,科转创新企业家是科技成果转化过程中的核心要素,与其他支持要素具有千丝万缕的联系,形成复杂的结构嵌套共生网络。本书尝试性地对不同阶段各共生单位的功能与参与度进行了分析,旨在探索高校科技成果转化企业成长过程中系统构成要素的作用机制,以及科转创新企业家如何利用嵌套共生平台获取优质资源。

二、高校科技成果转化嵌套共生演化机制

高校科技成果转化嵌套平台共生演化是一个动态过程,平台内各共生单位之间以及与外部创新环境之间存在相互作用,在这一过程中形成各种共生机制,各机制间相互影响、相互制约,共同形成高校科技成果转化嵌套共生演化机制。相关研究表明,创新生态系统的发展主要依靠资源汇聚机制、动力机制、遗传机制、调节和反馈机制以及价值交换机制等(尹彦等,2011;林嵩等,2010)。高校科技成果转化嵌套共生平台共生单位之间通过复杂的嵌套共生网络相互联系并实现价值交换,嵌套共生网络随着科技成

果转化过程的推进逐渐演化,高校科技成果转化嵌套平台网络也随之演化,演化机制可以概括为资源汇聚机制、创新网络机制和调节反馈机制。

(一)高校科技成果转化嵌套共生资源汇聚机制

高校科技成果转化过程存在一个科技成果价值识别—资源获取—利用的过程,高校科技成果转化嵌套平台网络内共生单位提供的各类资源为科转创新企业家的活动提供原动力。构想阶段,科转创新企业家开始思考成果转化初始阶段获取资源的途径,科转创新企业家自身资源、经验、关系网络有限,这会阻碍科转创新企业家对创新资源的获取。因此,我们提出科转创新概念验证、专业嵌套风险投资、饲养员嵌套投资企业的概念,风险投资、关联企业、政府部门、高校与科研机构、中介机构等多种部门和机构在有限合伙嵌套投资的概念引导下共生,集聚了多样性的资源,包括有形的技术、人力资源、资本等,也包括无形的社会嵌入性关系和交易网络、变种优先股交易机制、科转赋能通证交易体系等。这种资源的集聚具有众多优势,从供给侧外部性来说,可以汇聚多元利益,调节冲突,传播信息;从需求侧效应来说,可以减少搜寻成本,而这种无形交易网络也能够缩短认知距离。资源的集聚能够使科转创新企业家和共生单位共同参与科技成果转化活动,深入挖掘科技成果的市场价值。

各类资源的可获得性充分说明科技成果在嵌套共生转化过程中,创新支持要素的积极参与。各种要素的参与有助于调动科转创新企业家的科技成果转化热情和积极性,同时资源获取的便利性更容易激发科转创新企业家的创新精神,在较完善的创新环境支持下,科转创新企业家通过充分利用创新资源,保证了新创科技成果转化企业的发展和成长。

(二)高校科技成果转化嵌套共生创新网络机制

经济活动大多依靠社会网络得以正常开展,各种参与者通过一系列纽带连接起来就形成网络,网络联系据其相对结构、连接性质和内容(资源)不同具有不同性质。网络能帮助企业获取资源、降低管理不确定性、提高信息获取及传达效率,以及提升企业抵御外部冲击的能力。高校各类科技成果转化企业的建立与发展需要各共生单位和创新要素的共同参与和协作,高校科技成果转化嵌套平台网络的形成与发展也是基于各共生单位和构成要素的相互联系、相互作用和相互渗透,最终形成一个复杂的嵌套网络,共同完成价值的创造(项国鹏等,2016)。

高校科技成果转化嵌套共生平台网络系统中,嵌套共生网络的出现与演化促进了高校科技成果转化企业的产生与成长。在嵌套共生网络中,各要素之间的结构嵌套和关系嵌套能帮助科转创新企业家解决问题、找到人才、吸引资金、建立客户关系,并推进创新进程。高校科技成果转化嵌套平台网络的共生演化是一个动态的过程,随着高校科技成果嵌套共生转化过程的推进,高校科技成果转化企业会呈现不同形式和不同目标,与之协同构建嵌套共生网络的组织也各不相同,因此网络构建的方式和手段也多种多样,最终形成的嵌套共生网络的复杂度也存在差异(王朝云,2014)。高校科技成果转化的不同阶段,企业与嵌套共生单位之间的互动联系通过平台嵌套共生网络实现,同时嵌套共生网络也是完成高校科技成果转化各共生单位间价值传递和转换的通道和媒介。从科转创新企业家选择科技成果转化项目、进行创新技术开发到实现科技成果转化企业成熟发展,各共生单位间不断进行资源交互、知识传递以及价值互换,嵌套共生网络以科技成果转化企业为中心不断向四周扩展,并不断在各共生单位间衍生,最终实现各共生单位的互联互通,逐步形成系统内部的价值网络,整个嵌套共生平台网络也得以演化和发展。

(三) 高校科技成果转化嵌套共生调节反馈机制

在自然生态环境系统中,生态失衡会造成系统短时间的结构变化,自然生态系统内部具有的平衡调节机制能够调整这种结构变化,使系统恢复平衡状态,这种机制对物种的健康发展至关重要。有研究认为网络关系的结构性变化是网络关系之间权力不平衡的结果。创新网络关系是创新生态系统得以发展的核心,创新生态系统失衡带来网络关系恶化的同时会产生连锁反应,网络关系的变化同时会引起资源传输路径的变化,进而使创新活动受到影响。高校科技成果转化嵌套共生平台网络存在风险资本缺位现象,权力和利益失衡在所难免,而失衡会造成共生单位间关系的结构性变化,从而影响科技成果转化创新企业的生存和发展。可见,调节反馈机制的设计是高校科技成果转化嵌套平台网络长期稳定发展的保障。为此,我们专门设计了科技信用通证交易市场和变种优先股交易机制,作为高校科技成果转化嵌套平台网络的调节机制。这个重要的调节反馈机制使平台内外各种共生单位基于共同的利益需求,聚集到一起并嵌入高校科技成果转化嵌套平台网络中,从而实现共同的价值创造(蔡莉等,2016)。

整体来看,资源汇聚机制、创新网络机制和调节反馈机制有条不紊地运行,实现了高校科技成果转化嵌套平台网络的良好运转与发展。

三、高校科技成果转化嵌套共生平台运行保障机制

(一)高校—产业—政府—社会公民"四重螺旋"价值共创

高校科技成果转化嵌套共生平台"四重螺旋"是实现价值共创的核心,是将单一层面的科技成果转化活动转化为多层面的、为用户和社会创造更多高价值技术与产品的活动。与传统科技成果转化模式最大的不同之处在于,高校科技成果转化行为有了更加具体的目标导向与更加系统有效的模式准则。高校科技成果转化嵌套共生平台价值共创的具体表现形式包括平台内外共生单位资源的共享、新技术与新产品的研发、科技创新模式的革新、一体化的管理制度等,其实现方法主要包括如下几个方面。首先,技术层面的价值共创以高校为核心主体,其他科研机构与企业为辅助单元,在政府以及公众形成的政策和文化等方面价值导向的作用下,创造面向用户、可商业化的技术成果价值。其次,高校科技成果转化管理模式层面的价值共创主要由科转创新企业家进行设计,高校、政府、专业嵌套风险投资共同参与建立,通过有限合伙架构形成一致行动人,利用高效的运行管理机制来寻找科技成果转化的价值机会与高效广泛的科技成果转化活动,而不是分散碎片式的行为。最后,知识层面的价值共创是指高校以及其他共生单位通过平台形成的有机整体,通过高校科技成果转化嵌套共生知识交流平台、知识共享层、管理层来有效促进高校科技成果转化活动各环节中显性知识与隐性知识的传播与创造。

高校科技成果转化嵌套共生平台的价值共创过程实际上就是指在平台中,以科转创新企业家为主导的科技成果转化活动会使包括合作机构与竞争对手在内的所有共生单元都得到好处。高校科技成果转化嵌套共生平台

的价值共创有三个主要特征。第一是高校科技成果的价值实现了共享与扩散。第二是与外部环境的嵌套共生关系。高校科技成果转化嵌套共生平台的价值共创过程将高校科技成果与其他共生单位的竞合行为、管理制度环境、知识传播动态及更大范围的创新生态情境相结合,从而为科技成果的转化创造了新的科技创新生态环境。第三是强调了公众的参与。高校科技成果转化嵌套共生平台设计了科转赋能通证交易体系,为公众提供了投资科技成果转化的可能,强调了科研活动中社会责任的回归,使得价值共创朝着对社会公众有益的方向发展。

高校科技成果转化嵌套共生平台的价值共创形成了独有的高校科技成果价值网络,并基于知识生产模式Ⅲ形成了可持续的、不断交互的高校-产业-政府-社会公民"四重螺旋"价值共创科技成果转化治理新范式。

(二) 成员彼此嵌套、相互依存

以共同价值主张为纽带,高校科技成果转化嵌套共生平台中各成员之间形成的相互依赖关系是高校科技成果转化嵌套共生平台网络获得核心竞争力、实现价值共创的潜在来源,同时也会受到外部环境的影响。根据熊彼特提出的观点,创新是对已有要素的重新组合,强调"人"的重要作用。高校科技成果转化嵌套共生平台不单单是简单的要素重组,更是依托于各共生单位之间的相互依存关系而创造出来的、能够实现更高科技成果转化效率的实施平台。共生单位彼此之间的有限合伙嵌套和一致行动人的依存关系,是高校科技成果转化嵌套共生平台治理范式区别于其他治理范式的一大重要特点。

第二节　高校科技成果转化嵌套共生赋能机制创新

一、高校科技成果转化动力机制存在的问题

我国高校科技成果转化的相关激励政策强调通过确权制度等调动职务发明人的科技成果转化积极性,尚没有明确制订对科技成果转化工作做出贡献的其他人员的激励方案,科学激励机制还存在界定不清、贡献难以认定的问题

（顾志恒，2018）。国家出台的相关政策法规大多以提高科研人员的报酬为核心内容，而科研人员受所属单位的限制，现有分配政策又缺乏约束机制和实操层面的制度支撑，导致科研人员的合法收益常遭变相剥夺侵吞（王延明等，2019）。科技成果转化涉及科研人员众多，分配激励方案若实施不佳甚至会适得其反，引起科研人员的不满。然而，科技成果转化激励分配方案缺乏统一拟定和审批程序，成果收益的量化分配操作难度大，又缺乏政府实施细则的指导，目前科研单位的分配激励方案多是摸着石头过河（郭英远等，2015）。

高校作为创新型人才培养基地和技术创新的活力之源，理应积极推动科技成果转化，促进产学研一体化。然而目前高校贯彻科技成果转化相关政策法规的力度不够，缺乏制定实施保障文件的主动性和积极性。高校内部缺乏完善的人才培养机制，缺乏科技成果转化的专业团队和多部门协调配合机制，如实现专利转移需要财务、法律、管理等多部门的协调配合（郭倩，2021）。高校科技成果转化管理人员对政策利好的获得感不强也是导致转化积极性不高的原因之一，对政策红利不了解导致相关管理人员趋于保守甚至不作为，而政策不协调导致了成果归属矛盾，以致国家激励政策在高校实施层面的毛细血管阻塞（范瑞泉，2020）。

科技成果转化的各个阶段都需要大量的资金支持，尤其是科技成果转化"死亡之谷"前端，需要进行小批量的产品转化开发，这一阶段具有产量小、成本高、推广慢的经营特征。在这一阶段，由于成果转化风险高、收益有限，金融机构对此类新项目兴趣不大，而退出机制烦琐、退出渠道有限、相关法律法规不完善、法律风险高等不利因素，致使风险资本的投资积极性也不高（陈华等，2020）。科技成果实现从技术到产品的跃迁往往失败率较高，较高的失败率也使天使投资望而却步，导致了科研资本和产业资本的衔接断层（李晓华等，2021）。

二、职务科技成果 NFT 确权思路[①]

为了调动高校科研人员参与科技成果转化的积极性，我国 2015 年新修订实施的《中华人民共和国促进科技成果转化法》明确规定，转化收益全部

---

① 相关内容由张玉华指导研究生王雅静整理。

留存单位,给予的奖励和报酬计入工资总额,但不受工资总额限制、不纳入工资总额基数,这标志着科技成果的使用权、处置权和收益权"三权"改革取得重大进展(张铭慎,2017),高校在科技成果转化方面拥有更大自主权。目前高校科技成果的确权主要有三种情形,一是确认科技成果的权利状态,二是确认科技成果的权利归属,三是确认科技成果完成人获得科技成果转化收益奖励和报酬的权利(吴寿仁,2020)。

2021年12月24日修订的《中华人民共和国科学技术进步法》第三十二条规定:"利用财政性资金设立的科学技术计划项目所形成的科技成果,在不损害国家安全、国家利益和重大社会公共利益的前提下,授权项目承担者依法取得相关知识产权,项目承担者可以依法自行投资实施转化、向他人转让、联合他人共同实施转化、许可他人使用或者作价投资等。"吴寿仁(2022)认为这标志着经历10年的科技成果使用权、处置权和收益权改革,这次的第三十二条规定才是完整的中国版《拜杜法案》。

近年来,以西南交通大学为代表实行的职务科技成果混合所有制改革为我国高校科技成果转化的体制机制改革开辟了一条新的道路。2020年2月,中央全面深化改革委员会第十二次会议审议通过了《赋予科研人员职务科技成果所有权或长期使用权试点实施方案》,强调要加强产权激励,赋予科研人员职务科技成果所有权或长期使用权,探索形成赋权形式、成果评价、收益分配等方面的制度。2020年5月,科技部发文将40家单位纳入赋权试点名单,名单涵盖北京、辽宁、上海、江苏等多个省市的高校,试点期为3年。但是,回顾实施效果,作用仍然十分有限。

究其原因,主要是目前产权激励政策不能充分激发科研团队的转化积极性,既得利益者单一、利润分配不公扼杀了科研团队成果转化的热情,甚至还会引发科研团队内部的利益分享冲突。有学者曾提出职务发明混合所有的潜在风险之一就是职务成果完成人群体的协调问题,协调不当将不利于科技成果转移转化(吴寿仁,2017)。基于利润分享理论,随着科技成果转化工作的深入和专用性人力资本投入的加强,科研团队成员不仅要获取劳动市场上的均衡工资,还要求与团队负责人共同分享创造的价值——利润,包括科研团队获得的项目经费与创造的科研成果(陈和等,2019)。然而,科研团队的产出具有无形特征,难以确切评估,这决定了科研团队薪酬安排的复杂性(陈和等,2019);现实中团队负责人与团队成员的地位不平等,也导致了团队成员在利润分配谈判中处于弱势(康慧强,2020);团队负责人对团队成员的收益分配往往只能通过一些可观测变量进行大致衡量,信息不对称和主观因素的干扰都可能导致利润分配不公,这些都加剧了成果转化中"搭便车"行为的发生(陈和等,2019)。这些情形会引发团队成员争夺产权分割比例,导致不良的团队氛围,抑制知识共享与流动,并在贡献评定和股权分割时引发内部成员冲突(康慧强,2020)。

NFT交易市场正逐渐壮大。NFT本质上是一种基于区块链技术的非同质化数字资产,通过智能合约来实现其所有权的转移,并通过区块链来记录所有权转移的整个过程(秦蕊等,2021)。在高校职务科技成果混合所有制改革中,部分试点院校采取高校与科研人员"三七开"的确权方式,鼓励科研人员自主进行成果转化,但创造性劳动价值难以合理评估,成果转化又涉及众多科研人员,往往会导致共有成果处理决策低效、团队成员利益协调困难,容易引发团队冲突,影响团队绩效与新产品开发。为完善当前职务科技成果的确权路径,方便后续职务成果技术入股的股权分配,本书提出基于数字资产的NFT确权思路,以原有高校与科研团队科技成果确权为基础,在区块链上构造科技成果专属NFT,并对照链外科技成果权属划分比例对高校和科研团队所有成员赋予相应的NFT。这样既能够使NFT附着于现实资产,又能保证所有科研团队成员对科技成果的所有权在后续融资交易中不被侵害。

NFT确权能否获得科研团队所有人的认同?能否提升科研团队成员的合作意愿?能否化解科研团队利润分配冲突,促进成果转化行为?能否真正调动高校科研团队的成果转化积极性?这些困惑需要进一步论证和检验,本书基于利润分配理论构建了NFT确权促进科技成果转化的理论模型,并通过情景实验和问卷调查进行了实证检验,得出以下结论。

第一,成果所有人在NFT确权和普通确权两种确权方式下的研发和成果转化阶段的贡献差异均不显著,而科研团队内其他成员在NFT确权方式下在研发和成果转化阶段的贡献积极性都显著高于普通确权下的贡献积极性;第二,NFT确权认可度与产学研合作意愿显著正相关,产学研合作意愿与成果转化行为显著正相关,NFT确权认可度与成果转化行为显著正相关,产学研合作意愿在NFT确权认可度和成果转化行为间起部分中介作用;第

三、团队成员身份在 NFT 确权认可度和产学研合作意愿间起调节作用,成果所有人 NFT 确权认可度促进产学研合作意愿的效用比非成果所有人更好,在成果所有人对 NFT 确权认可度较低时,NFT 促进非成果所有人的合作意愿比成果所有人效果好,认可度较高的水平上则相反。

根据研究结果,科研人员对 NFT 确权的认可度与科研团队的产学研合作意愿息息相关,产学研合作意愿的提升能够正向影响科研人员的成果转化行为。因此,应该从职务发明混合所有制改革制度层面完善建立 NFT 确权的相关制度,在高校积极宣传 NFT 确权的重要意义,提高科研人员对 NFT 确权的认可度。值得注意的是,NFT 确权在促进科研人员成果转化行为的过程中,成果所有人对 NFT 确权的认可度会比非成果所有人更能正向影响产学研合作意愿,故在 NFT 确权试行与推广时,需要着重提升成果所有人对 NFT 确权的认可度。

当然,NFT 确权方式作为一个新概念,能够借鉴和参考的文献资料有限,数据采集难度大,信效度可能存在偏差,在实证调研中关于 NFT 确权的描述也是基于现有 NFT 发展现状和区块链技术的构想,因此,我们的上述研究还存在局限性。第一,考虑到情景实验的可操作性,我们着重探究的是两种确权方式在收益分配上的差异对成果所有人和其他科研人员贡献意愿的影响,并未从资源流通方式、审批流程、数据安全等维度展开详细研究,也未考虑两种确权方式在时间维度上的相互作用,后续研究将在此基础上进行更为全面的探讨。第二,对于 NFT 确权能否化解科研团队利润分配冲突,以及如何促进科研人员成果转化行为展开了初步的探讨,但暂未提出 NFT 确权思路下高校科技成果转化改革的具体方案。我们希望能够抛砖引玉,引发这个领域更多更完善的实证研究,相信随着对 NFT 确权研究的深入和实践应用的推广,NFT 确权的理论研究将进一步完善。同时,NFT 确权顺利实施还需要建立科转赋能通证交易市场体系、变种优先股避险机制等 NFT 确权网络化运作机制。

三、科技信用通证交易市场体系

(一)科技信用通证的概念及种类

为了跨越科技成果转化"死亡之谷",我国建立了众多大学科技园、孵化器等中介组织,但当前我国的创业孵化服务能力和水平尚不能完全满足创新创业活动的巨大服务需求(乔为国,2021),致使此类组织机构并未达到预期目标,"死亡之谷"依旧存在。事实上,我国风险投资较少以及吸引其他社会资金汇入中试放大阶段的机制不足,是导致"死亡之谷"问题的主要原因(宗倩倩,2022)。为破解"死亡之谷"困境,引导社会资本汇聚于科技成果转化"死亡之谷"前端,我们提出建立科技信用通证交易体系。

我们定义的科技信用通证是科技信用与创新资本在科技成果转化的互动中孕育的新的形态,是一种可赎回的、基于科技成果技术入股股权的电子通证。其中,"可赎回"指科技信用通证在发行过程中并非强制赎回,只有在发行主体预期发生科技信用通证市场增值行为时,如经历多轮融资或公开上市,才有可能触发发行主体的赎回行为;"基于科技成果技术入股股权"指科技信用通证的发行主体需根据自身所持有的原始科技成果技术入股股份来发行对应价值的科技信用通证,其中技术入股适合采取参与可转换优先股的形式。根据发行主体及交易规则的不同,科技信用通证可分为科技信用高校通证和科技信用嵌套通证。无论哪种科技信用通证,其价值本质上都是依附于科技成果本身的价值和商业化前景,因此并不是所有发行的科技信用通证都能被公众所接受。在投资市场理性的情况下,只有真正具备社会实践价值的科技成果所衍生出的科技信用通证才会激起公众的购买欲望,这一趋势将倒逼高校和科研团队更加注重科技成果研发的社会价值,提醒专业嵌套风险投资选择社会价值高、容易被公众所接受的科技成果进行嵌套转化。

(二)科技信用高校通证

科技信用高校通证在成立科转嵌套有限合伙企业时由高校技术转移办公室向国家科技成果转化嵌套共生平台申请批准后发行。根据《赋予科研人员职务科技成果所有权或长期使用权试点实施方案》的改革精神,高校与科研团队之间就科技成果专利权的归属,规定或约定按照一定比例共享专利权。科技信用高校通证发行的依据主要是高校所持有的科技成果专利权比例以及科技成果技术入股的参与可转化优先股数量和清算优先权倍数。一旦待转科技成果在概念验证合伙企业中通过验证,则科技成果所属高校即可报送国家成果转化嵌套共生平台审批,通过后联合科技嵌套有限合伙企业筹备发行科技信用高校通证。

由于高校持有一定比例的科转创新概念验证合伙企业的参与可转化优先股,当概念验证合伙企业以普通合伙人身份入股科转嵌套有限合伙企业时,高校持有的那部分参与可转化优先股就嵌套进科转嵌套有限合伙企业中,高校将已嵌套的优先股数量作为发行科技信用高校通证的依据,经国家成果转化嵌套共生平台审批后面向社会公众发行。例如,某科技成果按作价入股折算,价值 100 万元,按照股东出资比例计算可兑换 1 万股股票,每股价值 100 元;高校在科技成果确权后占科技成果专利权的 30%,即高校持有价值 30 万元的技术股,即 3 000 股股票。如果按照 1∶4 的比例发行科技信用高校通证,则高校可以发行 1.2 万个科技信用高校通证,每个科技信用高校通证的发行价格为 25 元。

由于科技信用赋能通证具有变种优先股属性,因此在科转嵌套有限合伙企业成立后,尤其是经过 B、C 轮融资后,科技信用高校通证所对应的参与可转换优先股可转换为公司股份,其所对应的价值将成倍增加。若科转嵌套有限合伙企业在经过 B、C 轮融资后,转制成为科转核心股份有限公司,则此时科转赋能通证也将继续增值,这种增值将一直持续到科转核心股份有限公司上市或被其他企业并购,此后按照市价折算兑现科技信用高校通证。在此过程中,高校可根据实际融资情况回购科技信用高校通证,以保证自身所持科技成果技术入股股份的价值不会缩水或实现预期收益;若高校不采取回购行为,则高校的技术入股股份此时已经转化为现金回报,降低了等待风险。通过发行科技信用高校通证,高校将收获相当数量的现金回报,可以充分调动高校参与科技成果转化的积极性,发行通证获得的资金可由高校自主支配,用于本校其他成果的研发和转化以及高校其他相关工作人员的奖酬金发放等。同时,科技信用高校通证的发行及盈利情况也可作为评价高校科技成果转化工作的有效衡量标准。

(三)科技信用嵌套通证

科技信用嵌套通证由参与科技成果转化的专业嵌套风险投资向国家科技成果转化嵌套共生平台申请,获得批准后发行。科技信用嵌套通证发行的依据主要是专业嵌套风险投资所持有的科转嵌套有限合伙企业的股份。例如,科转嵌套有限合伙企业中有 500 万元为专业嵌套风险投资的投资款,股票价格为 1 000 元,即专业嵌套风险投资间接持有科转嵌套有限合伙企业 5 000 股股票,若按照 1∶4 的比例发行科技信用嵌套通证,则专业嵌套风险投资可申请发行 2 万个科技信用嵌套通证,每个科技信用嵌套通证的发行价格为 250 元。科技信用嵌套通证发行获得的资金主要用于弥补专业嵌套风险投资的投资风险,降低风险投资与科技成果持有人之间的信任成本和信息获取成本,化解"死亡之谷"前端的科技成果市场不确定性风险以及信息不对称风险。当然,科技信用嵌套通证并非一定存在,若专业嵌套风险投资对该项科技成果较有把握或对技术出资方相当信任,可不必申请发行科技信用嵌套通证。一般情况下,科技信用嵌套通证发行的可赎回金额数要远远高于高校通证,以此吸引具有风险偏好的公众投资者。因此,从这个意义上讲,科技信用嵌套通证的发行调动了风险投资机构投资科技成果转化"死亡之谷"前端的积极性,是破解高校及科研院所"死亡之谷"困境的创新思路。

(四) 科技信用通证两级交易市场体系

配合科技信用通证的市场化交易机制,探索建设科技信用通证两级交易市场,引导企业家、专业嵌套风险投资、地方政府引导基金、社会公众等参与到科技信用通证一、二级交易市场中。一级市场即科技信用通证发行市场,二级市场即科技信用通证交易市场。二者相互依存、相互制约,共同组成一个完整的科技信用通证市场体系。正是通过这一市场体系,使科技信用通证从发行者手中转移到广大投资者手中,并使科技信用通证在投资者之间流通交换,保证了科技信用通证的流动性,从而保证了科技信用通证市场投资机制的正常运作。这个过程会聚拢大量资金,填补"死亡之谷"的资金缺口,还可以为后续科技成果衍生企业融资及科创板上市打下资产基础。

传统意义上,风险投资如果投资了"死亡之谷"前端,倘若科技成果转化没有跨过"死亡之谷",即科技成果转化没有通过中试验证或没有实现商业化、产业化,则风险投资的投资几乎全部沉没,风险投资承担了过多的转化风险,致使风险资本对科技成果转化产生风险厌恶心理。而在科技信用通证初级交易市场中，由于科技嵌套有限合伙企业的嵌套涉及高校、企业家、专业嵌套风险投资、地方政府引导基金，则当科技嵌套有限合伙企业联合高校面向社会公众发行科技信用通证时，本质上合理分担了专业嵌套风险投资的投资风险，化解了风险投资机构的风险厌恶心理。

科技信用通证两级交易市场，有望成为破解"死亡之谷"困境的重要机制。科技信用通证交易市场的设置，在"死亡之谷"前端为科技成果转化聚拢了大量资金，支持转化工作顺利开展。同时，由于科技信用通证本身所具有的变种优先股属性，"死亡之谷"前端的风险投资收益要数倍于"死亡之谷"后端的风险投资收益，从而引导专业嵌套风险投资越过"死亡之谷"，投资于科转链前端，打破当前科转动力不足、融资匮乏、推广困难的现实困境。

四、变种优先股避险机制

一般情况下，为降低投资风险，私募股权投资者通常不购买普通股而是购买优先股(Josh et al., 2015)。优先股有优先于普通股的清算优先权，即如果项目公司被出售或者清算，优先股先于普通股进行股本清算。在高校科技成果转化过程中，利用好优先股进行股权架构设计，能够让转化项目快速抓住优质融资机会，并在成果转化不畅时及时控制股东的投资风险。

常见的优先股包括可转换优先股和参与可转换优先股。可转换优先股指可以根据股东的意愿转换为普通股的优先股。一般只有在转化项目当前估值超过融资时对该项目的估值时，股东才会将可转换优先股转换为普通股以获得更多的收益。值得注意的是，由于持有可转换优先股的股东可以选择转换或不转换，在股东选择转换之前，其余持有普通股的股东有一段收益的追赶区间。在这个区间内，随着成果转化项目估值的提升，持有普通股的股东可以持续获得收益直至和持有可转换优先股的股东收益大体相同。这也就意味着，在成果转化项目A轮融资阶段，设置可转换优先股不仅能够让投资者在科技成果市场发展不佳、公司出售时优先拿回投资成本，激励其余股东和企业家积极经营转化项目，以达到投资时对科技成果商业价值的预期，还能对管理团队形成激励性补偿和甄别的双重机制(李柏洲等，2004)，高质量的转化项目经营获利，低质量的转化项目则被淘汰出局。

参与可转换优先股是带有附加功能的可转换优先股，在转换后仍参与股权分配，即便在该公司出售或清算时，持有人有权收到相当于先前优先股的面值加上等价于其股权参与部分的普通股。在这一过程中，只交换有价证券而不产生现金流动，这一特点无疑方便了出资人对科技成果投资的资金管理，减轻了出资人的资金周转压力。对于 B 轮和 C 轮的投资方，其投资的最终目标往往是在科技成果衍生企业首次公开募股时能够获得丰厚收益，还可通过设置多倍清算优先权以适应不同股东的投资需求。

（一）优先股

优先股是指享有优先权的股票，它有优先于普通股的清算优先权，即如果公司被出售或清算，优先股先于普通股获得偿还，风险相对较小。优先股有两种权利，一是在公司分配盈利时，拥有优先股票的股东比持有普通股票的股东优先分配盈利，且享受固定数额的股息，即优先股的股息率是固定的，普通股的红利不固定，视公司盈利情况而定；二是在公司解散分配剩余财产时，优先股在普通股之前分配。优先股可以分为可赎回优先股、可转换优先股和参与可转换优先股等。将优先股的概念引入科技成果转化的确权问题，可以将科研人员的收益当作优先股对待，让科研人员优先分配科技成果转化的收益，从而进一步调动科研人员转化科技成果的积极性。

（二）可赎回优先股

可赎回优先股也可称作"直接优先股"，是指公司可按约定条件在股票发行一段时间后以一定价格购回的优先股。可赎回优先股总是附带谈判条款，规定公司何时必须赎回优先股，通常是公开发售股份或 5～8 年后较早的一个时间。赎回的方式主要有三种：①溢价赎回，即根据事先规定的价格，按优先股面值价格再加一笔溢价（补偿金）予以赎回；②基金补偿，即公司在发行优先股后，从所得到的股金或公司盈利中，拿出一部分资金，设立补偿基金，用作赎回优先股的补偿资金；③转换赎回，即公司以转换为普通股的方式赎回优先股。

（三）可转换优先股

可转换优先股是指可以根据股东的意愿转换为普通股的优先股。这迫使股东在通过清算功能获得收益还是通过持有普通股获得收益之间进行选择。显然，如果报给公司的估值超过投资时的隐含企业总价值，那么股东为了实现其收益，将把优先股转换为普通股。可转换优先股允许企业家在投资者的原始投资得到保障后在收益方面赶上投资者。为避免一轮投资者要求对其将优先股转换为普通股进行补偿的谈判，可转换优先股一般包含一项强制转换条款，作为承销一定规模和价格 IPO 的一部分，允许公司强制转换。

（四）参与可转换优先股

参与可转换优先股是带有附加功能的可转换优先股，即在该公司出售或清算时，持有人有权收到面值和其股权参与部分相称的股票，就好像股票已经进行了转换，即参与可转换优先股在转换后仍参与股权分配。与可转换优先股类似，参与可转换优先股在公开募集中包含强制转换条款。总的结果就是，参与可转换优先股在公司上市前表现得像是可赎回优先股，而在公司公开募资时则转换为普通股。

（五）有限合伙制治理架构

在高校科技成果转化过程中，由于科技成果自身及其衍生企业具有高度的市场不确定性以及信息的不对称性，导致现有社会资本缺乏投资高技术企业的积极性。借鉴美国等发达经济体对高技术企业的风险投资模式，有限合伙制公司治理架构的应用，突破了当前科技成果转化中的诸多瓶颈，通过道德约束、报酬激励以及注资风险控制等手段（陈春霞等，2007），有效化解了传统公司制风险投资模式信息不对称、投资损失高等风险。

有限合伙制公司的治理架构是指投资者、风险资本家和企业家之间的正式和非正式的制度安排，其根本目的在于试图通过这种制度安排，以达到相关利益主体间的权力、责任和利益的相互制衡，实现效率和公平的合理统一（姚佐文等，2001）。企业家及风险投资机构以有限合伙制参与科技成果衍生企业时，企业家及其附属管理团队往往担任普通合伙人，风险投资机构担任有限合伙人。在有限合伙合同中规定，普通合伙人要投入风险资本总额的 1% 并承担无限责任，有限合伙人要投入风险资本总额的 99% 并承担有限责任，这种事前规定使得作为普通合伙人的企业家要承担相当部分的代理成本，一旦出现决策失误或怠于行使管理职责，其自身的资产投资净值也将随之缩水。为匹配自身的风险和收益，企业家将更加致力于所投资科技成果衍生企业的管理运营，推进科技成果转化顺利开展，从而降低企业家管理团队的道德风险。

同时，将普通合伙人和有限合伙人的利益进行捆绑的报酬结构，可以有效化解风险投资机构在科技成果衍生企业日常经营之外的信息不对称风险；将出资比例与经营权分割的管理结构，可以保证企业家管理团队在不受外界干扰的情况下行使控制权和决策权，充分发挥企业家独特的社会网络、行业知识、管理技能和分析判断能力，适应科技成果市场化风险投资的需要。

此外，科技成果转化是一个循序渐进的线性过程，往往需要经历研发期、试验测试期、成长期以及成熟期等阶段，其资金注入的数额及各方参与的比例也随着科技成果转化的不同阶段而有所差异。一次性资金注入的方式显然不适应科技成果转化的资金需求，也加重了投资方的潜在投资风险。有限合伙制采取分段注资方式，即先承诺注资金额，然后根据普通合伙人的项目经营状况，按规定的时间及数额逐步注入资金。如果科技成果转化不佳，则风险投资机构有权取消后续投资，及时止损。分段注资的方式不仅能够帮助风险投资机构识别筛选优质的科技成果转化项目，加深对科技成果及企业家管理团队的了解，降低信息不对称程度，减轻其风险顾虑，同时在一定程度上也对企业家管理团队起到了激励作用，督促其专注科技成果转化工作。

第三节　高校科技成果转化嵌套共生
平台治理范式全景图示

在创新驱动战略视角下，高校科技成果转化体制与机制改革的具体方案，必须从国家经济与社会发展目标以及组织结构对权力配置的强烈导向作用角度，描述中国未来高校科技成果转化新的治理范式。此外，还要在选定发展目标和设计网络结构基础上思考如何形成动态的运行机制，从而构成整个中国未来高校科技成果转化新的生态网络全景。基于上述设计，我们提出如图6-1所示的高校科技成果转化嵌套共生平台治理范式全景示意图。

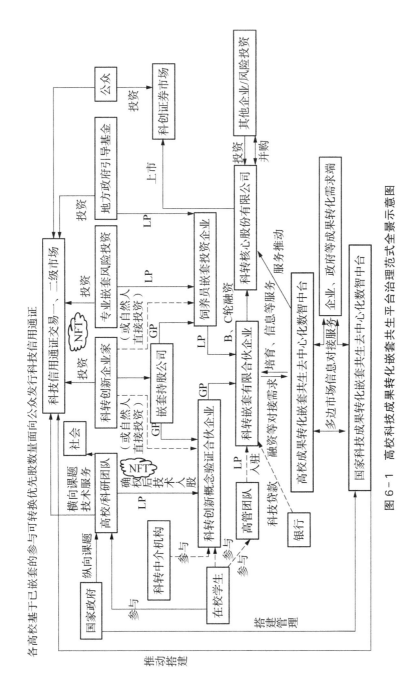

图6-1 高校科技成果转化嵌套共生平台治理范式全景示意图

资料来源:张玉华.高校科技成果转化嵌套数智平台及其治理范式[J].上海师范大学学报(哲学社会科学版),2022,51(6):24-34.

嵌套共生平台的治理,首先需要国家层面高度重视,做好顶层设计,设立独立的国家科技成果转化嵌套共生平台网络专项投资基金,整合各方资源,投资构建国家和高校双层科技成果转化嵌套共生数智平台网络。同时,推动科技信用通证两级交易市场体系建设,允许高校科技成果转化共生单位发行参与可转换优先股。

高校科研团队在诞生高价值科技成果时,以 NFT 确权的形式在团队内部及科转专员间进行成果收益的划分,基于智能合约规则实现成果确权。根据"三权"下放改革精神,高校与科研团队按规定或约定以一定比例共享科技成果专利权:高校确权部分,由高校技术转移办公室运作,以成果作价入股的形式参与后续概念验证合伙企业,并按确权比例获取相应的参与可转换优先股;科研团队的确权部分,由科技成果发明人为代表以成果作价入股的形式参与后续概念验证合伙企业,并按确权比例获取相应的普通股。

科转创新企业家成立控股嵌套持股公司(或以自然人身份直接持股),与高校及成果科研团队成立科转创新概念验证合伙企业。其中,高校和科研团队以科技成果所有权人的身份,采取科技成果作价入股的方式,分别获得与成果确权比例相称的参与可转换优先股和普通股(高校获得优先股,科研团队获得普通股)。在现有概念验证中心、科技园、孵化器等"破壳"赋能生态的加持下,筛选培育优质成果转化项目,遣返缺乏实用性和商业性的学术派科技成果,完成科技成果的概念验证。同时,可吸收科技中介机构及部分在校生参与概念验证环节。

科转创新企业家在工作及创业过程中所形成的社会关系网是其获取科技成果转化机会信息的重要途径,并由此识别出具有潜在价值的科技成果。借助这种社会关系网,企业家与专业嵌套风险投资及地方政府引导基金,能够通过关系嵌套的形式,就科技成果转化的投资问题达成一致,在行动上趋于统一,并逐渐向结构嵌套演变,最终成立饲养员嵌套投资企业。在饲养员嵌套投资企业股权架构中,科转创新企业家作为普通合伙人,把握公司的实际经营权;专业嵌套风险投资及地方政府引导基金作有限合伙人,提供企业成立的大部分资金,但并不直接参与企业的运营与管理。此外,科转创新企业家以普通合伙人的身份同时参与科转创新概念验证合伙企业及饲养员嵌套投资企业,因此,这两家企业能够借助科转创新企业家这层关系达成实际意义上的一致行动人,在科技成果转化过程中勠力同心,共同完成科技成果转化的后期商业化运作。

科技成果通过概念验证后,由科转创新概念验证合伙企业作为普通合伙人,饲养员嵌套投资企业作为有限合伙人,成立科转嵌套有限合伙企业。此时,待转科技成果已初步具备面向市场的能力,市场发展前景也越发明晰,银行等传统金融机构提供科技贷款、科技保险等科技金融服务的意愿也将逐渐增强。高校所持有的科技成果股权也将在这一阶段实现资金变现,由高校发起并联合科转嵌套有限合伙企业,向国家科技成果转化嵌套共生去中心化数智中台申请,获批后发行科技信用通证,对接融资需求。

经历多轮融资后,科转嵌套有限合伙企业已完全具备市场化能力,进一步发展后,转制成立科转核心股份有限公司,后续发展过程中可选择上市,或被其他企业并购。

第七章

环高校科技成果转化嵌套共生环境营造

第一节　创新环境与高校科技成果转化效率提升

从环境角度研究技术创新活动始于 20 世纪 80 年代中期,相关文献主要可以分为以下三类。第一类为创新环境的定义及要素研究。弗里曼(Freeman, 1991)指出,创新环境是创新生态系统中创新主体构成的创新网络关系,是支撑系统创新的系列制度安排。杰弗里·L. 弗曼(Jeffrey L Furman, 2002)指出,国家的创新能力取决于一个国家的创新基础设施情况以及产业集群的创新环境。赵彦飞等(2020)认为,创新环境是支持创新活动的重要条件,不仅包含各个行为主体之间形成的网络关系,也包含制度环境、基础设施、政策法规、教育环境、国际环境等要素条件,可分为软性环境与硬性环境。

第二类主要为创新环境对创新效率以及绩效的影响研究。创新效率方面,李习保(2007)、赵彦飞等(2021)实证分析了创新环境因素对以专利量测度的创新产出效率的影响,结果发现,创新产出效率差异的存在一定程度上源于各地区不同的创新系统环境。黄颖利等(2022)研究发现,创新环境中的基础设施环境对生态资本效率具有显著的正向作用,而制度环境的影响具有明显的空间异质性。创新能力方面,党文娟等(2008)认为,我国政府对提高区域整体创新能力的影响作用还不明显,但是对具有自主创新能力和较强原创性的发明专利却具有积极的促进作用。创新绩效方面,杨(Yang Z, 2008)经过问卷调查的数据挖掘过程,总结出中国科技园创新环境要素的四个方面,并验证了创新环境对企业运行绩效具有显著影响。

第三类主要为创新环境的评价体系研究。国家层面,赵彦飞等(2020)从人才环境、资金环境、创业环境、市场环境以及竞争与合作环境5个维度构建创新环境评价的指标体系框架。区域层面,许婷婷和吴有成(2013)构建了区域创新环境评价指标体系,利用因子分析法获得描述江苏区域创新环境的3个综合指标,在此基础上对创新环境进行了评价分析。王宏伟等(2021)构建了涵盖创新资源支撑环境、创新主体成长环境、创新产出环境、制度与治理环境、创新文化环境、经济社会发展环境6个维度、22个具体可量化指标的创新环境评价指标体系。

此外,部分学者对高校创新环境的研究也同样值得注意。吕红艳(2013)发现,在有满意的导师指导、良好的学生氛围和较为宽裕的经济资助的创新环境中,博士研究生有更高的创新动机、更多的创新成果。冯海燕(2015)认为,团队创新环境好的高校有助于提升科研项目的质量与水平,进而刺激科研人员工作绩效水平的提高,促进高校创新能力水平的提升,形成良性循环。张宏敏(2017)通过创新网络、社会保障、组织支持、物质基础、人文氛围、创新资源6个维度以及35个评价指标,综合评价了高校创新环境的情况,浙江高校在组织支持方面有优势,但在创新资源和社会保障方面仍与目标有较大差距。楚汉杰和叶兴艺(2021)设计了包括社会环境、高校环境和人文环境3个一级指标以及社会创新风气、高校创新文化氛围、师生关系等7个二级指标的指标体系,对研究生所处的创新环境进行评估。

综合上述研究可以看出,对于创新环境的研究较为丰富,主要可以分为三类:定义及要素研究、创新效率及其影响因素研究和创新环境的评价体系研究。在现有的研究中,也有多位学者对高校科技成果转化效率进行了研究,并构建了各种指标体系。在此基础上,有部分学者在转化效率的影响因素中提到了创新环境的作用,如罗茜等(2018)、赵公民等(2021)、王晓珍和蒋子浩(2019)都在利用不同DEA模型研究科技成果转化效率的过程中,发现创新环境对科技成果转化效率有显著影响。但是对于创新环境对高校科技成果转化效率的直接研究很少,并且在高校科技成果转化效率的衡量体系方面仍有可以结合新模型进行改进之处。由于创新环境对于高校科技成果转化效率可能具有重要影响,同时,高校科技成果转化效率能否得到恰当的衡量关系着高校未来的可持续发展,因此,可以从创新环境影响因素分类、高校科技成果转化效率、创新环境对其影响机制等多角度对问题进行深入分析。

　　基于以上研究可以看出,高校科技成果转化嵌套共生平台治理效率的提升,还须从以下几个方面努力:①结合经济发展水平,因地制宜,出台有效的政府补贴政策,推动各地区高校科技成果转化效率全面提升。②完善多元的创新环境,吸引更多的创新人才投入科技成果转化项目。一方面,要提高高校的教学水平,培养更多具有创新能力的学生;另一方面,以良好的环境吸引更多高职称、有研发基础的人才参与科技成果转化项目。③形成系统的高校科技成果转化体系,促进产学研深度融合。加强产学研合作有利于促进高校和企业之间的资源整合,促进高校与企业之间的技术交流,提升企业创新软实力,同时为高校科研团队提供研发活动的支持资金,实现双赢。

第二节　高校创新生态系统的研究和发展

　　高校科技成果转化嵌套共生平台的有效治理离不开高校良好的创新生态。当前,中国经济已经从高速增长阶段转变为高质量发展阶段,科技创新与工业化的结合已成为城市经济高质量发展的重要抓手。高校作为创新驱动继承和发扬的战略高地,理应营造适合科技成果转化嵌套共生平台赖以生存的创新生态环境,加快实现高校科技成果高质量转化。

一、高校创新生态系统的理论研究

(一)高校创新生态系统的内涵

　　在国外,创新生态系统可以被视为拥有关系或集群的经济主体的集合,成功的创新生态系统可能需要许多驱动因素,例如,大学和企业之间的紧密关系可以有效地支持知识创造和知识传播(Carayannis and Cambell, 2009)。

　　在国内,杜德斌(2012)把创新生态系统定义为一定地域内相互作用的各种创新机构(企业、大学、研究机构)与创新服务机构(政府、金融、法律、中介等)和创新环境的各个要素之间形成的统一整体;李万等(2014)在分析创新生态系统兴起和发展动因的基础上,深入阐释了创新生态系统的概念,认为创新生态系统是指一个区域内各种创新群落之间及其与创新环境之间,通过物质流、能量流、信息流的联结传导,形成共生竞合、动态演化的开放、复杂系统;柳御林等(2015)认为,创新生态系统是指在促进创新的环境下,创新主体基于共同愿景和目标,通过协同和整合生态中的创新资源,搭建通道和平台,共同构建以共赢为目的的创新网络;陈健等(2016)认为,创新生态系统是指围绕在一个或多个核心企业或平台周围,包含生产方和需求方在内的多方主体与外部环境相互联系、共同进化,实现价值共创和利益共享的创新网络。

总结前人的研究,高校创新生态系统能够在创新氛围良好的大环境下,促使高校与其他创新主体建立伙伴关系,进行创新知识的生产、扩散和利用,并通过提供平台或子系统,使得其他参与者可以在这些平台或子系统中开发自己的产品或服务。

(二) 高校创新生态系统的研究现状

杰克逊(Jackson, 2012)指出,任何创新系统模型的基础都应包含两个相互关联的组成部分,一个旨在提供科学研究和开发,另一个旨在支持和刺激智力活动成果的商业化过程;乌尼奇等(Ugnich et al., 2017)认为,高校创新生态系统的基础在于参与者之间的能力互动原则,高校创新生态系统基础设施的主要特征可以从知识生成和商业化的角度考虑:从科学思想的产生和发展到资产形成,从资产到市场交易。通过梳理国外文献可以发现,国外学者对高校创新生态系统的研究侧重于高校与其他主体进行协同创新,实现价值创造,更注重最终成果的商业化。这种商业化恰恰是我国目前创新体系所缺少的,也从侧面反映了我国科技成果转化率不高的根本原因。

目前国内学者对于国外高校创新生态系统的研究大多集中在英国、美国、日本三国。例如,贾建锋等(2021)对美国、英国、日本三个国家中的五所高校的创新生态系统进行了分析,基于研究结果提出了我国高校创新生态系统构建和进一步发展的政策建议:革新创新创业教育观念、构建多元知识平台、加强理论与现实的结合,从而形成特色实践平台,区域内整体联动、平台上多方协作;卓泽林等(2016)从资源投入的视角分析和总结了环美国加利福尼亚大学圣迭戈分校创新生态系统构建的独特做法,从而为我国高校创新生态系统的构建提出要完善资金支持和制度保障、构建创新师资队伍能力建设、衔接大学与商界的创新创业网络、鼓励创新创业和强调知识应用的市民文化等建议;秦斐和温珂(2018)以英国帝国理工大学为例,分析了以高校为核心的双创生态系统的核心要素,将中观层面的创新生态系统理论与微观层面的创业企业理论相结合,提出构建有效的高校双创生态系统的理论模型。

通过对国内高校创新生态系统相关文献的梳理,可以发现国内学者关于这方面的研究存在以下几个问题:①现有研究往往侧重于分析美国、英国、日本这三个具有代表性的国家,虽然这些国家的创新能力处于世界领先水平,探讨这些国家高校创新生态系统的运行机制能带来启发和建议,但就目前而言,仅是学习这三个国家的经验并不能很好地解决我国高校创新生态系统运行机制存在的问题。②现有实证研究大多属于静态描述,即对某一生态系统的构成进行描绘,而很少深入分析其成因和动态的发展路径。例如葛宏翔(2017)在《国外高校创新创业教育生态系统建设的经验与启示》一文中阐述了美国斯坦福大学创新生态系统的运行机制,但并没有与学校内部状况或是所处的外部环境相结合,即没有很好地解释斯坦福大学采用该运行机制的内因和外因。③缺乏因果分析和理论框架。有关系统构成的中观描述往往与微观层面的创新行为分析脱节,很难回答"为什么"的问题,即很多相关文献对于高校创新生态的认知往往停留在两个方面:①环某高校的创新生态系统,②该创新生态系统的成效显著。而①到②是如何实现的,即生态系统中的各要素如何在创新活动的各个维度发挥作用,并没有得到充分的解释。

(三) 高校创新生态系统的运行机制研究

国内外学者对于创新生态系统的组成要素做了诸多的探索。史密斯(Smith,2006)认为,创新生态系统包括流程、文化和能力;加莫瓦特(Ghemawat,2007)认为,资源、能力和连通性是创新生态系统的三个关键部分;比罗尔·梅尔坎等(Birol et al., 2011)认为创新生态系统的三个组成部分分别是集群、大学与产业的合作和创新文化。国内学者杨荣(2014)将创新生态系统分为三个层次:核心层、中间层和外围层。

外围层指的是创新环境,包括创新文化、创新基础设施、创新资源、创新激励机制等要素。其中创新文化包括创新价值观、创新准则、创新制度和规范、创新物质文化环境等;创新基础设施包括实验室、数据库、互联网、教室、图书馆等;创新资源包括人才、信息、资金、知识、技术等。创新基础设施和创新资源是基础,它们是开展创新活动的保障;创新文化是一种氛围,对创新活动起着支撑作用;创新激励机制包括政策、法律法规、薪酬制度等要素,完备有效的创新激励机制能够充分调动创新人员的积极性,最大限度地发挥他们的潜能,因此,创新激励机制对创新活动起着推动作用(赵广凤等,2017)。

中间层是一些支持机构,包括政府机构、金融机构、创业投资和一些中介组织。政府可以通过立法或者完善法律法规为良好的创新环境创造政策条件;金融和创业投资机构可以为核心层的创新主体提供资金保障与支持;中介组织,尤其是技术转移办公室可以提供技术咨询,促进科技成果的转化。

核心层则是创新主体,包括高校、企业以及其他利益相关者,其中高校是核心部分,负责创新知识的生产和扩散。高校的创新生态系统围绕着各个高校展开,进行一系列的创新活动。

不难看出,高校创新生态系统的运行机制是在某种创新环境下,由高校进行创新知识的生产与扩散,与企业及其他利益相关者合作并知识协同,进而企业与其他利益相关者接收创新知识进行应用与开发,而中间层的各个机构则是利用自己的特定功能来支持这些创新活动的实现。

(四) 我国高校创新生态系统运行机制存在的问题

通过梳理相关文献,可以将我国高校创新生态系统运行机制存在的问题分别归类到理论模型的三个层次。

核心层:马万里和史婷婷(2014)在《我国知识产权风险投资存在的问题及其成因》一文中表明,虽然国内许多技术型企业拥有不少具有产业化潜力和盈利前景广阔的知识产权,但在吸引风险投资、解决资金方面仍存在严重不足,高新技术知识产权转化率较低。风险投资机构为了规避风险,大多会选择投资相对成熟的知识产权项目,因而那些拥有知识产权的初创企业很难进行融资。

中间层:徐宏和李万春(2020)在《中国产学研协同创新的问题与对策》一文中指出,我国创新主体的目标定位有所差异,高校和科研机构专注于发表高质量的期刊文献、申请国家专利及各类科研成果,而企业则更愿意将精力投入到借助知识产权制度垄断现有技术创新成果的收益权方面,竭尽全力将现有成果转化为企业独家所有。

外围层:郑翼(2021)在《高校科研和创新环境有待改进的问题》一文中指出,我国目前的创新环境中存在高校科研和创新资源分布不均、评价过于功利化、激励政策实施略有偏颇、行政氛围与创新氛围产生对冲等问题。

总的来说,我国高校创新生态系统运行机制存在高校与企业无法达成高效合作、风险投资市场对创新主体支持力度不够、创新资源分布不均、行政氛围对冲创新氛围等问题。

二、高校科技成果转化嵌套共生平台治理的动力机制分析

在高校科技成果转化嵌套共生平台的"政府—企业—高校—社会公众"四螺旋创新驱动机制中,高校作为科技创新的主阵地,发挥着重要作用。越来越多的高校积极开展校城融合、校企合作,形成了整体协调、布局科学、特色鲜明的创新生态圈。可见,高校科技成果转化嵌套共生平台治理的动力机制仍然是政府主导机制、高校优势学科推动机制、企业市场需求机制三个方面。

(一)政府主导机制

高校科技成果转化嵌套共生平台治理的创新生态是政、产、学、研、企共同努力的结果,其建设离不开政府的主导作用。政府不仅是校城融合的主导者,也是高校可持续发展的助力者。

政府为推动城市的经济发展,与高校协作共同构建高校创新生态系统,将高校所拥有的科技成果进行转化,投入市场实现经济效益,从而实现城市

高质量发展,响应国家创新驱动发展战略。政府主导决定创新系统的主要方针,制定相关配套政策,定义高校创新生态系统的目标,发挥政府的组织协调职能,推动实现校城合作、校企合作,建立高校创新生态系统的组织协调机构。随着高等教育的不断普及,高校发展越来越迅速,但高校作为社会的一部分,应打破传统大学的观念,为国家经济发展做出贡献。在高校与城市的良性互动中,需要政府提供主导性推动力量,实现地方经济社会发展和高校发展同步推进的共赢局面。可见,政府主导机制是构建高校创新生态系统的动力机制之一。

(二) 高校优势学科推动机制

高校创新生态系统的主体是高校,高校科技创新转化机制有利于构建高校创新生态系统,高校借助其优势学科、政府推动、校企合作,加速科技成果转化。受传统大学观念的影响,我国高校目前的科技成果转化现状与加快创新驱动战略发展的目标要求尚有较大差距。越来越多的高校采用产学研合作模式,构建围绕强势学科领域的创新生态系统,成立大学科技园、技术转移中心等组织机构。

在政府的主导作用下,高校依靠优势学科的相关创新资源,积极开展科技成果转化工作,推动高校创新生态系统建设,实现科技成果向价值生产工具转变,为国家经济高质量发展做出贡献。高校要充分利用自己的优势资源,如人才优势、学科优势、资源优势等,与城市及周边产业发展深度融合,推动地域经济发展,充分发挥高校作为创新高地的战略作用,将其特色优势学科与当地经济社会发展相结合,构建高校创新走廊,并在各方物质、资源、信息等的交互下逐渐形成稳定可持续的高校创新生态系统。

(三) 企业市场需求机制

构建高校创新生态系统,企业市场需求机制也是重要的动力源,高校的科技成果流入市场,需要企业、中介机构等的推介与落实。高校的科技成果带有学术研究的色彩,与投入产业应用还存在一定距离,这也是影响其转化效率的重要原因之一。

与政府主导支持不同,企业作为创新动力源之一,针对所面向市场的需求,筛选具备市场潜力和商业价值的科技成果,并根据科技成果的特性制定商业模式以实现产业化。企业了解市场需求与市场导向，掌握相关领域研发信息资源，可针对相关领域前沿科技成果制定研发资助合作战略，通过横向课题、校企合作等方式整合高校创新资源，将科技成果市场化、产业化。因此，企业是高校创新生态系统资金支持的重要来源之一。市场竞争越来越激烈，技术创新速度也在不断加快，对企业产品和人才的要求也越来越高，企业应加强与高校的密切合作，通过设置企业奖学金等方式在高校内培养适应企业需求的高层次人才，从而应对企业技术创新受限、专项人才短缺的问题。在高校创新创业生态系统中，市场作为动力调控条件，决定着科技成果的潜在经济效益，企业作为科技成果转化方向的指挥棒，帮助其转化为现实生产力。可见，企业市场需求对构建高校创新生态系统起到了推动作用。

第三节　国外高校创新生态系统典型案例分析

一、美国高校创新生态系统

美国硅谷之所以能够诞生大量著名的高科技企业，很大程度上得益于良好的创新环境、支持机构的共同助力以及创新主体之间的协同合作。

（一）高校与企业的双向交流

美国硅谷是围绕两所高校创建的：加利福尼亚大学伯克利分校和斯坦福大学。许多硅谷初创企业的创始人都曾在那里学习。企业也与这些高校直接接触，在早期阶段获得有益的建议，从而实现高校与企业之间的相互交流与知识协同。

（二）政府资助和风险投资相结合

硅谷地方政府会为高校提供大量研究经费，高校教师也会积极申请并获得政府的大额研究经费，学校会将经费申请数目作为教师招聘和任期考核的重要指标。

与理论模型有细微差别的是，除了政府机构的资金支持以外，高校自身也越来越接近投资者。天使投资、风险投资基金和公司投资者通过与潜在的校园企业家联系从而建立投资者网络。近年来，越来越多的高校设立了由高校支持的风险投资基金，为与高校合作开发技术的企业家提供直接投资。例如，加利福尼亚大学在2016年推出了2.5亿美元的基金，这表明高校正在投资于自己的学生或研究人员的企业，并在早期阶段要求持有股权。类似的，加利福尼亚大学旧金山分校的Mission Bay Capital拥有两个基金：第一个基金创建于2009年，资本额1130万美元，第二个基金创建于2015年，资本额为2500万美元；斯坦福StartX基金由StartX、斯坦福大学和斯坦福医疗保健中心共同创建，向235多家StartX公司投资超过1.2亿元。

（三）完备的创新基础设施

创新基础设施是美国创新能力提升的基石，一流的基础设施可以吸引更多的创新主体与创新资源，支撑创新生态系统的良好运行。费艳颖等（2019）指出，美国致力于建造21世纪系统全面的物理基础设施和信息服务基础设施。物理基础设施建设包括打造交通运输网络系统和电力系统，即建设高速铁路网、航空运输网、公共交通运输系统、公共电力传输系统等，为创新打造具有吸引力的规模设施；信息服务基础设施建设包括打造先进的技术生态系统，开发无线网络、全国输配电智能网、信息数据库等，保证美国的IT产业发展始终领先。美国在推进研发设施智能化与现代化的同时，也加强对其的管理及维护，及时关停不必要的设施，鼓励创新主体联合使用，减少资源浪费。

二、英国高校创新生态系统

（一）主导型创新生态系统

剑桥大学圣约翰学院于20世纪70年代建立圣约翰创新园区，形成了环剑桥大学的创新生态系统。如果说硅谷模式是一种自下而上、高校和企业共生发展的创新生态系统，那么剑桥模式则是自上而下、由高校规划和精心设计的创新生态系统，系统中的要素组成和格局是规划的结果。剑桥模式的优点在于系统建设的成本低、资源配置的效率高，但存在较高的潜在试错成本。

剑桥大学自创办以来，一直以一流的科研和教学为社会发展做贡献。大学明确的办学导向使得科研和教学能够直接面对社会需求，也让大学与产业界建立了密切的联系。由于众多学科处于国际领先地位，剑桥大学能够向企业提供促进产业跨越式发展的创新成果，这使得剑桥大学在与企业的合作中占据了主导地位，也吸引企业不断地加入创新生态系统。

（二）高校技术转移办公室的重要作用

以帝国理工学院为例，帝国创新集团最初是为帝国理工学院的技术转移而专门成立的一个部门，后又成为独立于大学的中介服务机构。该机构主要承担两方面的职能：一是技术转移，二是风险投资。这与其他高校的技术转移机构有很大的区别，一般的技术转移办公室主要是提供技术咨询服务、评估定价，最终实现科技成果的转化。

在技术转移方面，帝国创新集团的服务对象仅为帝国理工学院的教师和学生。技术转移服务的定位是作为发明人的商业合作伙伴，帮助技术的拥有者评估项目的商业潜力并提供相关支持。在风险投资方面，帝国创新集团的服务群体较为广泛，不仅仅局限于全校师生，还包括英国其他高校在新兴技术和医疗健康领域的项目。从本质上来看，帝国创新集团的风险投资业务与社会上一般性的风险投资机构并没有很大不同，主要的区别是其项目来源多为高校和科研院所，同时比一般的风险投资机构更着眼于长期回报。

（三）宽松的创新文化氛围

与创新生态系统构建过程中精细的制度设计不同，剑桥大学认为不受约束的自由探索才能产生突破性的创新成果，因此对研发采取近乎放任的态度，不主动规划创新目标，也不干涉科研人员的创新过程。国内学者乔岳（2020）把这种现象称之为热带雨林式的创新微观治理。这种创新治理方式也影响到创新生态系统中的企业，创新的多样性不仅拓宽了创新的广度，也加深了创新的深度。

三、以色列高校创新生态系统

（一）独特的混合文化促进创新

以色列具有独特的混合文化模式，包括中等水平的群体内集体主义、低权力距离和低不确定性规避,这种模式本身就能促进创新。以色列文化强调竞争、直接沟通、控制环境和期待下属的主动性,这种独特的组合增强了创新想法的产生。

首先,相比高集体主义和低集体主义而言,中等水平的集体主义更容易产生创新。其次,与其他国家相比,以色列的权力距离较低。在低权力距离社会中,人们被望拥有较高的创新性。此外,权力距离低的社会鼓励来自下属的想法向上流动,支持组织内不同地位层次的人展开合作,以及表达自己的意见。最后,以色列的不确定性规避能力很低。生活在低不确定性环境中的人会避免冒险之类的文化,他们更容易被与冒险相关的事物所刺激,因此他们的创新想法产生和实现能力很强。对于不确定性规避能力较低的人来说,创意的产生和推广是创新中最令人兴奋的事情,以色列人便是如此。而那些高度规避不确定性的人容易产生焦虑,他们害怕产生并推动新想法时的潜在风险。

(二)加强校企融合

以以色列理工学院为例,为了从传统高校向创新高校转变,以色列理工学院积极与工业部门、科研机构合作,政府机构和社会组织在多个维度培育高校创新文化,形成环以色列理工学院的创新生态系统。

首先,以色列理工学院与邻近高校建立紧密联系,资源共享,知识协同。其次,成立与行业息息相关的研究中心。研发中心根据行业的市场需求开展研究,并对科技成果进行转化。最后,加强与军队和政府的合作交流,促进人才交流和科技合作,积极参与政府和相关部门的项目计划,根据军队和政府的需要,联合研制相关科研产品。同时,为了促进研究所与其他国际组织的合作,以色列理工学院还设立了一个联络处,负责研究所与社会的融合。

(三)政府干预风险投资市场

美国硅谷模式早已成为世界各国争相效仿的技术赶超模式,以色列是复制美国硅谷模式最成功的国家之一。其中,政府政策在促进创新和推动国家成为高科技强国方面发挥着重要作用。首先,以色列政府制定了风险投资政策,并实施了创新融资方案来支持风险投资的发展。其次,以色列政府通过首席科学家办公室创建了技术企业孵化器项目，与其他国家合作建立双边研发基金会，为以色列的重要项目提供资金。此外，首席科学家办公室还引入了 Yozma 项目，为早期的创新企业和高校提供财政基金。最后，由以色列证券管理局监管的特拉维夫证券交易所为与高校合作的创新型企业提供了一条退出的通道。

总的来说，以色列政府通过干预风险投资市场从而在创新生态系统中发挥着重要的作用。

四、瑞士高校创新生态系统

瑞士在创新方面一直处于世界前列，根据 2019 年全球创新指数排名，瑞士连续九年获得"世界最具创新能力国家"称号。除了稳定的经济和政治框架外，高校和研究机构也是瑞士获此殊荣的关键因素之一。

（一）政府松绑政策

瑞士联邦政府国务秘书莫罗·戴尔·安布罗乔（Mauro Dell Ambrogio）曾在"构建创新生态系统"论坛上指出："一个国家不应该有专门促进创新的政策，很少有国家的创新政策是很成功的，瑞士之所以创新辈出，就是因为没有创新政策。"

关于创新生态系统的概念和政府的定位，瑞士科学院科技政策专家指出，国家创新发展战略和相关促进措施，政府、科研院所和企业组成的创新体系，具有构成生态系统的有机体和环境的特征。政府在创新生态系统中发挥着物质流的作用，即优化创新环境，并将政策或服务作为工具，瑞士联邦政府通常会选择服务工具。政策无疑可以起到杠杆作用，但往往会产生制约的副作用，而创新的特点恰恰是自由，因此，瑞士联邦政府的创新管理原则通常是宽松的。

（二）高校和企业以合作伙伴关系开展联合研究

2019 年，瑞士苏黎世联邦理工学院和洛桑联邦理工学院携手布勒、奇华丹、雀巢公司合作推出了"未来食品——瑞士研究"计划。该计划的目标是扩大粮食和营养科学领域的研究，从而在全世界缓解粮食短缺和营养不良问题。该计划提供为期三年的研发资金，使高校科研人员能够从事相关研究并且与相关行业企业开展联合研究。此项计划的实施,能够使相关领域的优秀科研人员与行业生产形成有效联动,在欧洲乃至全球都有深刻的影响。

(三)激烈的地区竞争

瑞士的公共支出占比很低,而私营机构的支出却很高。这是因为瑞士成功地吸引了大型企业进入该国并从中获利。为了吸引创新型企业,瑞士提供了几乎所有种类的服务:低税收、完备的法律保障、良好的基础设施和非常高的生活水平。另外,瑞士强烈的地方分权主义使得国内各地区之间存在竞争,各地区必须努力吸引创新企业,抢占先机。瑞士拥有一流的研究设施和大学,这些设施为瑞士培养了非常优秀的人才。

五、各国高校创新生态系统比较

通过上文分析,根据理论模型比较各个国家高校创新生态系统在各个层次运行机制的特点(见表7-1),并与我国运行机制中存在的问题做对比,从而为我国高校创新生态系统运行机制构建提供有针对性的建议。

表7-1　各国高校创新生态系统在各个层次运行机制的特点

国家	核心层	中间层	外围层
美国	企业早期与后期阶段都与高校直接接触	高校自身也是投资者	一流的创新基础设施
英国	高校的科研成果直接以社会需求为导向并提供给企业	高校技术转移办公室既开展技术转移,也从事风险投资	宽松的创新文化
以色列	高校与企业、政府高度融合	政府扶持风险投资行业,增加高校的资金注入	混合式文化促进创新产生
瑞士	高校与企业以合作伙伴的关系联合开展研究	政府松绑政策	激烈的地区竞争促进创新设施的完善
中国	高校与企业无法达成高度合作	风险投资市场对创新主体支持力度不够	创新资源分布不均、行政氛围对冲创新氛围

资料来源:由张玉华指导研究生陈雅静整理。

第四节　国内高校生态系统构建典型案例分析

一、同济大学知识经济圈

上海杨浦区结合同济大学的优势学科和资源,深化"三区融合、共同发展"的核心理念,创造了"政府引导、学科支撑、企业主体,市场运作"的产业发展新模式。杨浦区政府牵头建设,环同济从一条街道、一条走廊扩展到今天的环城。为构建环同济,政府提供土地资源及基础设施建设服务。为了促进赤峰路设计道路的形成,杨浦区政府又投资 800 万元改善赤峰路的路况和周边环境,后来又投资 500 多万元修缮国康路,并通过厂房置换、旧区改造等方式,接纳日益增多的企业。政策上,杨浦区推出企业注册一条龙服务,设立企业孵化器,并对研发项目给予直接资助,推动了知识经济的发展。

为推动同济知识经济圈的建设,杨浦区建成六大服务平台:中小企业政策贷款、创业投资、风险投资平台;协助企业申报创新基金等政府扶持和认定项目的项目申报平台;大学生创业活动平台;支持企业申请创新基金和其他政府支持和认可的设计平台;为企业提供各种政策宣讲、管理讲座和职业培训的培训平台;提供知识产权、法律、财务代理等专业服务的中介服务平台,推进环同济知识经济圈的建设。为更好地保证环同济知识经济圈的良好运行,杨浦区政府与同济大学成立杨浦环同济知识经济圈管理委员会,联合制定环同济知识经济圈的发展规划,打造了政府、高校、企业多元共赢的良好局面。

环同济知识经济圈是国家火炬计划环同济研发设计服务的特色产业基地,也是国内以研发设计服务业为主导特色的产业基地。同济大学拥有全国领先的建筑设计专业和土木工程领域的优势资源,以及受人尊敬的教师和科学家,为高校创新生态系统的人力和技术要素提供了保障。为了推动环同济的建设,同济大学还提供了宽松的创新创业环境,通常不会干预教师在闲暇时间的行为,也不会对学生的闲暇时间实施严格的规定。同济大学建立了一个科技成果转让和转化中心,长期以来,在大力提升同济大学科研实力的同时，积极创新科技成果转化的体制机制。

环同济从企业需求出发提供服务，打造充满活力的大中小企业融通发展的产业生态体系。设计型企业为长远发展，积极投入环同济知识经济圈的合作，环同济从"设计一条街"到国内现代设计企业最多的集聚区，2.6平方千米集聚了3000余家知识创新型企业。环同济形成了以建筑与环境设计、产品设计为主导的产业集群，80%的企业为设计类中小企业，80%的创业者为同济师生，核心区域总产出以每年近13%的速度稳步增长，总产出近500亿元。

二、西南大学创新生态圈

西南大学创新生态圈由重庆市北碚区政府牵头，西南大学为建设主体。北碚区坚持"校企合作、产学研结合"的理念，推动西南大学创新生态圈的建设，通过实施"六大工程"完善"四条链"，与重庆市科技局建立咨询机制，共同推动西南大学创新生态系统的发展。政府设立专项基金，向科技企业无偿发放研发经费；推进中小企业商业价值信贷改革，建立知识价值信贷风险补偿基金；搭建一站式高端人才服务平台，吸引人才到北碚区，北碚区政府建立了完善的社会服务体系，确保生态系统的正常运行。北碚区政府启动窗口政府服务改革，大力推进微信公众号和APP交易处理，服务效率大幅提升。在北碚区政府领导下，西南大学成立了技术研究院，实施校城合作共建，推动高校创新生态平台建设，促进当地经济发展和西南大学建设。北碚区政府设立专项资金，在财政上支持科技创新，支持科研项目和相关企业；建立高层次人才社会体系和服务平台，吸引相关科研人员；支持相关科技型中小企业的发展。

西南大学创新生态圈围绕现代农业、智慧教育和新一代信息技术等关键领域，也围绕西南大学的优势学科展开合作。近年来，西南大学在科技创新及成果转化方面做出许多努力，建立了西南大学科技成果转化中心、企业孵化基地等平台。西南大学建立了智汇通源专利管理平台，可以提升科研人员的研发水平和成果产出，为学校科研团队提供完整的科技成果转化服务。西南大学出台成果转移等相关文件，激励科技创新与成果转化，与相关机构及企业建立合作机制，探索校、地、企混合制经济模式。在此基础上，西南大学与区政府合作建立西南大学创新生态圈,推动学校科技成果转化及当地经济发展。

西南大学创新生态系统已与 58 个社区和众多国外科技创新项目、科技企业和风险投资基金签订合同。根据市场需求,相关公司已与 8 个项目达成合作意向,注册技术合同 236 份,合同金额 1.73 亿元。围绕大学的创新生态系统的发展,促进了大学创新资源与市场之间的有效联系,是促进科研成果向高校转移转化的重要举措。在地方政府创新和企业政策的支持下,西南大学与多家企业建立了合作关系,构建了两个生态系统,促进了科技成果的产业化和市场化,构建了良好的创新生态系统。

三、山东理工大学创业创新带

淄博市张店区政府围绕山东理工大学,深化张店区国家创新创业示范基地建设。为推动环山东理工大学创业创新带,张店区政府规划利用山东理工大学周边的空间资源,着力打造百万平方米创业创新生态圈,提升山东理工大学创业创新协会的吸收和带动能力,保证创新平台有地可建,让环山东理工大学创业创新带可以良好运行。同时,张店区政府帮助山东理工大学建设科技中心、大学科技园、校友经济孵化园等创新平台,帮助优质科技成果最终实现产业化。

山东理工大学创业创新带依靠高校在材料、机械、化工等方面的学科优势,促使高校与多家企业达成合作,同时在创业创新带内实现多家企业的上下游链条对接,促使多家企业达成合作意向。山东理工大学不断激发师生的创新意识,积极推进科技成果转化工作,先后实施多项人才引进工程。山东理工大学设置了成果转化型教授,实施内部控制,强化法人责任,优化资金预算调整、使用流程,解决了学校非事业编制人员、校外专家、项目合作人员、在校学生差旅费报销难题。在 2017 年高等院校以转让、许可、作价投资三种方式转化科技成果合同金额排名中,山东理工大学以 52 078 万元位列全国第 1 名,充分体现了该校良好的创新氛围与科研意识。

山东理工大学创业创新带针对企业的市场需求,为其引入高端发展人才,组建研发团队,加快项目的规划进程,实现校企共赢的局面。企业还会组织高校学生参加实训实践,让大学生提前了解用人单位的情况;组织在校大学生参加"企业体验日"活动,促进高校毕业生和企业间的双向互动。张店区政府与山东理工大学合作建成了创业的创客空间——鲁中创新中心"大红炉"众创空间,成立了 19 个校企共建研究生工作站,40 余项科技成果在张店落地转化,高校科技人才优势转化为推动张店新旧动能转换、产业转型升级的强劲动力。

第五节　高校成果转化嵌套共生创新
环境营造的共性特征

环同济知识经济圈由杨浦区政府主导建设,为推动其建设,杨浦区政府改善了学校周围赤峰路的路况和周边环境,并通过厂房置换、旧区改造等方式,接纳日益增多的企业。同时杨浦区政府帮助企业推出注册一条龙服务,设立企业孵化期,并对研发项目给予直接资助,同时建成六大服务平台,推进环同济知识经济圈的建设。环西南大学创新生态圈由北碚区政府主导,与重庆市科技局建立会商机制,政府为科技型企业设立专项基金,无偿发放研发经费,推进中小企业商业价值信贷改革,搭建一站式高端人才服务平台,组织开展人才引进活动,完善社会服务体系,推进微信公众号和 APP 交易处理,服务效率大幅提升,推动了环西南大学创新生态圈的构建。张店区政府主导推动构建环山东理工大学创业创新带,规划利用高校周边区域的空间资源,着力打造百万平方米创业创新生态圈,促进产学研用深入融合发展。

环同济知识经济圈利用建筑设计和土木工程领域的优势资源及受人尊敬的教师和科学家,为高校创新生态系统的人力和技术要素提供了保障,打造了宽松的创新创业环境,推动环同济创新生态系统的构建。环西南大学创新生态圈依靠西南大学优势学科(即现代农业、智慧教育和新一代信息技术等),建立智汇通源专利管理平台,提升科研人员的研发水平和成果产出;建立西南大学科技成果转化中心、企业孵化基地等平台,为学校科研团队提供完整的科技成果转化服务,出台成果转移等相关文件。环山东理工大学创业创新带依靠高校优势学科,即材料、机械、化工等,与多家企业达成合作,同时山东理工大学设置了成果转化型教授,实施内部控制,强化法人责任,优化资金预算调整、使用流程,解决了学校非事业编制人员、校外专家、项目合作人员、在校学生差旅费报销难题。

环同济知识经济圈从企业需求出发提供服务,打造充满活力的大、中、小企业融通发展的产业生态体系;环西南大学创新生态圈中相关企业针对市场需求与多个项目达成合作意向,充分体现了高校的创新资源与市场需求通过企业进行有效对接;环山东理工大学创业创新带针对企业的市场需求,为其引入高端发展人才,组成研发团队,加快项目的规划进程,实现校企共赢的局面。

可见,环高校成果转化嵌套共生创新环境的营造大多由政府主导,政府为推动当地经济的高质量发展,选择与高校协作搭建成果转化嵌套共生创新平台,帮助高校推进科技成果转化,实现其市场价值,为高校提供周边土地资源以建设大学科技园、技术转移中心等,为科研项目提供创新基金,制定税收优惠政策、人才引用政策、放款贷款政策等。高校则借助其优势学科,为科研团队创造良好的创新环境,采取物质奖励等方式鼓励科技成果转化,发挥高校的社会智库职能,推动城市发展,同时也帮助其产出的科技成果进行转化,创造经济效益,推动高校科研实力发展;企业为实现长期发展,会主动与高校达成合作意识,通过创新平台实现校企合作并对与企业盈利方向有关的科研项目进行投资或资源共享,协助高校科技成果实现市场化、产业化。同时,营造环高校成果转化嵌套共生创新环境还离不开中介机构及金融机构的帮助,科技中介可以使科技成果实现精准营销,根据企业需求帮助企业与高校实现共赢局面,可以为高校成果转化嵌套共生创新平台孵化的科技型中小企业提供科技贷款及科技保险,帮助其孵化并发展壮大。

第八章

嵌套共生平台治理
效率与行为引导

第一节　高校科技成果转化绩效提升路径探析

张玉华等(2022)发现政府支持力度、人才规模、科研激励和校企合作强度是提升高校科技成果转化绩效的核心前因条件,并归纳出四种提升高校科技成果转化绩效的路径,分别是支持型、激励型、人才型和全面型路径。

一、高校科技成果转化绩效提升路径的论证

(一)高校科技成果转化绩效指标体系构建

使用 DEA 模型进行绩效测度的关键一步是选取合适的投入产出指标。近年来,中国学者运用 DEA 模型对高校科技成果转化绩效进行了大量研究,所构建的投入产出指标体系存在混杂基础研究数据的问题(王赵琛等,2020)。高校科技成果转化侧重的是将基础研究所得到的成果加以应用,如专利的出售、技术的转让等,其目的在于发掘科技成果的商业价值,在测度转化阶段的绩效时应仔细地考虑这一阶段的投入和产出包括什么。

本书在王赵琛等对投入产出指标体系研究的基础上,构建了如表 8-1 所示的投入产出指标体系。

表 8-1　高校科技成果转化绩效测度投入产出指标体系

指标分类	指标名称	单位	变量名
投入指标	科技成果应用及科技服务项目当年投入人数	人	X1
	科技成果应用及科技服务项目当年支出经费	千元	X2
	科技成果应用及科技服务项目数	项	X3
	发明专利授权数	件	X4
产出指标	专利出售合同数	项	Y1
	专利出售当年实际收入	千元	Y2
	技术转让合同数	项	Y3
	技术转让当年实际收入	千元	Y4

资料来源:张玉华,杨旭森,李茂洲.中国高校科技成果转化绩效提升路径研究——基于 38 所高校的模糊集定性比较分析[J].中国高校科技,2022(Z1):46-50.

(二) 高校科技成果转化绩效提升路径的充分性分析

充分性分析会产生三种解,分别是复杂解、简单解和中间解。从名字可以看出,三种解的复杂程度不同,除此之外三种解在启示性和普适性上也存在较大差异。中间解是学者们使用最多的一种解,其普适性和启示性都较好;复杂解往往过于复杂,是三者中普适性最差的,一般不为学者所采用;简单解往往又过于简单,不能充分揭示结论,但可以让学者们一眼就看出哪些前因条件对结果的产生起到了重要作用。梳理前人的研究,发现最常用的是将中间解和简单解结合起来进行分析。本书参考 Fiss(2011)的研究,将简单解中出现的条件归为核心条件,将在中间解中出现但未在简单解中出现的条件归为辅助条件。同样参考前人的研究,本书采用 Ragin(2008)设计的方案展示表格对得到的结果进行深入分析,并依据核心条件和相关知识对得到的方案进行分类,结果如表 8-2 所示。

一致性表示解在多大程度上解释了结果,覆盖度表示案例被解覆盖的比例。由表 8-2 的结果可知,各个解的一致性都大于 0.75,满足充分性条件,总体解的一致性达到了 0.818,也大于 0.75。每个解都可以看作是提升高校科技成果转化绩效的一种路径,根据组合要素的不同对结果进行分类,有以下四种路径可以提升高校的科技成果转化绩效。

表8-2　前因条件的充分性分析

前因条件	解			
	1	2	3	4
政府支持力度	●			●
校企合作强度		⊗	·	●
科研激励强度		●	·	
人才规模	●	⊗	●	·
科技创新能力	⊗	⊗	⊗	
对外交流合作	·	⊗	⊗	·
一致性	0.801	0.897	0.837	0.898
原始覆盖度	0.150	0.206	0.117	0.137
唯一覆盖度	0.071	0.150	0.064	0.065
总体解的一致性	0.818			
总体解的覆盖度	0.444			

注:●表示核心条件存在,·表示辅助条件存在,⊗表示条件缺席,空格表示该条件可存在亦可缺席。
资料来源:张玉华、杨旭森、李茂洲.中国高校科技成果转化绩效提升路径研究——基于38所高校的模糊集定性比较分析[J].中国高校科技,2022(Z1):46-50.

二、高校科技成果转化绩效提升路径的结果分析

(一) 支持型路径

解1说明政府支持力度、人才规模和对外交流合作的提升可以提高高校的科技成果转化绩效,其中政府支持力度和人才规模是核心条件,对外交流合作为辅助条件。近年来,中国政府高度重视科技成果转化,投入了大量资金,同时中国高校也普遍依赖政府的资金支持来开展其基础研究和科技成果的转化。从解1可以看出,支持性路径依赖于政府的资金支持,但仅靠政府资金的支持不能提升高校科技成果转化绩效,还要加强高校人才队伍建设和对外交流合作。

(二) 激励型路径

解2说明高校可以通过只提升科研激励强度来提升其科技成果转化绩效,在其他条件诸如校企合作强度、人才规模、科技创新能力、对外交流合作

等缺席的条件下,科研激励依旧可以发挥较大作用。解 2 的原始覆盖度为 0.206,是覆盖度最高的一个解,说明中国高校比较重视科研激励,同时科研激励的提升可以发挥较大作用。激励型路径重视调动科技活动人员的积极性,通过激励科技活动人员开展相关工作来提升绩效。

(三) 人才型路径

解 3 说明人才规模的提升,辅以校企合作强度和科研激励强度的提升可以提高高校科技成果转化绩效,科技创新能力和对外交流合作的缺席不影响其作用的发挥。科技活动的开展离不开人才,人才型路径重视人才队伍的建设,人才规模的提升不仅包括人才数量的增加,还包括人才质量的提升。

(四) 全面型路径

解 4 说明政府支持力度、校企合作强度的提升辅以人才规模和对外交流合作的提升是提高高校科技成果转化绩效的充分条件,其中政府支持力度和校企合作强度是核心条件。全面型路径重视多个前因条件的配合,既要寻求政府支持,也要提升校企合作强度,还要注重人才建设和对外交流合作,这几个条件的配合可以很好地提升高校的科技成果转化绩效。解 4 的一致性为 0.898,是一致性最高的解,说明这个路径最能带来高校科技成果转化绩效的提升。

综合看来,政府支持力度、人才规模、科研激励和校企合作强度是提升高校科技成果转化绩效的核心前因条件。科技创新能力的缺席在 3 个解中都出现了,这说明在科技成果转化阶段科技创新能力的作用相对于其他前因条件来说重要性不高。科技成果转化阶段的目标在于将已有的成果进行转化,不涉及新成果的产生,因而科技创新能力在这一阶段显得不那么重要,但这并不能否认科技创新能力的重要性,没有好的科技成果,转化无从谈起。

第二节　影响高校科技成果转化嵌套共生行为的微观因素

一、组织行为相关理论

组织行为学是管理学研究的重要领域,包括三大研究领域:个体行为、群体行为以及组织方面的行为。组织行为学可以解释预测个体、群体、组织的内在需求以及个体、群体、组织的行为，最后引导采用适当的方法激励组织活力，提高组织的效率。

现有高校科技成果转化的研究文献，通常直接分析高校科技成果转化的问题，如转化机制、技术推广以及高等教育，较少有文献从高校组织行为中的组织学习、组织认知以及组织合作角度，深入分析高校组织行为与高校科技成果转化的关系。当前高校科技成果转化效率较低可能有以下几点原因：第一，高校对企业的科技需要没有清楚的认识，高校的科技成果并不适用于企业，高校与企业间没有良好的合作，不能实现最有效的科技成果转化，高校科研人员不愿意深入研究企业的技术需求；第二，虽然高校拥有企业所需要的技术，但由于校企之间没有良好的交流平台，高校无法实现科研成果的有效推广。从高校组织行为的角度出发，这些阻碍分别可以归属于高校的学习行为、高校的推广行为。

可见，如果要确保高校科技成果转化嵌套共生平台治理的高效率，必须分析影响科技成果转化的高校组织行为微观因素。深入分析高校科技成果转化问题是否由高校内在的组织行为问题造成，对更好更彻底地解决高校科技成果转化嵌套共生行为引导过程中面临的瓶颈有重要现实意义。

二、荣誉动机与经济回报

科研成果能否实现自身价值与其商业化程度有着密切的关系。科研人员会通过将自己的科技成果商业化来提高在学术界的地位和声誉（Owensmith and Powell, 2001; Moutinho and Fontes, 2007）。对于可以使自己在学术界脱颖而出的产学合作，科研人员都很愿意去参加，因为参与这种产学合作，不仅可以增加自己的声誉，还能够获得更多对自己有益的产学合作机会。

科研人员参与科研成果商业化的动机往往与经济激励有关。只有在面对较多的科研授权收入激励的时候，科研人员才会选择将其科研成果商业化（Thursby and Jensen, 2001; Jensen and Thursby, 2003）。科研人员在和企业合作将科技成果商业化的同时，还能获得所属学校以及政府相关部门给予的科研资金支持，这对于开展下一步的研究具有极大的促进作用。对于具有较多经济收益的产学合作项目,科研人员的参与意愿更加强烈。

科研人员进行学术研究具有一定的个人偏好,是基于自己的兴趣开展相关研究(Jeffrey et al.，2002)。他们更愿意将自己感兴趣的科研成果商业化,因此我们认为,科研人员的个人偏好对于产学合作具有较大的影响。

科学知识具有公共产品的属性。科学研究与技术研发不同,公共研究机构的科研人员往往致力于可自由传播科学知识的累积。为获得学界和社会认可,科研人员往往会选择尽可能快地发表自己的最新研究成果,而提交或发表的时间会使研究成果更有说服力。科研人员获得学界承认的同时也收获了荣誉,也有了更多获得科研岗位与资金支持的机会。科研人员与企业进行合作研究,研究成果往往被企业独占。在研发合作中,企业通常选择独占研究成果以确保其竞争优势,显而易见,学术科研人员的激励因素与企业的目标往往是冲突的。当企业试图独占新知识时,科研人员则希望发表其研究成果以获取科学认可(许晓东和吴昌林,2008)。

科研人员与企业开展产学合作的时候,往往需要同企业不断地进行沟通与协调,在这个时候,时间的投入是一个很重要的因素。对于科研人员来说,本身的科研任务就很繁重,如果与企业进行产学合作需要投入大量的时间成本,那他们进行产学合作的意愿将会大大降低。

可见,科技成果转化嵌套共生平台治理机制应充分关注科研人员的荣誉动机,公平客观地体现所有科研人员的经济回报。

三、风险感知

国外关于感知风险的研究在消费者行为这一角度已经有较多成果,考克斯等(Cox, 1967)将感知风险划分为预期后果的不确定性和严重性,并指出感知风险可以通过主观感知到的危险与不利后果的可能性进行相乘测量。罗塞利乌斯(Roselius, 1971)在考克斯等人的基础上将感知风险划分为财务风险、性能风险、身体风险、心理风险和社会风险。斯通等(Stone et al.，1993)在这一基础上增加了时间风险,目前国外学者关于感知风险的研究都围绕这几个方面展开。

国内关于感知风险的研究则集中在消费者的购买意愿,即在交易过程中消费者可能感知的风险,而就科技成果转化来说,也可以理解为转化出让方的感知风险。针对国外学者提出的六个维度而言，科研人员作为技术提供者，将科技成果推广运用，形成新产品、新工艺，并非作为科技成果的直接购买者或使用者，因此可以暂不考虑功能风险。科技成果的产出需要经历较长周期，并且成功率不高，成功与否不会造成科研人员的心理障碍，也不会影响其身份地位，所以暂不考虑其心理风险与社会风险。同样科技成果的转化对于科研人员的身体没有直接伤害，因而没有身体风险。科技成果的转化耗时较长，需要科研人员投入足够的时间以及人力、物力、财力，如果转化失败就不能获得预期结果，因此科研人员参与科技成果转化的沉没成本较高，时间风险、经济风险较为明显。国外学者瑟斯比等（Thursby et al.，2001）的研究指出，高校专利创造者由于知识差异、时间成本等因素不愿加入后期研发工作，影响了成果的转化。

除此之外，科技成果的转化涉及知识产权的转移，在这一过程中会出现商业泄密等一系列法律问题，因此，在科技成果转化过程中，对于法律风险的感知得以凸显。王干等（2004）通过研究指出，高校科研人员常因诉讼费高、耗时长不愿打官司，进一步增加了对于法律风险的感知，增加了科技成果转化的难度。基于上述分析，高校科技成果转化的感知风险可以分为时间风险、经济风险、法律风险。

四、政策动力

政策对于行为效果有着至关重要的作用，它直接影响着行为最终的方向，而对于高校的科研成果转化而言，政策最终的导向性起着决定性的作用。李巧华等（2014）对企业的技术活动进行了深入的研究，指出科技政策导向是企业通过对政府出台的激励性政策和强制性政策的关注，了解相关政策对企业本身的影响程度，并据此调整企业的经营活动。杜海平（2015）在分析当前转化政策对高校科技成果的主要影响时指出，高校与科研人员的成果收益划分不明确、以论文数量和质量为考核标准的评价政策、成果转化与教学科研之间的矛盾、管理政策的相对落后等问题在很大程度上增加了科技成果转化的难度。龚红等（2015）对武汉科技大学科技成果当地转化激励政策的效果进行了相关研究，发现科技成果当地转化激励政策不足影响了科研人员进行科技成果的当地转化。任晶燕（2011）从政府的视角研究了制约转化的相关因素,指出高校科研工作的管理政策、重点课题、论文和成果轻转化、科研立项重学术导向、轻市场需求等成为科技成果转化的主要障碍。丁明磊等(2013)指出,目前我国现有的政策法规存在激励得不到保障、落实困难等问题,这些不足也抑制了科研机构和高等院校转化科技成果的积极性。

五、心理资本

有关心理资本的研究最早聚焦于个体层面,管理学家弗雷德·卢坦斯(Fred Luthans)率先发掘到心理学的这一进步,将积极心理学的思想创造性地延展到组织行为学领域,并进一步提出"心理资本"这一概念,旨在从根本上打造人的竞争优势。心理资本是在积极组织行为学发展中应运而生的,是一种状态类、可开发、可测量、对绩效具有促进作用的积极心理品质或心理状态。

现代社会的快速发展使人们面临更大的竞争压力,越来越多的企业管理者、团队负责人等开始认识到组织中成员的心理状况良好与否对于组织影响显著,因此,在关注薪酬福利的同时也需要关注成员的心理成长。此外,大量研究表明,团队比个体拥有更多的竞争优势,团队成员之间能够形成优势互补与协同发展。团队层面的心理资本也更能使组织产生比个体更有效、更长久的竞争优势。

目前学术界对团队心理资本的界定尚存分歧。例如,卢坦斯等(Luthans et al., 2005)的研究认为,个体心理资本是团队心理资本产生的基础,团队心理资本是对个体心理资本外延的拓展,是团队的积极心理能力,它是可测量、可开发的,并能用来提高团队创新绩效。瓦伦布瓦等(Walumbwa et al., 2011)认为,团队心理资本是指团队成员在互动协作和协同发展过程中产生的,有利于促进团队成长和发展的积极心理品质。麦肯尼等(Mckenny et al., 2013)指出,团队心理资本是指员工在互动协作和协同发展中开发出共享的积极心理状态和动机水平。徐礼平等(2016)把团队心理资本界定为,在个体心理互动默契、团队成员积极心理能力集约、整合团队优势充分发挥基础之上形成的,提升团队创造力的系列心理品质和心理特征。项高悦等(2016)认为,团队心理资本是团队成员在协调互动中形成的一般性积极心理状态,反映出个体心理资本的一致性水平,是促进团队发展的积极心理能力的集合。

以上学者一致认为个体心理资本衍生出团队心理资本,包括团队自我效能、团队希望、团队韧性以及团队乐观四个维度。可见,该认识是一个循序渐进的过程,但仍不够全面。譬如,在团队心理资本的作用机理上,国内外的研究还处于起步阶段。

团队心理资本是在团队成员心理、行为相互感染基础之上形成的互动默契、协调集约的积极心理品质和状态,反映了每个团队成员心理资本趋于相同或一致性的水平,最终表现为一种提升团队创造力并由此促进团队科学快速发展的心理聚合力。可见,团队心理资本对高校科技成果转化嵌套共生平台治理效率具有正向影响。

六、团队信任

信任是指信任方放弃了对被信任方的监督和控制的能力,由于相信对方不会损害自己的利益而宁愿使自己暴露弱点,处于蕴含风险的环境中。高校科研团队中的成员都是一些从事脑力劳动的特殊个体,作为一个动态的系统,成员间的合作或冲突对团队工作绩效具有重要的影响。迈耶等(Mayer et al., 1995)的研究表明,信任可以增加合作,有效解决冲突,所以信任对绩效的影响是直接的。

近年来,国内外学者陆续展开了团队绩效与信任机制的相关性研究。例如,秦开银等(2010)发现信任机制的建立有助于增加团队成员的知识分享和主动协助行为,进而提升团队绩效。彭连刚(2011)从虚拟团队的研究切入,认为信任通过任务冲突的积极或消极效应来间接影响团队绩效。由此看来,团队绩效与团队信任之间关系密切,因而深入研究团队信任与高校科技成果转化促进机制之间的关系很有必要。

可以说,关于团队信任的研究相对较为丰富,但大多数都是关于团队信任如何形成,以及将团队信任作为前因变量和结果变量等。然而把这些放到特定团队中的研究还不是很广泛,目前已有的研究把其放在虚拟团队和体育团队中做比较,创业团队也有涉及,但还不是很全面,需要进一步探讨。

高校科技成果转化嵌套共生平台治理效率受到团队心理资本和团队信

任的影响。因此,为了提升高校科技成果转化嵌套共生平台治理效率,除了要保证高校科技活动的人员投入、资金投入等,还要注重科研团队内部的协作与配合,及时关注团队成员的心理状况,采取积极措施提升团队成员的自我效能和团队韧性,构建一个良好的团队氛围,保持乐观和积极向上的情绪。

高校平台应定期组织嵌套共生团队开展相关的团队活动,诸如定期开展团队素质拓展、召开组内座谈会、抛开学术交流,彼此分享最近生活中遇到的乐事或烦恼,增进团队成员的友谊与信任感,从而促进高校科技成果转化嵌套共生平台治理效率。

七、主观规范

高校科技成果的产生与转化都离不开职务成果发明人,可能是某一位主导教师,但是单凭这位教师一己之力无法实现科技成果的转化,因此要建立专业的科技成果转化团队或者组织,力争提升成果转化的效率(柳岸,2011)。高校科技成果转化是在已有科技成果的基础上进行商业化延伸的一个过程,这个过程需要专业团队来完成(隋杨等,2012)。国外的高校科技成果都由成熟的管理机构负责,我国目前也在学习构建类似的机构来提高科技成果的转化率。

科技成果的转化严格意义上分为两个部分进行,首先是科技成果的产生,其次是成果转化。科技成果的产生主要表现在高校发表科技论文和出版科技著作以及专利(刘泽政等,2011)。但是转化的落脚点更多的是追求科技成果的现实效益,尤其是能否真正地转化为现实生产力。广义的科技成果转化包括科技成果的产生和转化,狭义的只包含后阶段的转化。这些显性科技成果的产生是科研人员的创新构想或是创新试验等,需要个人提供创新思想,而主观规范多是指个人在做决策时感受到的压力,此压力多来自同组织中的其他人,进而对个人的行为产生影响。以往的研究表明,主观规范的两个维度被普遍认同为指令性规范和示范性规范。指令性就如同字面意思是一种命令式的信息传达方式,示范性是一种模范效应,模范效应来自上级领导或者同层级的同事,会对组织个人产生正向的引导作用。

指令性规范和示范性规范对高校科技成果转化嵌套共生行为的产生和转化都有影响。指令性是一种由领导发起,员工负责接收的科研创新,该情景下容易抑制团队成员的创新积极性(姚有芹,2012)。当然,高效的转化机制需要一些强制性的手段进行管理,松散的管理结构不易于实现成果的转化。

八、包容型氛围

包容是指欢迎、接纳和尊重差异。包容可以创造一种环境,在这种环境中,革新想法和思维、参与式决策、公正和公平均受到鼓励和培养(LePine et al.,2005)。包容型氛围是一种组织氛围,事实上,我们可以将包容型氛围确定为高校科技成果转化嵌套共生平台的组织氛围。在包容型氛围中,成果转化相关主体密切关注高校科研教师及学生的多样化需求,为其提供必要的科研资源。同时,平台组织也会推进全通道式的公开沟通交流并鼓励科研教师和学生的新想法和新做法,科研人员对于个人的科研工作具有较大的自主权,能够自主决定科研成果如何支配(苏世彬等,2019)。科技成果转化的内涵是将在各种平台上所产生的科技成果应用于实际并加以产业化、商业化,进一步转变为现实生产力的过程。由于包容型氛围本身是包容风险和鼓励创新的,因而能够适应科技成果转化工作的需求。譬如当科技成果转化工作极具挑战性时,便能够激发科研人员的挑战情绪,科研人员渴望通过挖掘自身的创造力来解决现实的问题。

九、自我效能感

自我效能感这个概念来源于社会认知理论(刘国艳,2016),主要是指社会个体基于对未来环境的认识,从而判断会采取的行动。自我效能感是对自我能力的综合判断,是对完成某项工作或任务的信心,组织中的个体信息、工作本身的信息及其他信息皆可帮助此能力的评价。由此可见,自我效能感是一个极具创造力的概念(刘大勇等,2017)。它不是对事物和自我的简单评价,而是综合多渠道可获得的数据或资料,从而对事物和自我进行的多角度评估,这种评估会影响个人未来可能采取的行动。因此,我们可以将自我效能感理解为是整合了众多绩效决定因素之后,进而对绩效能力进行的高级判断。有相当一部分学者认为组织氛围与自我效能感之间呈显著正相关。例如,隋杨等(2012)研究发现,积极的团队创新氛围能够有效增强团队成员的自我效能感,并进一步提高团队创新质量;顾远东等(2014)认为,组织创新的四个维度会影响个体对成败经历的感知,同时与科研人员自我效能感呈正相关关系。同时前文已阐明,包容型氛围作为一种积极的组织氛围,其本身能够激发个人工作情绪和胜任感。

自我效能感会影响科技成果转化行为,并贯穿于转化行为产生与发展的全过程。张思航(2015)认为,组织员工的自我效能感与其愿意做本职以外工作的意愿并产生行为呈正向关系,也就是说自我效能感越强,组织人员的工作绩效就越高,推广应用其工作成果的意愿也越强,进而有利于组织目标的实现。刘文彬等(2015)研究发现,90后组织员工的自我效能感强弱与其培训成果转化行为正相关。高鹏等(2016)采用不一样的视角,收集大量数据,对自我效能感与科技成果转化间的关系做了大量实证研究,结果表明,以上两个研究变量的呈现正相关关系。

十、内外在激励偏好

高校作为三螺旋结构中的一个重要组成部分,其科研人员的转化动机类型和强度、行为选择会对科技成果转化的全过程产生深远影响。美国心理学家亚伯拉罕·哈罗德·马斯洛(Abraham Harold Maslow)于1943年在《人类激励理论》一文中就提出了需求层次理论,我们常称之为"马斯洛需求层次理论",但这个理论在管理工作中经常被忽视。该理论将人类需求从低到高分为五种,分别是生理需求、安全需求、社交需求、尊重需求和自我实现需求。具有不同需求的人在行为选择上呈现一定差异。例如,收入较少的教师群体可能对于其科技成果转化的愿望非常强烈,他们迫切需要将自己的科研成果进行产业化,从而获得一定的经济利益;而当他们的收入达到一定水平后,往往会产生两种选择:①顺其自然,对推动科研成果转化的欲望渐渐消失;②基于自我实现需求的驱动作用,追求更高级的"享受",反而会大大增强推动科研成果转化的愿望。因此具备不同内外在科研动机的人员在面对科技成果转化时也会有不同选择。

高校科研人员在开展科研工作时,其内外在激励偏好一定会影响后期行为选择,不同工作动机的人员有着不同的行为方式。

有研究发现,内外在激励偏好都对创新有着显著的正向作用,但是内在激励偏好在创新氛围与创新行为之间发挥的调节作用正好相反。外在激励偏好越强,创新氛围对创新行为的影响越大;内在激励偏好越强,创新氛围对创新行为的影响越小(刘云等,2009)。以此类比,内在激励偏好较强的科研人员具有较强的工作积极性,对于推动其科研成果转化,进一步创造价值也具有强于外在激励偏好人员的能动性。而被外在激励偏好所主导的科研人员,在尚未观察到科技成果转化带来的各种价值之前,并没有足够动力推动科技成果转化。因此,在完成科研任务、形成科技成果后的这一阶段,不同激励偏好的人员其心理及行为上的不同很有可能造成对科技成果转化的不同选择。

基础性研究和应用性研究两类不同目的的研究产生的科技成果转化效果必然存在一定差异。基础性研究侧重于原理、方法等较为抽象的内容,将其成果转化为现实生产能力的挑战较大。应用性研究本来就具有较强的目的性,其与现实的联系更为紧密,这就赋予其一定转化为生产力的优势。但基础性研究在短期内的转化劣势可能会在长期竞争中得以扭转,因为该研究成果转化为现实生产力的潜力和效能更大。因此,不同研究目的下,相关科研人员的行为选择对高校科技成果转化效率和效果也有一定影响。

从内外在激励偏好的定义可知,内在偏好强的人对内在激励因素比较偏爱,外在偏好强的人对外在激励因素比较偏爱。因此,外在偏好强的人更容易受到外在因素的刺激,从而在科研工作中表现出更多的成果转化行为;而内在偏好很强的人不太容易受到这些外在激励因素的影响,甚至会因为这些因素的存在(比如说分散其注意力)而影响其正常的成果转化行为,大量实证研究也支持以上推论。

我们通过调查发现,具备较强外在动机的科研人员会表现出更加积极的转化行为。同时,不同人口特征的人群具备不同的内外在动机,如收入较高和侧重基础性研究的人群,一般具备较强的内在激励偏好,对于科技成果转化的“最后一公里”并不那么热衷;而那些收入较少和进行应用性研究的人员具备较强的转化动机,他们的研究目的也比较明确,比较务实。

此外,性别差异也显著影响科技成果转化的行为选择。男性更热衷于应用性研究,表现出更加积极的转化行为,而调查样本中女性的选择截然相反。这种差异很可能是由样本选择造成的,因为不同水平高校的科研人员其科研内容选择以及未来规划具有较为明显的差异,性别差异在不同水平的高校之间会逐渐体现。研究表明,外在动机是驱动科研成果转化的主要影响因素,收入水平印证了这个现象。只有当人们的收入水平达到一定标准后,抑或是实现了财务自由,他们的行为才会受内在动机的影响多于外在动机。而内在动机作为一种比外在动机更持久的力量,可以促使科研人员迈向更高的台阶。

第三节　嵌套共生平台治理行为引导的多元路径

弗雷德里克·赫茨伯格(Frederick Herzbery)的双因素理论将影响工作积极性的各种因素划分为激励因素和保健因素,提出"满意的相对面是没有满意,不满意的相对面是没有不满意"。保健因素是人对工作以外的其他条件的要求,涵盖了公司政策、监督管理水平、工资水平、工作环境及条件、福利待遇、人际关系等,这类因素只能起到预防作用,它们的改善只能防止员工因为不满而引起工作损失,消除员工的不满情绪,但无法真正调动工作积极性,保健因素无法成为激励因素。而激励因素实质上是个体对工作本身的要求,围绕人们在工作中获得发展的需求,比如工作内容的挑战、工作责任、工作本身的重要性、工作带来的成就感等。激励因素的改善可以激发员工的工作积极性和热情,它提供的心理激励能够促使个体去追求自我实现,给个体带来责任感和成就感,但这些发自内心的兴趣和热情无法弥补工作以外各种其他条件及环境的匮乏。双因素理论揭示了工作中的满足感来源于工作质量本身的提高和完善。

我们定义的高校科技成果转化是指从研究到技术开发,再到成果应用的纵向链条,具体表现为高校科研人员的科研活动、专利申请、技术转让、利用知识技能服务社会等行为。运用双因素理论探讨科研人员科技成果转化行为时,保健因素可以消除高校科研人员对参与科技成果转化活动的不满意感,保持其参与科技成果转化活动的意愿;激励因素可以提高高校科研人员对参与科技成果转化活动的满意感,进而增加其参与科技成果转化活动的意愿。李硕豪和杨海燕(2015)将教师专业发展的基础环境划分为两类:保障性环境包括工作条件、工资待遇、人际环境、政策与管理,激励性环境包括职业期望、责任感、工作激励,并以高校理科教师为例进行了实证研究。杨斯喻和周详(2018)借助双因素理论对同一高校不同基层学术组织环境中教师科研动力机制的差异进行了分析,其中激励因素包括自我激励、科研认知、学术机会,保健因素包括科研管理、科研条件支持、院系支持。

在影响高校科研人员参与科技成果转化活动行为的因素中,管理政策、工作环境、物质激励为保健因素,反映科研人员参与科技成果转化活动的保障性环境因素。学术机会、职位晋升、自我实现、院校支持为激励因素,反映科研人员可以从参与科技成果转化活动中获得的自我提升和自我认知需求的满足。

总体看来,保健因素中的管理政策和激励因素中的学术机会在所有路径组合中扮演了最为重要的角色(见图8-1)。

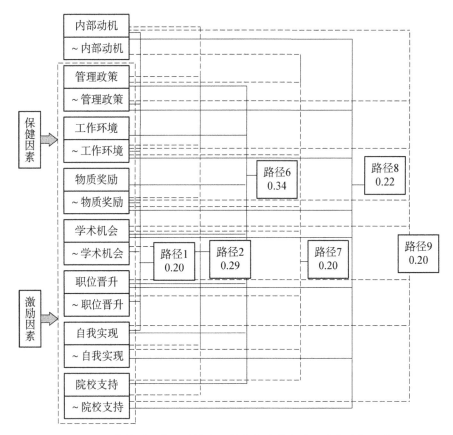

图8-1 高校科研人员科技成果转化行为的影响因素与路径组合

第一，对于单项因素来说，虽然内部动机、自我实现、学术机会的一致性相对较高，但所有的单因素都无法构成高校科研人员科技成果转化行为的充要条件，需要对条件变量进行路径组合分析。

第二，我们通过模糊集定性比较方法对因素进行组合分析，在 8 个单要素所产生的 256 种潜在组合中，共产生 10 条充分条件组合满足条件，能够解释高校科研人员科技成果转化行为的建构路径。

第三，保健因素中的管理政策和激励因素中的自我实现与学术机会在所有路径组合中扮演了最为重要的角色。当多个激励因素和保健因素共同存在时，产生了原始覆盖率和净覆盖率最高的路径组合。当所有激励因素都没有出现时，产生了原始覆盖率最低的两个组合。

第四，高校科研人员科技成果转化行为的组态影响路径包括：保健路径、激励路径、保健—激励路径、保健—激励综合路径。

第四节　提升嵌套共生平台治理效率的行为引导建议

政府支持在大部分高校的科技成果转化中起着重要作用。科技成果转化的前提是要有值得转化的科技成果，现阶段我国很多高校科技成果转化绩效低的原因在于没有创新性很强的科技成果，申请的专利质量水平不高，且科技成果的产出需要大量资金的投入。同时高校科技成果转化工作的开展也需要大量资金的投入。近年来我国政府高度重视创新，加大了对重点高校科技经费的投入，但是经费投入的增加没有带来高校科技成果转化绩效的明显提升，其原因在于创新产出的增加没有跟上经费投入的增加。高校应当加快科技创新发展的步伐，高效利用政府资金，让创新产出的增加跟上科技经费的增加。

科研激励是提升高校科技成果转化绩效的重要手段。科技成果转化工作需要耗费大量的时间和精力，科研激励可以让科技活动人员更加积极地投入工作。物质激励是大部分高校所采用的一种激励措施，也有高校开始试点赋予科研人员职务科技成果长期使用权的创新激励措施，来鼓励其进行科技成果的转化。高校应不断完善科技创新激励机制，寻求激励措施的多元化发展,积极调动科技活动人员的工作热情,让他们更加高效地完成任务,同时吸引更多高水平人才进入科研领域。

人才规模在高校科技成果转化中的作用不容忽视。科技成果转化工作的顺利开展需要高水平的人才队伍,人才队伍的建设不仅要有数量,更要重视质量。美国高校科技成果转化绩效高的一个很重要的原因在于其大学内部有专门从事科技成果转化的技术转移办公室,该办公室由一支高度专业化的人才队伍组成。中国高校应当重视对科技成果转化阶段高水平人才的引进与培养,组建专业的团队进行科技成果转化。

基于以上思考,我们提出以下四点促进高校科技成果转化嵌套共生平台建设的政策建议。

(1) 借鉴国外风险投资体系,建立健全风险投资优先股交易制度。早在2014年,中国证监会就发布了《优先股试点管理办法》以及非上市公众公司发行优先股相关的信息披露文件,就优先股试点改革进行较为详细的管理部署。优先股试点丰富了中国股份转让系统的市场功能和合格投资者的选择空间,有利于非上市公众公司拓宽融资渠道、开展并购重组。同时,中国科技型中小企业数量逐年上涨,也对现有金融资本支持企业创新研发的机制提出了新的考验。为更好适应科技型中小企业提质增量发展新要求,进一步完善支持科技型中小企业研发的制度体系,营造全社会支持中小企业发展的氛围,建议在全国股转系统开设一个新的市场管理层级,即科转优先股交易层,科转企业通过科技成果原属高校申请在全国股转系统科转优先股交易层进行交易融资等,并由高校对所推荐的科转企业履行监督义务。同时,借鉴美国的司法经验,建议国家在放宽非上市公众企业发行优先股限制的基础上,进一步设立并完善风险投资优先股的交易制度,在司法实践中为优先股股东约定的优先权力提供法律保障,在考虑优先股发行双方的合理诉求下,为创业企业与风险投资者搭建资本链接的桥梁。

(2) 尽快推动建立科技信用通证一级发行市场及二级交易市场。为了保证投资者的合法权益,政府需要对科转赋能通证的发行交易进行严格控制,要求发行人具备较高的条件,如发行人在发行科技信用通证前有必要制定完善的交易细则及赎回机制,并向公众披露相应的科技信用通证发行背景资料等。值得注意的是,科技信用通证的发行与众筹存在较大区别,由于科技信用通证并不直接与科技成果绑定，因此可以避免知识产权风险。此外，科技信用通证的审批发行主体较众筹更为正规，对于募集资金的管理也更加妥当，因此可以规避非法集资和资金安全风险。

（3）推动建立国家和高校层面两级科技成果转化去中心化数智中台，尽快上升为国家专项投资计划。设立政府科技成果转化专项引导基金，推动专业嵌套风险投资的设立，搭建完善的利润分配及风险分担机制，调动社会资本参与科技成果转化的积极性。制定相应法律法规及政策规制，建立完善科技资源共建共享和科技资产管理的全流程运行机制，对高校科技成果转化嵌套共生去中心化中台建设的工作投入、执行力度、成果产出情况等进行量化评价，为实行高校差别化经费保障制度提供指标依据。

（4）进一步完善区块链开源平台及 NFT 等模式在科技成果知识产权领域的相关应用，发展可信交易和数字凭证，推动智能合约等新技术在知识产权确权试点中的运用。探索推动专利等知识产权数字化、数字确权保护等相关业态的数字化转型与数字科技应用，组建跨机构和行业的知识产权数字化区块链联盟，研究制定知识产权确权及交易的区块链行业标准和协议框架。

同时，在嵌套共生平台治理行为引导方面建议注意以下机制的建立。

（1）建立收益反哺机制，让科技成果转化的收益反哺基础研究和成果转化。中国高校普遍依赖政府的资金支持来开展科研工作，企业的资金和高校的自有资金只占到很小的比例。在保障科技成果发明人收益的同时，高校应当将科技成果转化收益的一部分直接用于基础研究工作或下一次的成果转化，并适当提高这部分资金的比例，同时高校可以成立专门的科研基金来管理这部分资金。另外，高校应当加强与企业的合作，高校为企业提供其所需的技术，企业为高校的科技成果转化提供资金支持。

（2）建立多元化科研激励机制，加强高水平人才队伍建设。多元化的科研激励机制可以充分调动科技活动人员开展相关工作的积极性，增强其进行科技成果转化的意愿。同时高校要加强高水平科研人才队伍的建设，一可以加强科研激励来吸引和留住海内外优秀人才；二可以加强对科研人员的培训，如派遣科研人员出国交流学习以提升其专业能力。科技竞争就是人才竞争，高水平的科研人才队伍可以提升高校科技成果转化绩效。另外，高校也应当加强对外交流与合作,关注科技前沿领域的动态,将科研力量投入科学技术的尖端领域,从而不断提高我国高校在高新技术上的话语权,推动高校科技成果转化高质量发展。

（3）完善科技成果评价机制,严格把关科技成果的质量。当前,我国高校部分科研人员对科技成果转化的认识程度还不够,为了评职称和应对考核,盲目追求论文和专利的数量,而忽视了质量,这就造成了我国专利数量很多,但能在技术交易市场进行交易和转化的技术成果却很少的局面。高校应当完善其科技成果评价机制,降低对"量"的要求,提升对"质"的要求,将科技成果的可转化性纳入评价标准。同时,有关部门要提高专利申请的审核标准,由此提升科研人员对科技成果转化的认识,促进科技成果质量的提升,从而进一步提升科技成果转化绩效。

参考文献

［1］伯努瓦·里豪克斯,查尔斯·C.拉金.QCA 设计原理与应用:超越定性与定量研究的新方法[M].杜运周,李永发,译.北京:机械工业出版社,2017.

［2］布拉德·菲尔德.创客社区[M].张鹏,译.北京:机械工业出版社,2021.

［3］卜志国,么永强,杜绍华,等.依托"互联网＋"新模式打通科技成果转化落地"最后一公里"[J].科技创新导报,2017,14(14):215－216.

［4］蔡莉,黄贤凤.西方创业行为研究前沿回顾及对我国众创的展望[J].科学学与科学技术管理,2016,37(8):34－46.

［5］蔡莉,彭秀青,Satish Nambisan,等.创业生态系统研究回顾与展望[J].吉林大学社会科学学报,2016,56(1):5－16,187.

［6］蔡跃洲.科技成果转化的内涵边界与统计测度[J].科学学研究,2015,33(1):37－44.

［7］常旭华,詹泽慧,陈强,等.我国高校教师发明披露问题——现状、制度原因及改进对策[J].研究与发展管理,2016,28(3):122－133.

［8］陈春霞,冯巨章.风险投资组织形式:公司制与有限合伙制之比较[J].生产力研究,2007(14):51－52.

［9］陈桂兵.职务技术成果权属分配机制的创新——以西南交通大学为例[J].中国高校科技,2017(S2):119－121.

［10］陈和,刘交交.基于"利润分享"视角的高校科研团队成员治理研究[J].科技与经济,2019,32(1):76－80.

［11］陈华,巩孝康.粤港澳大湾区科技成果转化的金融支持与金融创新研究[J].科技与金融,2020(11):21－24.

［12］陈健,高太山,柳卸林,等.创新生态系统:概念、理论基础与治理[J].科技进步与对策,2016,33(17):153－160.

［13］陈金晓.人工智能驱动供应链变革——平台重构、生态重塑与优势重建[J].当代经济管理,2023(5):50－63.

［14］陈强,常旭华.我国高校教师发明专利权属分布的实证研究[J].管理评论,2015,27(11):66－74.

［15］陈伟,杨早立,李金秋.区域知识产权管理系统协同及其演变的实证研究[J].科学学与科学技术管理,2016(2):3－39.

［16］陈橄.国家与地方互动视角下我国科技信用监管体系建设与发展研究[J].科技管理研究,2023(12):49－58.

[17] 陈元.科技与资本[J].中国金融,2020(23):9-11.

[18] 楚汉杰,叶兴艺.广西高校研究生创新环境的评估与优化——基于广西民族大学的实证调查[J].科技创新与生产力,2021(4):27-30.

[19] 楚建中.科技成果转化率计算的研究与探讨[J].石油科技论坛,1996(6):67-70.

[20] 丛海彬,邹德玲,蒋天颖.浙江省区域创新平台空间分布特征及其影响因素[J].经济地理,2015,35(1):112-118.

[21] 党文娟,张宗益,康继军.创新环境对促进我国区域创新能力的影响[J].中国软科学,2008(3):52-57.

[22] 邸晓燕,赵捷,张杰军.科技成果转化中的国际职业化模式——以中科院上海生命科学研究院知识产权与技术转移中心为例[J].科学管理研究,2011,29(3):49-52.

[23] 刁丽琳,朱桂龙.产学研合作中的契约维度、信任与知识转移——基于多案例的研究[J].科学学研究,2014,32(6):890-901.

[24] 丁明磊,陈宝明.健全要素市场决定报酬机制加强科技人员成果转化激励研究[J].科学管理研究,2016,34(3):96-100.

[25] 董森军,陆震,王虹燕,等.上海国家大学科技园建设现状及发展趋势[J].中国高校科技,2019(10):82-85.

[26] 杜德斌.破解创新密码[N].文汇报,2012-11-21.

[27] 杜海平.我国高校科技成果转化研究:政策的视角[J].教育发展研究,2015(13):50-55.

[28] 杜英,李晚玲,张爱宁.内聚耦合视角下的产学研合作研究——以甘肃重大科技专项为例[J].中国科技论坛,2016(4):43-48.

[29] 杜运周,贾良定.组态视角与定性比较分析(QCA):管理学研究的一条新道路[J].管理世界,2017,285(6):155-167.

[30] 范柏乃,余钧.高校技术转移效率区域差异及影响因素研究[J].科学学研究,2015,33(12):1805-1812.

[31] 范瑞泉.落实并释放科技成果转化政策红利有效推动高校科技成果转化[J].科技管理研究,2020,40(15):145-149.

[32] 方宇,王迪,刘书华,等.地方高校技术转移服务体系路径探索研究——以上海工程技术大学技术转移中心建设为例[J].中国科技产业,2021(9):62-65.

[33] 费艳颖,凌莉.美国国家创新生态系统构建特征及对我国的启示[J].科学管理研究,2019,37(2):161-165.

[34] 冯海燕.高校科研团队创新环境与绩效的协调性水平研究[J].科技管理研究,2015,35(5):99-103,121.

[35] 冯卓,马雪剑.有限合伙制风险投资在中国的应用分析[J].经济研究参考,2016(13):76-81.

[36] 贺德方.对科技成果及科技成果转化若干基本概念的辨析与思考[J].中国软科学,2011(11):1-7.

[37] 傅慧,朱雨薇.联盟管理能力与联盟绩效:基于关系资本的视角[J].软科学,2012,26(6):92-95.

[38] 高鹏,吴维库,陈信龙.员工的创新自我效能感对创新行为的影响[J].技术经济.

2016,35(12):29 - 37.

[39] 高艳琼,肖博达,蔡祖国,等.高校职务科技成果混合所有制的现实困境与完善路径[J].科技进步与对策,2021,38(8):118 - 125.

[40] 葛宏翔.国外高校创新创业教育生态系统建设的经验与启示[J].中国成人教育,2017(10):116 - 119.

[41] 龚红,彭姗.双元性创新视角下高校科学研究对成果转化的影响[J].科研管理,2021,42(2):121 - 129.

[42] 龚红,孙文晓,李燕萍.新常态下科技成果当地转化激励政策效果研究[J].科技进步与对策,2015(21):131 - 134.

[43] 龚敏,江旭,王庸.如何提高激励有效性? 基于过程视角的科技成果转化收益分配案例研究[J].科学学与科学技术管理,2021,42(4):83 - 103.

[44] 顾远东,彭纪生.组织创新氛围对员工创新行为的影响:创新自我效能感的中介作用[J].南开管理评论.2010,13(1):30 - 41.

[45] 顾远东,周文莉,彭纪生.组织创新氛围、成败经历感知对研发人员创新效能感的影响[J].研究与发展管理.2014,26(5):82 - 94.

[46] 顾志恒.如何调动高校教师转化科技成果的积极性——从科技成果转化人才激励机制谈起[J].中国高校科技.2018(3):64 - 66.

[47] 郭丽娟,刘佳.美国产业集群创新生态系统运行机制及其启示——以硅谷为例[J].科技管理研究.2020,40(19):36 - 41.

[48] 郭倩,刘英.影响高校科技成果转化的关键要素及效果优化[J].云南科技管理,2021,34(4):17 - 23.

[49] 郭燕青,王洋.创新生态系统中企业家角色定位研究[J].管理现代化.2018,38(2):32 - 34.

[50] 郭英远,张胜.科技人员参与科技成果转化收益分配的激励机制研究[J].科学学与科学技术管理.2015,36(7):146 - 154.

[51] 郝斌,任浩.企业间关系结构及其共生演化研究[J].外国经济与管理,2009,31(11):29 - 37.

[52] 郝佳佳,雷鸣,钟冲.高校职务科技成果权属混合所有制改革研究综述[J].中国科技论坛,2021(4):128 - 139.

[53] 何宪.科研单位工资收入分配制度研究[J].中国科技论坛.2021(4):44 - 54.

[54] 贺伟,蒿坡.薪酬分配差异一定会降低员工情感承诺吗——薪酬水平、绩效薪酬强度和员工多元化的调节作用[J].南开管理评论.2014,17(4):13 - 23.

[55] 侯兰茜.广东省国家"211 工程"高校应用科技成果转化的模式选择[D].广州:华南理工大学,2014.

[56] 胡德胜.浅议科技成果转化率概念的界定及统计[J].科学学与科学技术管理,1992(8):23 - 24,49.

[57] 黄颖利,张雨,石健.中国区域生态资本效率测算及创新环境的影响[J].统计与决策.2022,38(1):68 - 72.

[58] 纪国涛.基于政府引领的高校科技成果转移转化对接平台研究[J].中国高校科技,2019(10):13 - 16.

[59] 贾建锋,赵若男,朱珠.高校创新创业教育生态系统的构建——基于美国、英国、日本高校的多案例研究[J].管理案例研究与评论,2021,14(3):309-324.

[60] 简兆权,刘晓彦,李雷.基于海尔的服务型制造企业"平台+小微企业"型组织结构案例研究[J].管理学报,2017,14(11):1594-1602.

[61] 姜红,刘文韬,孙舒榆.知识整合能力、联盟管理能力与标准联盟绩效[J].科学学研究,2019,37(9):1617-1625.

[62] 靳瑞杰,江旭.高校科技成果转化"路在何方"?——基于过程性视角的转化渠道研究[J].科学学与科学技术管理,2019,40(12):35-57.

[63] 康慧强.职务科技成果权属混改中的引致风险与对策研究[J].科学管理研究,2020,38(1):42-46.

[64] 李爱雄,贾长林.科技成果及科技成果转化若干基本概念的辨析与思考[J].产业创新研究,2018(3):60-62.

[65] 李柏洲,莫琦.风险投资者与创业者之间最优合同的选择[J].哈尔滨工程大学学报,2004(4):540-543.

[66] 李成龙,秦泽峰.产学研合作组织耦合互动对创新绩效影响的研究[J].科学管理研究,2011,29(2):100-103.

[67] 李飞,黄柯鑫."互联网+"视角下的高校科技成果转化模式[J].中国高校科技,2017(11):10-12.

[68] 李奉书,徐莹婕,杜鹏程,等.数字经济时代下联盟管理能力对企业颠覆性技术创新的影响——知识流动的中介作用与知识重构能力的调节作用[J].科技进步与对策,2022,39(4):80-90.

[69] 李金展.基于市场机制的高校科技成果转化模式研究[J].时代报告,2019(3):166-167.

[70] 李军,朱先奇,王丽霞.集群企业协同创新伙伴选择研究——基于知识能力的评价指标体系和改进的 ELMAN 神经网络模型[J].预测,2020,39(5):23-29.

[71] 李攀艺,蒲勇健.基于共同代理理论的研究型高校 R&D 活动激励研究[J].科技进步与对策,2006(11):176-179.

[72] 李巧华,唐明凤.企业绿色创新:市场导向抑或政策导向[J].财经科学,2014(2):70-78.

[73] 李硕豪,杨海燕.基于双因素理论的高校教师专业发展基础环境研究——以我国高校理科教师为例[J].中国大学教学,2015(9):71-76,90.

[74] 李万,常静,王敏杰,等.创新 3.0 与创新生态系统[J].科学学研究,2014,32(12):1761-1770.

[75] 李维安,周建.作为企业竞争优势源泉的网络治理——基本的概念分析框架和研究假设[J].南开管理评论,2004(2):12-17.

[76] 李习保.区域创新环境对创新活动效率影响的实证研究[J].数量经济技术经济研究,2007(8):13-24.

[77] 李晓华,柯罗马.跨越死亡之谷:以大学风险投资激活科技成果转化系统为例[J].清华管理评论,2021(9):51-59.

[78] 李晓慧,贺德方,彭洁.日本高校科技成果转化模式及启示[J].科技导报,2018,36

(2):8 - 12.

[79] 李印平,夏火松,鲁耀斌.基于知识治理视角的国内大学知识共享研究[J].科研管理,2016,37(4):126 - 135.

[80] 李云梅,乔梦雪.合作意愿对产学研协同创新成果转化的作用研究[J].科技进步与对策,2015,32(14):17 - 21.

[81] 李正权.基于"互联网＋"的广东省科技成果转化技术交易平台设计与实现[J].科技创新发展战略研究,2019,3(5):29 - 35.

[82] 李正卫,曹耀燕,陈铁军.影响我国高校专利实施的关键因素:基于浙江的实证研究[J].科学学研究,2009,27(8):1185 - 1190.

[83] 梁海山,魏江,万新明.企业技术创新能力体系变迁及其绩效影响机制——海尔开放式创新新范式[J].管理评论,2018,30(7):281 - 291.

[84] 林嵩,殷帅.基于组织学习视角的创业过程研究[J].科技管理研究,2010,30(6):129 - 131.

[85] 林志坚.科技创新链的服务平台及绩效评估[J].科研管理,2013,34(S1):84 - 87.

[86] 刘大勇,洪雅兰,吕奇.科技成果转化的市场机制与市场成熟度评价[J].产业经济评论,2017(3):61 - 69.

[87] 刘鼎成.浅谈"互联网＋"视角下的高校科技成果转化[J].宏观经济管理,2017(S1):231.

[88] 刘国艳.国外推进科研成果转化的经验及启示[J].中国经贸导刊,2016(30):67,76.

[89] 刘景东,杜鹏程.惯例视角下联盟管理能力的构成及其对联盟组合绩效的影响研究[J].管理评论,2015,27(8):150 - 162.

[90] 刘林青,什锦锋.建设新型产业技术研究院的初步思考[J].中国科技产业,2014(2):38 - 41.

[91] 刘平峰,张旺.创新生态系统共生演化机制研究[J].中国科技论坛,2020(2):17 - 27.

[92] 刘群彦,王玲,朱明轩,等."双一流"维度下高校科技成果转化治理体系探讨——以上海交通大学为例[J].中国高校科技,2021(1):116 - 119.

[93] 刘群彦.科技成果产权激励与科研人员成果转化行为的关系研究——基于高校及科研院所的实证分析[J].中国高校科技,2020(1):120 - 124.

[94] 刘文彬,唐杰.绩效反馈对新生代员工反生产行为的影响机制——反馈效价视角的理论模型与案例研究[J].经济管理,2015(6):188 - 199.

[95] 刘洋,丁云龙.论产学研合作模式的进化——一个共生进化视角的透视[J].北京理工大学学报(社会科学版),2011,13(1):43 - 49.

[96] 刘洋,书文求,封春生,等.广东省高校及科研院所科技成果转化现状、问题及对策研究[J].科技管理研究,2019,39(2):91 - 97.

[97] 刘贻新,张光宇,杨诗炜.基于理事会制度的新型研发机构治理结构研究[J].广东科技,2016,25(8):21 - 24.

[98] 刘宇文,周文杰.我国高校科研奖励制度的现状与发展探索[J].高等工程教育研究,2015(4):135 - 140.

[99] 刘云,石金涛.组织创新气氛与激励偏好对员工创新行为的交互效应研究[J].管理

世界,2009(10):88-101.

[100] 刘泽政,傅正华,刘泽宪.我国技术转移中政府职能研究[J].科学管理研究.2011,29(4):60-64.

[101] 柳岸.我国科技成果转化的三螺旋模式研究——以中国科学院为例[J].科学学研究.2011,29(8):1129-1134.

[102] 柳卸林,孙海鹰,马雪梅.基于创新生态观的科技管理模式[J].科学学与科学技术管理,2015,36(1):18-27.

[103] 罗剑宏,何依.我国零售企业战略联盟管理的绩效提升——以联盟管理能力为视角[J].商业经济研究,2018(4):96-99.

[104] 罗茜,高蓉蓉,曹丽娜.高校科技成果转化效率测度分析与影响因素扎根研究——以江苏省为例[J].科技进步与对策,2018,35(5):43-51.

[105] 吕红艳,罗英姿.创新环境、创新特征对博士研究生创新成果的影响研究——基于江苏省十二所高校的实证分析[J].国家教育行政学院学报,2013(10):78-85.

[106] 马万里,史婷婷.我国知识产权风险投资存在的问题及其成因[J].科技管理研究,2014,34(2):135-137,142.

[107] 梅亮,陈劲,刘洋.创新生态系统:源起、知识演进和理论框架[J].科学学研究,2014,32(12):1771-1780.

[108] 倪慧群,钟耿涛,陈志鸿,等.技术入股中科技人员的角色及激励机制浅析——以华南农业大学为例[J].科技管理研究.2018,38(6):106-110.

[109] 牛振喜,安会刚,郭鹏.以工业技术研究院为中心的科技成果转化新机制研究[J].中国科技论坛,2006(4):40-44.

[110] 潘晓宇,马霖.实施职务科技成果混合所有制的相关问题[J].中国高校科技,2017(S2):124-126.

[111] 彭连刚.虚拟团队中冲突、信任、绩效之间的动态关系研究[J].科技管理研究,2011,31(11):125-128.

[112] 戚湧,朱婷婷,郭逸.科技成果市场转化模式与效率评价研究[J].中国软科学.2015(6):189-191.

[113] 齐琳琳.论创新驱动发展战略下高校知识产权管理体系的构建[J].湖北社会科学,2016(10):169-174.

[114] 乔为国.产业创新实验室(i^2Lab):一种新型科技成果转化平台模式设计研究[J].科学学与科学技术管理,2021,42(3):123-137.

[115] 乔希·勒纳,安·利蒙,费尔达·哈迪.风险投资、私募股权与创业融资[M].路跃兵,刘晋泽,译.北京:清华大学出版社,2015.

[116] 乔岳.创新生态系统视野下的科创中心构建策略[J].人民论坛·学术前沿,2020(6):38-45.

[117] 秦斐,温珂.构建有效的高校创新创业生态系统——制度安排与动力机制[J].科学学研究,2018,36(4):601-608.

[118] 秦开银,杜荣,李燕.临时团队中知识共享对快速信任与绩效关系的调节作用研究[J].管理学报,2010,7(1):98-102.

[119] 秦蕊,李娟娟,王晓,等.NFT:基于区块链的非同质化通证及其应用[J].智能科学

与技术学报,2021,3(2):234-242.

[120] 袭著燕,王磊.地方工业技术研究院的再认识[J].科技和产业,2015,15(8):77-83.

[121] 任晶燕.基于政府角度分析我国高校科技成果转化的问题及对策[J].科技管理研究,2011,31(4):87-90.

[122] 单子丹,王玙琦,陈琳,等.数字化赋能下制造业服务生态系统共生模式演化[J].科技与管理,2022,24(3):16-28,39.

[123] 申轶男,张超,朱国峰,等.高校科技成果转化存在的问题、成因及解决办法[J].中国高校科技,2016(3):8-11.

[124] 施振佺.基于大数据的科技创新成果精准转化模式研究[J].科技管理研究,2020,40(11):148-154.

[125] 寿柯炎,魏江.网络资源观:组织间关系网络研究的新视角[J].情报杂志,2015,34(9):163-169,178.

[126] 宋波,鞠燕,徐飞.我国高校科技成果转化模式探索——以西南交大为例[J].上海管理科学,2018,40(6):117-120.

[127] 苏继成,李红娟.新发展格局下深化科技体制改革的思路与对策研究[J].宏观经济研究,2021(7):100-111.

[128] 苏世彬,李苹.校企科技成果转化是否需要政府的介入?——基于EOQ存储模型视角[J].科技管理研究,2019,39(5):39-44.

[129] 隋杨,陈云云,王辉.创新氛围、创新效能感与团队创新:团队领导的调节作用[J].心理学报,2012,44(2):237-248.

[130] 孙德升,刘峰,陈志.高校科技成果转化的ISCP范式分析[J].中国科技论坛,2017(3):142-148.

[131] 孙俊华,魏丽.中国高校科技成果转化路径选择——中国内地28省市模糊集定性比较分析[J].科技进步与对策,2021,38(20):20-27.

[132] 孙天承.我国大学技术成果转移法律制度的检视与完善[J].经济法研究,2019,22(1):184-200.

[133] 汤扬.高校技术转移激励机制研究[J].科技创业家,2012(16):165-166.

[134] 滕堂伟.促进张江国家自主创新示范区协同发展的战略举措[J].科学发展,2017(9):25-30.

[135] 童俊,沈重耳,涂品.高校科技成果转化的认识与实践——以华中科技大学科技园为例[J].经营与管理,2021(3):151-157.

[136] 王朝云.创业过程与创业网络的共生演进关系研究[J].科学学与科学技术管理,2014,35(8):104-114.

[137] 王传清,毕强.泛在学术环境下科研人员知识共享行为影响因素研究[J].情报理论与实践,2012,35(7):61-64.

[138] 王道平,张博卿,杨岑.联合促销下网络零售商的动态定价策略[J].工业工程与管理,2015,20(4):68-74.

[139] 王凤彬,王骁鹏,张驰.超模块平台组织结构与客制化创业支持——基于海尔向平台组织转型的嵌入式案例研究[J].管理世界,2019,35(2):121-150,199-200.

[140] 王干,徐江桥,万志前.论科技成果转化法律法规实施中存在的问题及其对策[J].科技进步与对策,2004,21(6):53-54.

[141] 王宏波,西凤茹,李天柱.高校科技成果转化过程中的阻滞与疏导[J].黑龙江高教研究,2015(1):88-90.

[142] 王宏伟,马茹,张慧慧,等.我国区域创新环境分析研究[J].技术经济,2021,40(9):14-25.

[143] 王江哲,刘益,陈晓菲.产学研合作与高校科研成果转化:基于知识产权保护视角[J].科技管理研究,2018,38(17):119-126.

[144] 汪涛,杨雪梅.高校技术创新溢出能力对国家大学科技园孵化效率的影响[J].华中师范大学学报(自然科学),2021,55(5):876-889.

[145] 王廷."三区联动"上海杨浦模式与宁波镇海模式比较研究[J].科技进步与对策,2013,30(21):25-28.

[146] 王维.基于我国高校科技成果转化机制谈《促进科技成果转化法》[J].新材料产业,2018(3):53-56.

[147] 王先海.联盟管理能力与企业绩效、合作满意度关系研究[D].长沙:中南大学,2012.

[148] 王晓红,张文林.坚持开放合作提升数字技术创新能力[J].中国国情国力,2020(11):68-70.

[149] 王晓珍,蒋子浩.我国高校创新效率及环境分析:价值类型视角[J].科研管理,2019,40(10):25-36.

[150] 王肖婧,曹蓉,刘文瑞.评赫茨伯格双因素理论——兼论实证研究在管理研究中的局限[J].管理学报,2018,15(11):1611-1620.

[151] 王延明,刘宏生.科技人员参与科技成果转化收益分配的激励机制研究[J].中国高新科技,2019(1):50-52.

[152] 王元元,时勘.知识型员工创新行为影响因素的多通道模型[J].湘潭大学学报(哲学社会科学版),2014,38(3):52-58.

[153] 王赵琛,张春鹏,董红霞.24所部属高校科技成果转化效率的DEA分析[J].科研管理,2020,41(4):280-288.

[154] 危怀安,文圆,李旭彦.科技成果转化机构利益共享与风险共担集成激励机制——基于湖北省多案例探索性研究[J].中国科技论坛,2022(1):14-21.

[155] 卫平,高小燕.中国大学科技园发展模式转变研究——基于北京、上海、武汉等多地大学科技园调查及中外比较分析[J].科技管理研究,2019,39(21):20-25.

[156] 魏权龄,岳明.DEA概论与C^2R模型——数据包络分析(一)[J].系统工程理论与实践,1989(1):58-69.

[157] 温兴琦,黄起海,Brown David.共生创新系统:结构层次、运行机理与政策启示[J].科学学与科学技术管理,2016,37(3):79-85.

[158] 吴保根,张海生.上海地区国家大学科技园发展概况及其策略分析[J].科技管理研究,2010,30(24):73-76.

[159] 吴大进,曹力,陈立华.协同学原理和应用[M].武汉:华中理工大学出版社,1990.

[160] 吴金希.创新生态体系的内涵、特征及其政策含义[J].科学学研究,2014,32(1):

44 - 51.

[161] 吴寿仁.科技成果转化权益分配办法[J].华东科技,2020(2):66 - 69.

[162] 吴寿仁.科技成果转化收益分配应厘清的四个关系[J].华东科技,2017(9):
50 - 52.

[163] 吴卫,银路.巴斯德象限取向模型与新型研发机构功能定位[J].技术经济,2016,35
(8):38 - 44.

[164] 武学超.模式 3 知识生产的理论阐释——内涵、情境、特质与大学向度[J].科学学
研究,2014,32(9):1297 - 1305.

[165] 西桂权,黎晓东,孟潇.基于概念验证视角的颠覆性技术成果转化模式研究[J].科
学管理研究,2022,40(1):46 - 53.

[166] 夏一维.刍议制定农业科技成果转化政策的风险规避[J].辽宁行政学院学报,
2014,16(12):20 - 22.

[167] 项高悦,沈甦,沈永健.团队心理资本的形成机制及相关开发研究[J].领导科学,
2016(8):45 - 48.

[168] 项国鹏,宁鹏,罗兴武.创业生态系统研究述评及动态模型构建[J].科学学与科学
技术管理,2016,37(2):79 - 87.

[169] 肖红军,阳镇.平台型企业社会责任治理:理论分野与研究展望[J].西安交通大学
学报(社会科学版),2020,40(1):57 - 68.

[170] 熊文明,顾新,赵长轶.产业技术研究院建设模式与途径研究[J].决策咨询,2015
(3):75 - 78,84.

[171] 解栋栋,曾翔.关于上海高校和科研院所职务科技成果产权管理体制改革[J].科学
发展,2015(12):64 - 69.

[172] 谢兴华,资智洪.高校科技成果转化的路径探索与实践——以华南理工大学为例
[J].科技管理研究,2018(24):109 - 114.

[173] 徐宏,李万春.中国产学研协同创新的问题与对策[J].科学管理研究,2020,38(3):
2 - 7.

[174] 徐礼平,李林英.团队心理资本:内涵、测量、作用机理与研究展望[J].科技进步与
对策,2016(23):123 - 127.

[175] 徐鹏杰.互联网时代下企业竞争范式的转变:从竞争优势到生态优势——以韩都衣
舍为例[J].中国人力资源开发,2017(5):104 - 109.

[176] 徐寿波.生产要素六元理论[J].北京交通大学学报(社会科学版),2006(3):15 -
19.

[177] 许晓东,吴昌林.产学关系的形成、障碍与合作模式[J].高等工程教育研究,2008
(3):15 - 19.

[178] 徐艳梅,李菲,顾成建.新技术商业化过程中组织的共生模式研究[J].经济与管理
研究,2008(5):76 - 80.

[179] 许婷婷,吴和成.基于因子分析的江苏省区域创新环境评价与分析[J].科技进步与
对策,2013,30(4):124 - 128.

[180] 薛捷,张振刚.动态能力视角下创新型企业联盟管理能力研究[J].科研管理,2017,
38(1):81 - 90.

[181] 杨水利,杨祎.技术创新模式对全球价值链分工地位的影响[J].科研管理,2019,40(12):11-20.

[182] 杨荣.创新生态系统的界定、特征及其构建[J].科学与管理,2014,34(3):12-17.

[183] 杨斯喻,周详.高校基层学术组织教师科研动力机制差异分析[J].黑龙江高教研究,2018,36(4):90-95.

[184] 杨勇,王志杰.区域科技创业生态系统运行机制及政策仿真研究[J].科学学与科学技术管理,2014,35(12):99-108.

[185] 杨宇威.网络嵌入性、技术搜索与创新绩效关系研究[D].广州:华南理工大学,2014.

[186] 阳镇,刘畅,季与点,等.平台治理视角下高校科技成果转化治理创新[J].科学学与科学技术管理,2021,42(12):64-78.

[187] 姚友芹.科研人员自我效能感与个人创新行为的实证研究[D].大连:东北财经大学,2012.

[188] 姚佐文,陈晓剑.有限合伙制风险投资公司的形成原因与治理机制分析[J].中国软科学,2001(10):46-49,100.

[189] 叶江峰,任浩,郝斌.企业间知识异质性、联盟管理能力与创新绩效关系研究[J].预测,2015,34(6):14-20.

[190] 易朝辉.网络嵌入、创业导向与新创企业绩效关系研究[J].科研管理,2012(11):105-115.

[191] 尹剑峰.企业家资本与企业家创业发展研究[J].管理现代化,2018,38(3):51-53.

[192] 尹彦,赵涛.基于超循环理论的企业知识创新动态模型[J].西安电子科技大学学报(社会科学版),2011,21(3):1-8.

[193] 颖利,张雨,石健.中国区域生态资本效率测算及创新环境的影响[J].统计与决策,2022,38(1):68-72.

[194] 袁新敏,马仁峰.大学科技园区与区域经济融合发展的作用机制分析——以长三角地区为例[J].科技与经济,2011,24(2):39-44.

[195] 曾婧婧,刘定杰.产业集群集聚效应能促进企业创新绩效提升吗——对武汉市生物医药产业集群的实证分析[J].科技进步与对策,2016,33(18):65-71.

[196] 张丹,刘虹妍,沈阳,等.高校科技成果转化影响因素研究与展望[J].中国高校科技,2018(3):75-78.

[197] 张方华.网络嵌入影响企业创新绩效的概念模型与实证分析[J].中国工业经济,2010(4):110-119.

[198] 张根明,张曼宁.知识转移视角下企业联盟管理能力对创新绩效的影响研究[J].科技管理研究,2019,39(20):221-227.

[199] 张宏敏.高校创新环境的评价研究——基于浙江省高校数据分析[J].铜陵职业技术学院学报,2017,16(3):4-8,22.

[200] 张九庆,张玉华,张涛.美国概念验证中心促进成果转化的实践及其启示[J].全球科技经济瞭望,2019,34(4):38-45.

[201] 张玲斌,董正英.创业生态系统内的种间协同效应研究[J].生态经济,2014,30(5):103-105.

[202] 张铭慎.如何破除制约入股型科技成果转化的"国资诅咒"?——以成都职务科技成果混合所有制改革为例[J].经济体制改革,2017(6):116-123.

[203] 张庆红,高蕊,林丛丛.新创企业平台型组织的构建与有效运行机制:基于住宅公园的案例研究[J].中国人力资源开发.2018(9):139-148.

[204] 张思航.工作自我效能感对工作不安全感与组织公民行为间关系的中介效应研究[D].天津:天津师范大学,2015.

[205] 张小红.上海市大学科技园综合绩效评价研究[D].上海:上海工程技术大学,2016.

[206] 张旭,郭菊娥,郝凯冰.高等教育"供给侧"综合改革推动创新创业发展[J].西安交通大学学报,2016(1):26-35.

[207] 张玉华,杨旭森,李茂洲.中国高校科技成果转化绩效提升路径研究——基于38所高校的模糊集定性比较分析[J].中国高校科技,2022(Z1):46-50.

[208] 张玉华.高校科技成果转化嵌套数智平台及其治理范式[J].上海师范大学学报(哲学社会科学版),2022(6):24-34.

[209] 张臻.期待转型.孵化器的新思路访上海大学科技园总经理潘志浩[J].华东科技,2014(4):64-66.

[210] 赵公民,吕京芹,王仰东,等.互联网背景下"双一流"高校科技成果转化效率研究[J].软科学,2021,35(8):45-50.

[211] 赵广凤,马志强,朱永跃.高校创新生态系统构建及运行机制[J].中国科技论坛,2017(1):40-46.

[212] 赵彦飞,李雨晨,陈凯华.国家创新环境评价指标体系研究:创新系统视角[J].科研管理,2020,41(11):66-74.

[213] 赵彦飞,王孝炯,王丽.基于"投入—过程—产出—环境"视角的中国制造业创新效率测度研究[J].当代经济研究,2021(10):102-112.

[214] 郑景丽,龙勇,聂鹰.国外联盟能力研究前沿综述[J].科技进步与对策,2011,28(4):156-160.

[215] 郑翼,王钦丽,王宏伟.高校科研和创新环境有待改进的问题——基于三个维度的调研样本分析[J].中国高校科技,2021(11):43-48.

[216] 仲崇娜,苏屹.高校协同创新平台组织结构与运行机制研究[J].科技进步与对策,2015,32(6):29-34.

[217] 仲崇娜,苏屹.高校协同创新平台组织结构与运行机制研究[J].科技进步与对策,2015,32(6):29-34.

[218] 周华东.产业技术研究院的新发展和运行机制变迁[J].中国科技论坛,2015(11):29-33.

[219] 周君璧,汪明月,胡贝贝.平台生态系统下新型研发机构价值创造研究[J].科学学研究,2022(5):1-13.

[220] 周丽.高校新型研发机构"四不像"运行机制研究[J].技术经济与管理研究,2016(7):39-43.

[221] 朱飞.商贸流通企业联盟能力与绩效关系研究[J].商业经济研究,2020(19):27-31.

[222] 朱乃肖,黄春花.开放式创新下的企业知识产权运营初探[J].知识产权,2015(6): 73-77.

[223] 朱鹏举,郭铭鹤.美国大学科研成果转化中的中介参与及其界面管理[J].中国高校科技,2021(7):87-92.

[224] 卓泽林,曹彦杰.美国高校如何构建创新创业生态系统——基于资源投入的视角[J].学术论坛,2016,39(1):162-167.

[225] 宗倩倩.高校科技成果转化现实障碍及其破解机制[J].科技进步与对策,2023,40(4):106-113.

[226] 宗晓华,付呈祥.我国研究型大学科研绩效及其影响因素——基于教育部直属高校相关数据的实证分析[J].高校教育管理,2019,13(5):26-35.

[227] ADAMS J S. Inequity in social exchange//[M]. BERKOWITZ L. Advances in experimental social psychology, New York: Academic Press, 1965.

[228] ALBERT D. Organizational module design and architectural inertia: evidence from structural recombination of business divisions [J]. Organization Science, 2018,29 (5):890-911.

[229] BAGOZZI R P, PERUGINI M. The role of desires and anticipated emotions in goal-directed behaviors: broadening and deepening the theory of planned behavior [J]. British Journal of Social Psychology, 2001,40(1):79-98.

[230] BIROL M, DENIZ G. Components of innovation ecosystems: a cross-country study [J]. International Research Journal of Finance and Economics, 2011(76):102-112.

[231] BULLEY A, HENRY J D, SUDDENDORF T. Thinking about threats: memory and prospection in human threat management. consciousness and cognition, 2017 (49):53-69.

[232] CASSIMAN B, GHEMAWAT P, VANORMELINGEN S. Innovation and markups [R]. Barcelona: Workshop Industrial Organization, 2011.

[233] CURI C, DARAIO C, LLERENA P. University technology transfer: how (in) efficient are French universities? [J]. Cambridge Journal of Economics, 2012,36 (3):629-654.

[234] DAMSGAARD E F, THURSBY M C. University entrepreneurship and professor privilege [J]. Industrial and Corporate Change, 2013,22(1):183-218.

[235] UGNICH E, CHERNOKOZOV A, FILINKOVA E. Problem of knowledge generation in terms of university innovation ecosystem development [P]. Proceedings of the 7th International Scientific and Practical Conference "Current issues of linguistics and didactics: The interdisciplinary approach in humanities" (CILDIAH 2017),2017.

[236] EFFELSBERG D, SOLGA M. Transformational leaders' in-group versus out-group orientation: testing the link between leaders' organizational identification, their willingness to engage in unethical pro-organizational behavior, and follower-perceived transformational leadership [J]. Journal of Business Ethics, 2015,126

(4):581 – 590.

[237] EOM BLEE K. Determinants of industry-academy linka ges and their impact on firm performancethe case of Korea as a latecomer in knowledge industrialization [J]. Research Policy, 2010(5):625 – 639.

[238] ERAZO M A, RONG R, LIU J. Symbiotic network simulation and emulation [J]. ACM Transactions on Modeling and Computer Simulation, 2015,26(1):1 – 25.

[239] ESCOBAR E S O, BERBEGAL-MIRABENT J, ALEGRE I, et al. Researchers' willingness to engage in knowledge and technology transfer activities: an exploration of the underlying motivations [J]. R&D management, 2017,75(4): 715 – 726.

[240] FESTINGER L. A theory of social comparison processes [J]. Human Relations, 1954,7(2):117 – 140.

[241] FISS P C. Building better causal theories: a fuzzy set approach to typologies in organization research [J]. Academy of Management Journal, 2011,54(2):393 – 420.

[242] FONTANA R A, MATT M Factors affecting university-industry R&D projects: the importance of searching, screening and signaling [J]. Research Policy, 2006,35 (2):309 – 323.

[243] GONZÀLES-PERNIA J L, KUECHLE G, PE AKI-LEGAZKUE I. An Assessment of the determinants of university technology transfer [J]. Economic Development Quarterly, 2013,27(1):617.

[244] GREENBERG J. Organizational justice: yesterday, today, and tomorrow [J]. Journal of Management, 1990,16(2):399 – 432.

[245] JOSH L, ANN L, FELDA H. Venture capital, private equity, and the financing of entrepreneurship [M].北京:清华大学出版社,2015.

[246] KENNEY M, PATTON D. Does invent or ownership encourage university research-derived entrepreneurship? a six university comparison [J]. ResearchPolicy, 2011,40(8):1100 – 1112.

[247] KI KIS M. Faculty intellectual property right in Canadian university [J]. Baltic Journal of Law and Politics, 2012,5(2):81 – 108.

[248] KUKKO M. Knowledge sharing barriers in organic growth: a case study from a softwarecompany [J]. International Journal of Engineering Business Management, 2013,5(24):18 – 29.

[249] LI J J, POPPO L, ZHOU K Z. Relational mechanisms, formal contracts, and local knowledge acquisition by international subsidiaries [J]. Strategic Management Journal, 2010(31):349 – 370.

[250] LIU H, JIANG Y. Technology transfer from higher education institutionsto industry in China: nature and implications [J]. Technovation, 2011,21(3):175 – 188.

[251] MADJAR N, OLDHAM G R, PRATTM M G. There's no place like home? the

contributions of work and nonwork creativity support to employee's creative performance [J]. Academy of Management Journal, 2002, 45(4):757 – 767.

[252] MCKENNY A F, SHORT J C, PAYNE G T. Using computer-aided text analysis to elevate constructs: an illustration using psychological capital [J]. Organizational Research Methods, 2013, 16(1):152 – 184.

[253] MERCAN B, GOKTAS D. Components of innovation ecosystems: a cross-country study [J]. International Research Journal of Finance & Economics, 2011(76): 102 – 112.

[254] DURST S, POUTANEN P. Success factors of innovation ecosystems-initial insights from a literature review [C]. Helsinki, 2013.

[255] RAGIN C C. Redesigning social inquiry: fuzzy sets and beyond [M]. Chicago: University of Chicago Press, 2008.

[256] RIHOUX D B, RAGIN C C. Configurational comparative methods: qualitative comparative analysis (QCA) and related techniques [M]. Thousand Oaks: Sage, 2009.

[257] SAMANTHA R B, CHRISTOPHER S H, ALBERT N. Link, proof of concept centers in the United States: an exploratory look [J]. The Journal of Technology Transfer, 2013(38):349 – 381.

[258] SCHILKE O, GOERZEN A. Alliance management capability: an investigation of the construct and measurement [J]. Journal of Management, 2010, 38(5):1192 – 1219.

[259] SMITH, HELEN. Local innovation assemblages and institutional capacity in local high-tech economic development: the case of Oxfordshire [J]. Urban Studies, 2014, 40(7):1353 – 1369.

[260] STURGEON J T. Modular production networks: a new American model of industrial organization [J]. Industrial and Corporate Change, 2012, 11(3):451 – 496.

[261] WALUMBWA F O, LUTHANS F, AVEY J B, et al. Authentically leading groups: the mediating role of collective psychological capital and trust [J]. Journal of Organizational Behavior, 2011, 32(1):4 – 24.

[262] BLOOM P N, DEES G. Cultivate your ecosystem [J]. Stanford Social Innovation Review, 2008(4):45 – 53.

[263] BRADLEY S R, HAYTER C S, ALBERT N. Link, proof of concept centers in the United States: an exploratory look [J]. The Journal of Technology Transfer, 2013(38):349 – 381.

[264] CARAYANNIS E G, CAMPBELL D F J. "Mode 3" and "Quadruple Helix": toward a 21st century fractal innovation ecosystem [J]. International Journal of Technology Management, 2009, 46(3/4):201 – 234.

[265] GULBRANSON C A, AUDRETSCH D B. Proof of concept centers: accelerating the commercialization of university innovation [J]. The Journal of Technology

Transfer, 2008(33):249~258.

[266] CIBORRA C U. The platform organization: recombining strategies, structures and surprises [J]. Organization Science, 1996,7(2):103-118.

[267] COX D F, CUNNINGHAM S M. Educing perceived risk through advertising service quality cues [J]. Journal of Professional Services Marketing, 1967,16(2):151-162.

[268] CRESPI G A, GEUNA A. VERSPAGEN B. University IPRs and knowledge transfer is the IPR ownership model more efficient? [R] Roundtable Engineering Entrepreneurship Research in Georgia Institute of Technology, 2006.

[269] DEBACKERE K, VEUGELERS R. The role of academic technology transfer organizations in improving industry science links [J]. Research Policy, 2005, 34(3):321-342.

[270] DEBACKERE K, VEUGELERS R. The role of academic technology transfer organizations in improving industry science links [J]. Research Policy, 2005, 34(3):321-342.

[271] DRAULANS J, DEMAN A P, VOLBERDA H W. Building alliance capability: management techniques for superior alliance performance [J]. Long Range Planning, 2003,36(2):151-166.

[272] DUNCAN R B. The ambidextrous organization: designing dual structures for innovation [J]. Management of Organization Design, 1976(1):167-188.

[273] ETZKOWITZ H, LEYDESDORFF F. The triple helix of university industry government relations: a laboratory for knowledge-based economic development [J]. Glycoconjugate Journal, 1995,14(1):14-19.

[274] FREEMAN C. Networks of innovators: a synthesis of research issues [J]. Research Policy, 1991,20(5):499-514.

[275] GHEMAWAT P. Managing differences: the central challenge of global strategy [J]. Harvard Business Review, 2007,85(3):58-68,140.

[276] GIBSON C B, BIRKINSHAW J. The antecedents, consequences, and mediating role of organizational ambidexterity [J]. Academy of Management Journal, 2004, 47(2):209-226.

[277] GRANOVETTER M. Economication and social structure: the problem of embeddedness [J]. American Journal of Sociology, 1985,91(3):481-510.

[278] GRANOVETTER M. The strength of weak tie [J]. American Journal of Sociology, 1973(78):1360-1380.

[279] HANS H P, HENDRIK, et al. The effect of irbesartan on the development of diabeticne phropathy in patients with type 2 diabetes [J]. New England Journal of Medicine, 2001,15(4):32-45.

[280] HEIMERIKS K H, DUYSTERS G. Alliance capability as a mediator between experience and alliance performance: an empirical investigation into the alliance capability development process [J]. Journal of Management Studies, 2007,44(1):

25 - 49.

[281] JACKSON D J. What is an innovation ecosystem [EB/OL]. (2012 - 11 - 28) [2020 - 12 - 24]. www. ercasoc. org/docs/innovation_ecosystem.

[282] JEFFREY L F, MICHAEL E P, SCOTT S. The determinants of national innovative capacity [J]. Research Policy, 2002,31(6):899 - 933.

[283] JUDY E. Closing the Innovation Gap [M]. New York: McGraw-Hill, 2009.

[284] KALE P, SINGH H. Building firm capabilities through learning: the role of the alliance learning process in alliance capability and firm-level alliance success [J]. Strategic Management Journal, 2007(28):981 - 1000.

[285] KALE P. Alliance capability & success: a knowledge-based approach [D]. Pennsylvania: University of Pennsy Ivania, 1999.

[286] LEPINE J A, PODSAKOFF N P, LEPINE M A. A meta-analytic test of the challenge stressor-hindrance stressor framework: an explanation for inconsistent relationships among stressors and performance [J]. The Academy of Management Journal, 2005,48(5):764 - 775.

[287] LI Y R. The technological roadmap of cisco's business ecosystem [J]. Technovation, 2009,29(5):379 - 386.

[288] LUTHANS F, AVOLIO B J, WALUMBWA F O, et al. The psychological capital of Chinese workers: exploring the relationship with performance. [J]. Management & Organization Review, 2005,1(2):249 - 271.

[289] MAYER R C, DAVIS J H, SCHOORMAN F D. An integrative model of organizational trust. [J]. Academy of Management Review, 1995, 20(3): 709 - 734.

[290] MUSTAFA G, AHMET , MERCAN B, An analysis on the determinants of total factor productivity: the case of selected OECD countries [R]. 2017.

[291] OFER M, SHLOMO M. A survey analysis of university-technology transfer in Israel: evaluation of projects and determinants of success [J]. The Journal of Technology Transfer, 2001(26):115 - 126.

[292] OWEN-SMITH J, POWELL W W. To patent or not: faculty decisions and institutional success at technology transfer [J]. Journal of Technology Transfer, 2001, 26(1):99 - 114.

[293] POLANYI K. The great transformation: the political and economic origins of our time [M]. Boston: Beaeon Press, 1944.

[294] ROSELIUS T. Consumer rankings of risk reduction methods [J]. Journal of Marketing, 1971,35(1):56 - 61.

[295] SCHREINER M, KALE P, CORSTEN D. What really is alliance management capability and how does it impact alliance outcomes and success? [J]. Strategic Management Journal, 2009,30(13):1395 - 1419.

[296] SHACHAR J, ZUSCOVITCH E. Learning patterns within a technological network [M]. Berlin: Springer, 1990.

[297] SHANE S. Executive forum university technology transfer to entrepreneurial companies [J]. Journal of Business Venturing, 2002,17(6):537－552.

[298] SIEGEL D S, WALDMAN D A, ATWATER L E, et al. Commercial knowledge transfers from universities to firm: improving the effectiveness of university industry collaboration [J]. Journal of High Technology Management Research, 2003,14(1):111－133.

[299] SIEGEL D S, WALDMAN D A, ATWATER L E, et al. Commercial knowledge transfers from universities to firm: improving the effectiveness of university industry collaboration [J]. Journal of High Technology Management Research, 2003,14(1):111－133.

[300] SMITH K R. Building an innovation ecosystem: process, culture and competencies [J]. Industry and Higher Education, 2006,20(4):219－224.

[301] STONE R N, GRONHAUG K. Perceived risk: further considerations for the marketing discipline [J]. European Journal of Marketing, 1993,27(3):39－50.

[302] TEECE D J. Explicating dynamic capabilities: the nature and microfoundations of (sustainable) enterprise performance [J]. Strategic Management Journal, 2007 (28):1319－1350.

[303] THURSBY J G, JENSEN R, THURSBY M. Objectives, characteristics and outcomes of university licensing: a survey of major U. S. universities [J]. Journal of Technology Transfer, 2001,26(1/2):59－72.

[304] THURSBY J G, JENSEN R, THURSBY M. Objectives, characteristics and outcomes of university licensing: a survey of major U. S. universities [J]. Journal of Technology Transfer, 2001,26(1/2):59－72.

[305] THURSBY J G, FULLER A W, THURSBY M C. US faculty patenting: insideand outside the university [J]. Research Policy, 2009,38(1):1425.

[306] WEICK K E. Educational organizations as loosely coupled systems [J]. Administrative science quarterly, 1976(21):1－19.

[307] YANG Z, PING L V, WANG Y. The influence of innovation environment of science parks to the performance of enterprises in them [C]. 2009 International Conference on Strategic Management, 2009.

索　引